中公クラシックス W42

カント

プロレゴーメナ
人倫の形而上学の基礎づけ

土岐邦夫
観山雪陽 訳
野田又夫

中央公論新社

目次

二〇一年目のカント

坂部　恵

1

この解説を書いている二〇〇四年は、奇しくもカント（一七二四〜一八〇四）の没後二〇〇年にあたる。カントの生地ケーニヒスベルク（現ロシア領カリーニングラード）をはじめヨーロッパ・日本で数々の記念行事・シンポジウム等が行われた。わたくしもカールスルーエとハイデルベルクで行われた世界哲学アカデミーのカント・コロキウムに参加し、カントが今日なお欧米のひとびとにさまざまな角度から熱心に読まれ、その思想が多彩な形で今日のひとの心に生き続けているさまを実感することができた。

すこしさかのぼると、カントの思想哲学があらためて欧米のひとびとの熱い視線を浴びるようになったのは、一九八〇年代おわりのベルリンの壁の崩壊、つづく東欧諸国やソ連邦の解体に伴う冷戦体制の終焉以降のことである。正統マルクス主義のイデオロギーにかげりが見え、一方反共十字軍的な力の政策もベトナム戦争の終焉このかた有効性を失うなかで（その亡霊の再現の気配はなお懸念されるものの）、カントの「永遠平和」の理念があらためて光を浴び、また自由で自律的な人格の共同体である「目的の国」の思想がありうべき社会形態のミニマムとして注目された。いわば、今日ありうる「理性」的思考の基本的枠組みとして、カントの思想があらためて注目を集めたのである。ロールズ、ハーバマスら、カントの思考の流れを汲むひとびとの思想が、国境を越えて広い浸透力を示したのも、とりわけこうした状況下においてであった。

もともとカントがそこで生まれ育ち、その地の大学で学び後には教え、ほぼ八〇年の歳月を過ごしたケーニヒスベルクは、当時東プロイセンの首都であり、ポーランド領内をはるばる流れてきたプレーゲル河がバルト海に注ぐ河口に造られた港湾都市であり、ポーランド、バルト三国、ロシアに間近に接する辺境に位置していた。ヨーロッパやスカンジナヴィア諸国からの船が出入りし、プレーゲル河を遡ってきた平底船も往来する、貿易都市でもあり、国際都市でもあった。イギリスやフランスの書物も海路を通じて早くにもたらされ、カントの周辺には近隣のリトアニア語、ラトビア語をはじめポーランド語、ロシア語などを話すひとびとが多く往来していたはずである（一七六〇年代前半七年戦争でケーニヒスベルクがロシア軍に占領された期間には、ロシア将校向けの個人講義もしている）。

東の辺境にあって、プロイセンの中心都市ベルリンからはほどよく離れており、時の啓蒙思想の喧騒の渦にただちに巻き込まれることもなかった。カントのみならず、その周辺からハーマン(一七三〇〜八八)、ヘルダー(一七四四〜一八〇三)など、国際的に開かれた視野をもったきわめて個性的な人物が輩出したゆえんである。

後にも見るように、カントは「世界市民的見地における哲学」という立場を強く打ち出すのだが、これはたんなるお題目ではなく、まさに彼の日頃のコスモポリタン的な生活感覚の裏打ちをもったものでもあった。人間の生活世界の諸相と、またその環境のありようにあくなき好奇心をもって生きるカントは、また一〜二世代後のドイツの哲学者たちのようにナショナリズムの虜となることもなく、その好奇心と関心を、まっすぐに開かれたコスモポリタン的な場へと伸ばしえた、特殊な地理的・歴史的環境に恵まれていたのである。冷戦構造の終焉と、ときに宗教対立がらみのあらたな民族対立・抗争の噴出のなかで(EUの成立、拡大などもあって)、国民国家のありかたの検討とその相対化が強く要請される現今、カントのコスモポリタニズム、「世界市民的見地における哲学」が、にわかに、時代の課題に応える哲学として浮上してくるゆえんである。

2

カントが生きた十八世紀のヨーロッパは、先立つ十七世紀に本格的な歩みに入った近代科学の達成を承けて、普遍的な「理性」を標榜する啓蒙思想が広く浸透して行く時代にほかならなかった。カッシーラーの名著『啓蒙主義の哲学』が説くように、近代古典物理学の大成者ニュートンの名前は、時代精神の象徴のようにして広く知られ、ヴォルテールらの啓蒙の活動によって「理性」の化身のようにしてヨーロッパに広まった。

カントがケーニヒスベルク大学に入学して一七四〇年以来指導を受けた若き論理学形而上学担当の教師マルティン・クヌッツェン（一七一四～五一）もまた、こうした当時の汎ヨーロッパ的動向をいち早く取り入れて、ニュートンの思想を熱心に哲学に導入しようと努力を重ねていたひとりであった。カントが大学卒業にあたって『活力の真の測定に関する考察』（一七四六）を書き、一〇年ほどの研鑽を積んでケーニヒスベルク大学講師に就任する年に『天界の一般自然史と理論――全宇宙の構造と力学的起源についての、ニュートンの原理による試論』（一七五五）を出版したのも、大筋はこの師クヌッツェンゆずりのニュートンを中心とする自然学研究の線に添う仕事にほかならなかった。

一方、当時のドイツの大学で強い支配力をもっていたのは、いわゆるライプニッツ―ヴォルフの哲学であり、クヌッツェンもまたこの学統をカントに伝えた。ライプニッツ―ヴォルフの哲学とは、師ライプニッツ（一六四六～一七一六）の哲学的思索がおおむね多くの個別論文（数学・自然科学に属するものも含む）にいわば散在しているものを、ヴォルフ（一六七九～一七五四）が体系的にまとめ上げたものを指す名称である（まとめ上げるに際して、多くの短絡や歪曲が生じたと指摘する論者も多い）。ともあれ、ヴォルフは、ドイツにおける啓蒙的「合理主義」の旗手として、その思想の徹底ゆえに大学を追われたりもし、またその周辺には多くの俊秀が集まって学派をなしてもいたが、その「体系」の形は、特殊ドイツ的な「学校哲学」の線に添って構成されたものであった。「ドイツ学校哲学」（deutsche Schulphilosophie）とは、遡れば宗教改革時代のメランヒトン以来、プロテスタント圏ドイツで多分に後期スコラ哲学を模して作られた一種のスコラ哲学である。こうした哲学の影響圏にあることが、『純粋理性批判』にはじまるいわゆるカントの「批判哲学」の思考スタイルとその内容を晦渋なものにしていることは否定できない。コスモポリタン的気質を骨の髄までそなえたカントにして、アカデミックな世界で仕事をするかぎり、なお特殊ドイツ的なスタイルの限定を逃れることはありうべくもなかったのである。

とはいえ、カントがヴォルフ派の学校哲学的なスタイルに添って本格的に仕事をはじめるようになるのは、『純粋理性批判』（一七八一）刊行前後のいわゆる「批判（哲学）期」以降のことであり、それ以前の「前批判期」と呼ばれる時代には、より自由闊達なスタイルで、同時代のイギリスやフランスの思想動向に敏感に反応しながら思索を進めている。

形骸化した中世的な「知性」の哲学といち早く縁を切り、カントの「悟性」につながる **understanding** による感性的データの情報処理の認識論を組み上げたロックの影響は、当時のドイツですでに顕著であり、対人関係の紐帯を知的なものに代えて「感情」に求めるイギリス流の非スコラ的「市民的」な闊達な思索も、追い追いカントの周辺に届きつつあった。『美と崇高の感情に関する考察』(一七六四)は、この時期のカントが著したイギリス流のエッセイの雅趣に富む小著で、一般の読書人にもひろく読まれた。

こうした感情重視の思考の流れの中にあって、「因果」関係という、知的思考の枠組みの根幹に位する結合をあえて疑ったヒュームから、カントが決定的な影響を受けたことについては、すぐ後にも触れる。

「私は気立てからしても学者だ。知ることを渇望し、また、ものを知りたいという貪欲な不安にとらわれ、あるいは、一歩進むごとに満足をおぼえもする。一時期、私はこのことのみが人間の名誉を形づくると信じ、無知な民衆を軽蔑した。ルソーがこの私を正道にもたらしてくれた。目のくらんだおごりは消え失せ、私は人間を尊敬することを学んだ。もし、その尊敬が、他のすべての研究に、人間の諸権利を顕揚するという価値をあたえうると信じなかったならば、私は私自身をありきたりの労働者よりずっと無用な者と考えるだろう」

前記『美と崇高の感情に関する考察』に付した遺稿の覚え書きのなかで、カントはこのようにいっている。ルソーの名は、フランス革命をこえて十九世紀初頭のドイツの哲学者たちにいたるまで、人間性の解放のシンボルとして記憶されることになる。

一七六六年の初頭に、カントは、『形而上学の夢によって解明された視霊者の夢』という一風変わった小著を公にしている。スウェーデンの視霊者スウェーデンボリを材料に、霊界の実在と不在の間を揺れ動くみずからの心をあからさまにさらけ出したもので、哲学書というよりは、スウィフトの諸作や、あるいはディドロの『ラモーの甥』などに通じる文学作品の趣が強いユニークな著作である。この心を引き裂く不安の中から、しかし、この書の末尾に記された「人間理性の限界の学」の構想が芽生え、一五年後の『純粋理性批判』に結晶していくことになる。批判哲学の厳しいドイツ学校哲学風の文体からは、なかなか窺い知れぬその背後に隠されたドラマである。

3

カントは、ケーニヒスベルク大学の講師就任以来のある時期から、形而上学の講義の教本として、ヴォルフ学派に属するバウムガルテン（一七一四〜六二、「美学」の創始者としても有名）の『形而上学』を生涯にわたって採用し、その章節に膨大なコメントを書き込み、書き加える形で、みずからの思索を進め、形成していった。その『形而上学』（ちなみに全文ラテン語で、主要な単語にはドイツ語訳が示されている）の構成のあらましは以下のとおりである。

Ⅰ　形而上学のプロレゴーメナ（序説）

Ⅱ 本論

1 存在論

2 宇宙論

3 霊魂論（心理学）

4 自然神学

「本論」中の「存在論」は、「存在者の述語に関する論考」として、「存在者」「一」「真」「完全性」など、中世以来本来神の属性とされる超越概念 transcendentalia からはじまって、必然―偶然、可変―不変等々、事物の属性に関する基本的規定をとりあつかう。「宇宙論」は、宇宙の構成要素、属性を、「霊魂論（心理学）」は、心の経験的なはたらきから、霊魂の不滅にいたる議論を、「自然神学」は、特殊な啓示をまつことなく人間生来の理性で理解しうるかぎりの神の属性（存在、真、善、不変等々）をあつかう。基礎的部門としての「存在論」は、「一般形而上学」とも呼ばれ、「宇宙論」以下の三部門は「特殊形而上学」と呼ばれる。

カントが、すでに早くから構想していた「人間理性の限界の学」としての『純粋理性批判』で企てたことは、このうち「一般形而上学」ないし「存在論」を、ロックやヒュームの革新的な発想を受け継ぎながら、認識（と存在）の基礎理論、カントのことばでいう超越論（先験）的哲学として組み換え、そこで得られた理性の権能と限界に関する知見をもとに、「霊魂」、「世界」（宇宙)、「神」の「理念」にかかわる「特殊形而上学」が理論的学としては成立しえないことを逐一論証することであった。

『プロレゴーメナ』にそっくり取り入れられた、「いかにして純粋数学は可能か」以下の『純粋理性批判』の根本的な問いは、学としての形而上学の可能性の問いを解くにあたって、カントがニュートンの名に象徴される近代の数学的自然科学を「学」のモデルとして採用したことを如実に示すものにほかならなかった。また、純粋悟性概念すなわちカテゴリーの体系の確定にカントが努力し、そのカテゴリーの経験世界への適用のために空間・時間というア・プリオリな直観形式の協働の必要を説くあたりの独自の着想は、認識と存在の基礎概念の解明としての「存在論」の根本的改革(現代の哲学者も顔負けの「脱構築」!)をカントが志したことの端的なあらわれである。

『純粋理性批判』を発表してのち、カントにとって心外であったことは、カントの哲学を、経験世界の実在を人間の心の主観的な表象に解消するバークリ流の観念論ととりちがえる等の誤解が、世間に流布したことであった(このいわゆる「ゲッチンゲン批評」へのカントの反論は、『プロレゴーメナ』の「付録」に収められている)。『プロレゴーメナ』は、こうしたありうる誤解を一掃するために、『純粋理性批判』の簡潔な要約版として書かれた(カントはまた、『純粋理性批判』のいくつかの主要部分を書き改めた同書の第二版を一七八七年に出版している)。『プロレゴーメナ』の書名が、先のバウムガルテン『形而上学』冒頭の章に由来することはあきらかだろう。カントは、まさに「学問として現われうるであろうすべての将来の形而上学への」序論の位置に『プロレゴーメナ』を置いたのである。

4

カントは、従来の形而上学のとりわけ「存在論」に取って代るべく、『純粋理性批判』で展開された超越論（先験）的哲学の土台の上に、具体的な形而上学の体系を築く構想をもっていた。『人倫の形而上学の基礎づけ』の序言の冒頭近くに見られる、「自然の形而上学」と「人倫の形而上学」の構想がそれである。前者は一七八六年に出された『自然科学の形而上学的原理』として結実し、後者は、大きく遅れて一七九七年にあいついで出版された『人倫の形而上学、第一部、法論の形而上学的原理』、『人倫の形而上学、第二部、徳論の形而上学的原理』によって実現される（いずれも、理論、実践、宗教、人間を射程におさめる「世界市民的見地における哲学」の一環である）。

『純粋理性批判』も、その締め括りをなす「先験的方法論」の部分に、道徳哲学の基礎的考察を含んでいたのだが、カントの理論的形而上学破壊の議論が際立ちすぎたのと、理論（哲学）と実践（哲学）の関係についてより立ち入った考察が必要と、時の成り行きからカントが考えるようになったのとで、カントは道徳哲学の基礎としてたがいに関連の深い二冊の書物を公にすることになる。『人倫の形而上学の基礎づけ』（一七八五）と『実践理性批判』（一七八八）がそれである。「人倫の形而上学」という言いかたは、形而上学 metaphysica が、元来アリストテレスの著作の編纂者によって「自然学」physica の「後に」meta 来るものとして採用されたものであるだけに、哲学の理論的な基礎部門を意味する使い方が一般であったことからすると、破格である。カントがあえてこの用法の歴史的伝統に逆らって、「人倫の形而上学」という用法を採用したについては、それなりのわけがある。『人倫の形而上学の基礎づけ』の序言で強調されているように、彼は、幸福など他の目的のためにする（他律的な）原理でなく、それ自身によって存立する（自律的で）ア・プリオリな道徳の原理（ニュートン力学の基本法則にも匹敵する）をここで確立・確認しようとしたのである。

『人倫の形而上学の基礎づけ』で、カントは、あらゆる制約抜きに善いといえるものが「善なる意志」しか考えられないことから説き起こす（キリスト教の典礼文に「地には善き意志のひとびとに平和あれ」とあるのをカントが知らなかったはずはない。とすれば、この書き出しから『永遠平和論』まで、道が一筋に通じているのである）。つづいて、他の目的を前提してその達成のための方途を指示する「仮言的命法」にたいして、端的にある行為を道徳的なものとして命ずる「定言的命法」のみが、あらゆる理性的存在者の規範となるに足りるア・プリオリな道徳法則を与えうることを論証する。「定言的命法」は、各人の行為の行動規範（格率）が普遍的法則として、ないし普遍的自然法則となならしめようとするかのように行為せよ、と定式化され、啓蒙時代にふさわしいコスモポリタン的な射程が厳密に確保される。つぎに、それは、すべてのひとの人格の中にある人間性をつねに同時に目的として扱うように行為せよといいかえられ、自律的な人格の形づくる「目的の国」の原理が提示される。のちの『永遠平和のために』（一七九五）の構想のもとともなる、近代的共同体の基礎的枠組みの提示である。

さきに触れた『人倫の形而上学、第一部、法論の形而上学的原理』の末尾には、「公法の第三節　世界市民法」と題された章があり、そこでカントは、『永遠平和のために』を承けて、永遠平和実現のための諸国家の連合体の構想をあらためて論述している。一般に言って、『人倫の形而上学の基礎づけ』は、「法論」と「徳論」の二部からなる『人倫の形而上学』での具体的な法と道徳の基礎たることを念頭に置いて書かれている。『基礎づけ』での議論が、道徳のみならず法論・法哲学の基礎づけを目ざして書かれていることを心得ておくことは、それを読む際の理解をよりはるかに容易にかつ周到で行き届いたものにするし、できれば『基礎づけ』を『人倫の形而上学』とあわせて読むことが望ましい（その点、この〈中公クラシックス〉のもととなった〈世界の名著〉シリーズの『カント』が、ここに採られた『プロレゴーメナ』『人倫の形而上学の基礎づけ』とならんで『人倫の形而上学』のテキストを含んでいたことは、編者である野田又夫の見識を示す適切な選択である）。

ともあれ、カントの議論に不慣れな読者は、本書のうちまず『人倫の形而上学の基礎づけ』（とりわけ最初の二章）を読んで、そののちに『プロレゴーメナ』に進まれるのがよいだろう。そうすれば、近代のあるべき共同体の基礎的な枠組みをしっかりと構築し、他方で多分に前近代的なところを残したドイツ学校形而上学を徹底して脱構築するところから理論哲学の基礎を一新したカントの思索の形がそれなりに見えてくるはずである。

（東京大学名誉教授）

学問として現われうるであろう
すべての将来の形而上学への

プロレゴーメナ（序説）

土岐邦夫
観山雪陽 訳

凡例

一、本篇は Immanuel Kant, *Prolegomena zu einer jeden künftigen Metaphysik, die als Wissenschaft wird auftreten können* の翻訳である。

訳出に際しては、フォアレンダー編集による哲学文庫版（Die Philosophische Bibliothek, Bd. 40, Herausg. von Karl Vorländer, 6 Aufl., 1920）を底本とし、必要に応じて、プロイセン・アカデミー版（*Kant's gesammelte Schriften*, Herausg. von der Königlich Preußischen Akademie, Bd. IV, 1911）を参照した。

二、本文において、〔 〕は原書の補説を、（ ）は訳者による補説または注記を、人名を除き傍点を付した箇所は原文がゲシュペルト体であることを示す。「 」は原則として原文の引用句文を示すが、訳出の便宜上、訳者が挿入した箇所もある。

なお、原著者による注は〔 〕で、訳者の注は（ ）で番号を囲んで示し、本文の後に置いた。

三、翻訳に際しては、桑木厳翼・天野貞祐訳『プロレゴーメナ』（岩波文庫、昭和二年）を参照して多くの教示を得た。またルカスの英訳（*Prolegomena to any Future Metaphysics*, transl. by Peter G. Lucas, Manchester, 1933）からも示唆を得た。

目次

序言

この『序説』は生徒が使用するためのものではなく、これからの教師が使用するためのものである。そして、これからの教師に役立つようにといっても、すでに存在している学問についての記述を整理するためではなく、この学問自体をはじめて見いだすためなのである。

ところで、哲学〔古代のも近代のも〕の歴史自体がその人の哲学であるような学者たちがいる。これらの人たちのためにこの『序説』が書かれたのではない。こんな人たちは、理性の源泉そのものから汲み取ろうと努めている人たちが、彼らのたずさわっている事がらの始末をつけるまで待たなければならない。そのあとで、出来事について世間に情報を送る順番が彼らに廻ってくるだろう。そうでない場合には、彼らの考え方によれば、すでに以前に述べられていないことは何も述べられ得なくなろう。そして実際、このことは将来のすべてについての確かな予言としても当てはまるだろう。それというのも、人間の悟性は無数の対象について何世紀にもわたってさまざまな仕方で熱中してきたのだから、どんな新しいものに対しても、それとわずかでも類似している何か古いものが見当たらないということはめったにないからである。

私の意図は、形而上学《けいじじょうがく》にたずさわることを価値があると思う人たちすべてに、彼らの仕事をしばらく中止し、これまでに起こったことをすべて起こらなかったと見なして、何よりもまず「そもそも一般に形而上学のようなものは可能なのかどうか」という問いを提起するのがどうしても必要であることを納得させることにある。

形而上学が学問であるなら、形而上学が他の諸学問のようには全般的持続的な承認を得られないといったことがどうして起こるのだろうか。また、形而上学が学問でないのなら、形而上学が学問であるかのようなふりをして、たえず気取った様子を示し、人間の悟性を欺いてけっして消えることのない、それでいて満たされることのない希望をいだかせるといったことがどうして生じるのか。そこで、われわれにとっては、自分の知を論証することになるにせよ無知を論証することになるにせよ、ともかく一度、この学問と自称しているものの本性について何か確かなことが見定められねばならない。それというのも、形而上学はもはやこれ以上同じ状態に止まるのは不可能だからである。ほかのどの学問もたえず進歩しているのに、知恵そのものでありたいと望み、人間だれもがそのお告げをたずねるこの形而上学では一歩も前進せず、いつになっても同じ場所を廻っているのは笑われても仕方がないように思える。実際また、形而上学はその傾倒者のきわめて多くを失っているのである。そして、ほかの学問で異彩を放つだけの十分の力量があると感じている人々があえてこの形而上学で名声を得ようとするのをわれわれは見かけない。ところが、この形而上学では、ほかのすべてのことには無知な人がだれでもはばからず決定的な判断なるものを下している。それは、この（形而上学という）国には実際のところ、根本にまでさかのぼる思考を浅薄な雑談から区別する確かな度量衡がまだないからである。

しかしながら、ひとつの学問が長いあいだ研究を重ねられたすえに、その学問においてすでにどれほど進歩が成しとげられたことかと人々が驚いているときに、やがてだれかが、一般にそのような学問は可能なのかどうか、また、いかにして可能なのか、という問いを思いつくというのはさほど珍しいことではない。それというのも、人間の理性は建築熱心で、なんども塔を建て終わっては、その土台がどんな具合になっているかを調べるために、あとでまた取り壊してしまうほどなのである。理性的で聡明になるのにけっして遅すぎることはない。ただ、洞察が遅れるとそれだけ洞察を働かせるのはつねに困難になる。

ひとつの学問がそもそも可能かどうかを問うことは、その学問の実在を疑うことを前提している。ところが、そういう疑いは、全所有物がおそらくこの宝物と思い込んでいるものであるかもしれないようなすべての人たちの気持を損わせる。だから、こうした疑いを口にもらす人はあらゆる方面からの反対をしっかり覚悟しておくほうがよい。或る人たちは、自分たちの古い、まさにそのために正当と見なされる所有を誇らしげに意識して、彼らの形而上学の摘要を手に持ち、疑いをもらす人を軽蔑して見下すであろう。またほかの人たちは、何にしても、すでにどこかで見たものと同じものしか見ないので、彼の疑いを理解しないであろう。こうして、しばらくは近い将来の変化を気づかわせるか、あるいは期待させるような何ごとも起こらないかのように、万事があり続けるであろう。

それにもかかわらず、あえて私は予言しておく。自分で考えるこの『序説』の読者は、彼のこれまでの学問を疑うだけではなく、やがては、そのような学問は、ここで述べられる要求が満たされなければ、学問の可能性がこの要求をもとにしているのだから、まったくあり得ないこと、そして、この要求の充足はまだけっしてなされていないので、またいかなる形而上学もないことを十分納得させられるであろうと。しかし、一般の人間理性の関心は形而上学とあまりに密接にからみ合っているので、形而上学の需要はけっして消え失せはしないから、[1]これまでまったく知られていない計画にしたがう形而上学の全面的な改革、というよりむしろ新生は、たとえしばらくそれに対して反対されるにしても、いやおうなく差し迫っていることを読者は認めるであろう。

ロックとライプニッツの『試論』以来、というよりむしろ形而上学の発生このかた、その歴史がたどれるかぎりにおいて、この学問の運命に関して、デイヴィド・ヒュームがそれに加えた攻撃よりも決定的となり得たようないかなる出来事も生じなかった。彼はこの種の認識にいかなる光ももたらしはしなかったが、もし燃えやすい火口に触れ、そのほのかな光が注意深く保たれ、強められるなら、おそらく光をともしうるような火花を彼は点じたのである。

ヒュームは主として形而上学の唯一の、しかし重要な概念、すなわち原因と結果の結合の概念〔したがってまた力や作用などの派生的概念〕から出発し、そしてこの概念を自分の胎内で生み出したのだと、かりそめにも申し出る理性に対して、どんな権利でもって、或るものは、それが置かれると他の或るものが必然的に措定されねばならぬような性質のものでありうると理性が考えるのか、彼に弁明し、答えるよう要求した。というのも、原因の概念が意味しているのはそうしたことだからである。まず彼は、そのような結びつきをア・プリオリに、概念から考えることは理性にとってまったく不可能であることを反論の余地なく証明した。この結びつきは必然性を含んでいるが、しかし、いかにして或るものが存在するがゆえにまた他の或るものが必然的になければならないのか、まったくうかがい知れないし、したがって、いかにしてそうしたア・プリオリな結合の概念が導き入れられるのか知られないから、というのである。そして、このことから、理性はこの概念についてことごとくみずからを欺いている、つまりこの概念は想像力の私生児にほかならないのに、誤って理性自身の子と見なしている、と彼は推論した。実際は、想像力が経験によってはらまされて、ある表象を連合の法則のもとにもたらして、そこから生じる主観的必然性、すなわち習慣を、洞察から生じる客観的必然性とすりかえたのだ、というのである。さらにこのことから、理性はそのような結合を一般的なかたちでさえも考える能力をまったく持たない、と彼は推論した。なぜなら、そうなれば理性の概念は単なる虚構であることになろうし、理性のいわゆるア・プリオリに成立する認識はすべて偽って印を押された普通の経験以外のものではないだろうからである、というのである。ところで、そのことは、どこにも形而上学はなく、また形而上学はあり得ないというのにひとしい。[2]

ヒュームの結論がいかに性急で正しくないものであったにしても、ともかく少なくともその結論は探究にもとづいたものであり、これらの探究は、彼の時代の秀《すぐ》れた頭脳が協力して、課題をヒュームが提示したような意味で、できればもっと都合よく解決するよう努めるのに十分値するものであった。そうなっていたら、すぐに学問の完全な改革がそこから生じたにちがいない。ところが、昔から形而上学に好意的でない運命は、ヒュームがだれからも理解されないよう望んだ。彼の反対者たち、リード、オスワルド、ビーティ、最後にプリストリーさえもが、いかに彼の問題点をまったく見誤ったか、つまりいつも彼らはヒュームがまさしく疑ったものを承認されたものと見なし、逆に彼がけっして疑おうと思いもしなかったことを激しく、たいていはきわめて思いあがった態度で証明して、改良への彼の暗示を見損い、そのために何ごとも起こらなかったかのように、万事が古い状態のままに止まったのを見ると、われわれは或る苦痛を感じないではいられない。問題は原因の概念が正当で役に立ち、自然認識すべてについて不可欠であるかどうか、ということではない。というのは、この点についてはヒュームはけっして疑ってはいないからである。そうではなく、問題は、原因の概念が理性によってア・プリオリに考えられ、そのような仕方ですべての経験から独立した内的な真理をもち、そのために経験の対象だけに制限されない、もっと広い範囲の適用性をもつかどうか、ということである。この問題についてヒュームは解明を期待したのである。問題となったのは、ただこの概念の起源についてであって、この概念を使用するさいの不可欠さについてではない。そして起源が確かめられさえすれば、この概念を使用するうえでの条件と、概念が妥当しうる範囲については、きっとおのずから明らかになったであろう。

ところが、この有名な人物の反対者たちは、課題を満足に解決するには、純粋な思考にのみたずさわっているかぎりでの理性の本性にきわめて深く透入しなければならなかったが、それは彼らに工合が悪かった。そこで彼らはなんらの洞察もしないで挑戦するためのもっと便利な手段、すなわち常識へ訴えることを発案した。実際、素直な〔もしくは近ごろ呼ばれているふうに、単純な〕常識を所有することは天の大きな恵みである。しかし、素直な常識をわれわれは行ないによって、つまり、われわれが考えたり述べたりすることが熟考されたもの、理性的なものであることによって示さねばならない。みずからを弁護するのになんら小賢《こざか》しいものを提示するすべを知らない場合に、神託として常識に訴えるといった仕方で示してはならない。洞察と学問が衰退するとすぐに——それ以前にはそうしたことはないが——常識に訴えるというのは近ごろの巧妙な発明の一つである。これによって浅薄なおしゃべりをする人が根底から考える人と自信をもって張り合い、持ちこたえることができるようになっている。しかしながら、まだ洞察が少しでも残っているかぎりは、こうした救助策をとるのを人々は十分用心するであろう。そして細かく吟味すると、このような常識への控訴は大衆の判決への訴え以外の何ものでもない。この大衆の拍手かっさいに哲学者は顔を赤らめ、俗受けのする小利口な人は勝ち誇り、高慢ぶる。しかし、私は、ヒュームはビーティと同じように健全な常識を自負することもできたはずだ、それどころかさらにビーティがたしかに所有していなかったもの、すなわち批判的理性を自負できたはずだと考える。批判的理性は常識が思弁に迷い込まないように、また思弁だけが問題となっているときには、常識はそれ自身の原則について正当化するすべを知らないのだから、何ごとも決定しようと望まないように常識を抑制するのである。私がこう考えるのも、このようにしてのみ常識は健全な常識でありつづけるだろうからである。のみとつちとは一本の建築用材を加工するのにはまったくよく役立ちうるが、銅版細工にはわれわれはエッチング針を使わねばならない。それと同様に、健全な常識も思弁的悟性も両方とも有用だが、しかしそれぞれの仕方で有用なのである。前者は経験に直接適用される判断が問題である場合に、後者は判断が一般的に、ただ概念からなされねばならないところで、たとえば形而上学において有用である。形而上学では、みずからを、もっともときには反語的に、健全であると称する常識は、まったくいかなる判断も下せないのである。

私は正直に認めるが、デイヴィド・ヒュームの警告がまさしく、数年前にはじめて私の独断的まどろみを破り、思弁的哲学の分野における私の探究にまったく別の方向を与えたものであった。といっても、私はけっして彼の結論についてヒュームに耳を貸さなかった。彼の結論は、彼が自分の課題を全体として思い浮かべず、ただその一部分だけに思い当たったことに由来するが、課題の一部分は全体を考慮に引き入れなければいかなる教示も与え得ないのである。われわれが他人が後に残した、まだ仕上げられてはいないにせよ基礎のしっかりした思想から始めるなら、たえまない考察によって、あの鋭敏な人が達したよりも、さらに進歩することを十分期待できる。もちろん、この光の最初の火花についてこの鋭敏な人にわれわれはお陰をこうむっているのである。

そこで私はまず、ヒュームの異論が一般的に示され得ないかどうかを試みた。そしてすぐに、原因と結果の結合の概念は、けっして悟性がそれによって物のあいだの結合をア・プリオリに思考する唯一の概念ではないこと、むしろ、形而上学はまったくそれらの概念から成り立っていることを見いだした。私はそれらの概念の数を確かめようと努めた。そして、この仕事は私が望んだとおりに、すなわち唯一の原理から成しとげられたので、私はこれらの概念の演繹《えんえき》へとすすみ、これらの概念について、ヒュームが気づかったようにこれらは経験から導き出されたのではなく、純粋な悟性から源を発していることを今や私は確認したのである。この演繹は私の鋭敏な先駆者には不可能にみえたし、彼以外のだれも思いつきもせず、それでいてだれもが安心してこれらの概念を用い、その客観的妥当性がいったい何にもとづくのか問いもしなかったが、この演繹は、あえて私はいうが、これまで形而上学のために企てられた最も困難なものであった。そのさい何よりも都合の悪いことには、形而上学がいくらあっても、どの形而上学もこの場合少しの助力も私に与え得なかった。演繹が形而上学の可能性をはじめて決定するはずだからである。ところで、私はヒュームの問題の解決を、単に一つの特殊な場合だけでなく、純粋理件の能力全体について達成したので、最後に純粋理性の範囲全体を、その限界についても内容についても、完全に、普遍的原理にしたがって規定するために、私はいつもゆるやかにではあるが確実な歩みをなすことができた。そして、これは形而上学がその体系を一つの確実な計画にもとづいて築くために必要なことであったのである。

しかし私は、できるだけ広範に拡大した形での〔すなわち『純粋理性批判』での〕ヒュームの問題の仕上げが、問題そのものがはじめて提示されたときに起こったのと同じような成り行きになりはしないかと気がかりである。人々は『純粋理性批判』を理解しないがために、不当に評価するだろう。人々はこの本を通読する気にはなっても十分に考える気にはならないがために、これを理解しないだろう。人々は著作が面白味がないために、明快でないために、すべての聞きなれた観念に相反しそのうえ広範であるがために、このような苦労を費やそうとはしないだろう。ところで私ははっきり言うが、高く称讃をうけ、また人間にとって欠くべからざる認識の存在自体が問題となっているときに、通俗さ、楽しさ、快適さに欠けるからといって、哲学者から苦情を聞くのは私には意外なことである。このような認識は厳格な、正確さの最も厳密な規則にしたがって定められうるのであり、ときたま通俗さがそれに伴うこともたしかにあるが、しかしけっして通俗さから始まるはずはないのである。もっとも、部分的には計画が広範なために、究明にさいして問題となる主要点を十分われわれが見渡せないことに由来する或る種の不明確さについては、そのための苦情は正当である。この苦情は私はこの『序説』で取り除くだろう。

そのさい、純粋な理性能力をその範囲と限界の全体にわたって述べたあの先の著作（『純粋理性批判』）がいつも基礎になることに変りはない。この『序説』はただ準備作業としての関係をそれに対して持つだけである。いったい、あの『批判』は、形而上学が現われるようにするのか、それともただ形而上学へのかすかな期待をいだくだけにするのかについて、考えることができるようになる以前に、ともかく学問として、体系的で、その細かな部分にまで完全なものでなければならないからである。

ところで、われわれは、古い使いつくされた認識を、その以前の結びつきから取り出し、自分の好みの裁断に合わせて、しかし新しい名称をつけて、それらに体系的な衣服を着せるという仕方で手入れするのを、すでに久しく見慣れている。そして、大部分の読者があらかじめあの『批判』に期待するのもそれ以外のものではなかろう。しかし、この『序説』は、かの『批判』がまったく新しい学問であり、いまだかつてだれもそれについて思いを抱かなかったし、その理念さえも知られなかったものであり、それに、ヒュームの疑いが与えた暗示だけを例外として、ほかのこれまで与えられたもののすべてが、どれも役に立ち得なかったことを、読者に見抜かせるようにすることができるだろう。ヒュームにしても、このような可能な、整った学問についてなんら予感せず、自分の船を安全にするために海岸〔懐疑論〕に乗り上げたのであり、船はそこでそのままになって朽ち果てるかもしれないのである。そうするかわりに私にとって問題となるのは、天球儀の知識から得られた操舵術の確実な原理を使い、完全な海図と羅針盤を備えて、船を安全に、思いどおりのところへ動かす舵手を、船に与えることである。

まったく孤立した特異な種類の新しい学問に接するのに、すでに獲得した、知識と思い込んでいるもの、実はまさにその実在性がまず疑われねばならないのに、そういうものを用いて評価できるかのような偏見をもってするのは、おそらく表現が似ているがために、どの場合でもすでに知られているものを見ているのだと信じるという事態をもたらすだけである。ただそのさい、著者の思想ではなく、長いあいだの習慣によって本性となった自分自身の性格がもとにおかれるので、すべてがはなはだ見苦しく、ばかげており、訳のわからぬことを話しているように見えるにちがいない。ところで、記述にではなく学問自体に由来するかぎりでの著作の広範さ、そのさい避けがたい面白味のなさと規則にしばられた正確さは、なるほど事がら自体には非常に好都合であるかもしれないが、書物自体にはたしかに不利益になるにちがいない。

デイヴィッド・ヒュームのように精密でしかも同時に魅惑的に書くこと、あるいはモーゼス・メンデルスゾーンのように堅実にそれでいて優雅に書くことはだれにでもできることではない。しかしもし計画を立ててその実行を他人にすすめるだけが私にとって問題であったなら、そして、長いあいだ私の心を離れないでいた学問の繁栄が私の心を占めなかったならば、私の記述にわかりやすさを与えることは、〔いささかうぬぼれではあるが〕よくできたであろうと思っている。とにかく、もっと早く都合よく受け入れられたいという誘惑よりも、遅いが持続する賛同への希望を重んじるためには、かなりの忍耐と少なからざる克己さえ必要だったのである。

計画を立てるということは、人々が自分では実現できぬことを要求し、自分はそれより良くなし得ないことを非難し、どこに探し出せるか自分は知らないことを提議することによって、創造的な天才であるような外見を自分に与えるための華やかで誇らしげな精神の営みであることがしばしばある。もっとも、理性の全般的批判にかなった有効な計画には、それだけのためにも、もしその計画が、よくあるように、単なる殊勝げな希望の朗読にとどまらないようにしたければ、人々がおそらく推測するであろう以上のことが必要なのである（ふつう、計画を立てることがそんなものではあっても)。しかし、純粋理性はひとつの独自の、それ自体においてはいたるところ結び合わさった領域なので、そのどの部分も他の残りの部分すべてに触れなければ触れられ得ず、あらかじめそれぞれの部分の位置と他の部分への影響を規定しておかなければ、何ごとも成しとげられ得ないのである。なぜなら、純粋理性のほかにはわれわれの判断を内部で正しうるものは何もないのだから、それぞれの部分の妥当性と用途は、その部分が理性そのもののうちで他の部分に対してもつ関係次第であり、そして、有機体の構造においてと同様に、それぞれの組織部分の目的は全体の完全な概念からのみ導き出されうるからである。そこで、われわれはそういう批判について次のように言うことができる。もし批判がすべてに及んでおらず、純粋理性の最も小さな部分にまで成しとげられていなければ、批判はけっして信頼できないということ、この能力の領域について規定ないしは決定しようとすれば、すべてをそうするか、あるいは何もしないか、いずれかでなければならないということ、である。

しかし、単なる計画は、もし純粋理性の批判よりも先行していたら理解できず、信頼できず、不用であるだろうが、これに対して、純粋理性の批判のあとにくる場合にはそれだけなおのこと有益である。というのは、それによって人々は全体を見渡し、この学問で問題となる主要点を一つ一つ点検し、また記述について多くのことを著作の最初の作成のさいになされ得たよりももっと整理することができるようになるだろうからである。

ところで、完成された著作のあとにくる、そういう計画がここにある。著作自体はあくまで綜合的教授法にしたがって作成されねばならなかったが、今はこの計画は分析的方法にしたがって作られてもよかろう。それによって、学問がその部分をすべて、ひとつの特殊な認識能力全体の構造として、自然な結合状態において明示するようにするためである。私が『序説』としてすべての将来の形而上学に先立って出すこの計画さえも、やはりわかりにくいと思う人があれば、その人は以下のことをよくよく考えてみればよい。だれもが形而上学を学ぶ必要は必ずしもないということ、基本的で奥深くさえある学問において、それらが直観にむしろ近いものならきわめてよく進歩するが、まったく抽象的な概念による探究では成功しない、そういう多くの才能があるということ、そんな場合には自分の恵まれた才能を別の対象にふり向けねばならないこと、しかし、形而上学に評価を加えよう、あるいはそれどころか一つの形而上学を作成しようと企てる人は、私の解決を認めるか、または私の解決を根本的に論破して、そのかわりに別の解決を置くか、どんな仕方であれ、ここでなされる要求を――これらの要求を拒絶はできないのだから――ことごとく満足させねばならないこと、そして最後に、さかんに叫ばれる不明確さ〔そういう人自身の怠惰と弱視の、よくある言いつくろいであるが〕にもそれなりの効用があるということである。というのは、すべて他の学問については用心深く沈黙を守る人のだれもが、形而上学の問いにおいては、ここでは彼らの無知がたしかに他人の知識に対してはっきり浮き立たないので、いかにも大家らしく語り、人おじもせず判定するからであるが、しかし本当の批判的原則に対しては無知ははっきりと浮き立つのである。だから、この批判的原則について、われわれはこうほめたたえることができよう。

彼らは巣から怠惰な雄バチの群れを遠ざけている。

――ヴェルギリウス。

序説

すべての形而上学的認識の特性についての序言

§1　形而上学の源泉について

一つの認識を学問として示そうと思うなら、まずその認識がほかのいかなる認識とも共有していない、したがってその認識に固有な相違点を、正確に規定できなければならない。もしそうでなければ、あらゆる学問の境界がたがいに入り込み、どの学問もその本性にしたがって根本から取り扱われることはできないであろう。

この固有性が、対象の相違か、認識の源泉か、または認識方法か、あるいはこれらのすべてでなければ、そのいくつか、そういったもののどの相違にあるにせよ、可能な学問とその領域との観念は、何よりもまずその固有性に依存している。

まず形而上学的認識の源泉についていえば、そういう認識が経験的であり得ないことは、すでにその形而上学的認識という概念のうちに現われている。したがって形而上学的認識の諸原理

〔これにはその原則だけでなく基本概念もまた所属している〕はけっして経験から取り出されてはならない。というのは、この認識は自然学的な認識ではなく自然を越えた認識、すなわち経験のかなたにある認識であるはずだからである。だから、本来の自然学の本源である外的経験も、経験的心理学の基礎をなしている内的経験も、形而上学的認識では基礎にはならないであろう。したがって形而上学的認識はア・プリオリな認識、言いかえれば、純粋悟性と純粋理性とからの認識である。

しかし、この点では形而上学的認識には純粋数学との相違点は何もないであろう。したがって形而上学的認識は純粋な哲学的認識と呼ばれなければならないであろう。しかし、こういう表現の意味については、『純粋理性批判』七一二ページ以下（第一版をさす。第二版では七四〇ページ以下）を参照されたい。この箇所でこれら二種類の理性使用の区別がはっきりと十分に示されている。——形而上学的認識の源泉についてはここまでに止めよう。

§2　それだけが形而上学的と呼ばれうる認識方法について

(a) **綜合的判断と分析的判断の一般的区別について**

形而上学的認識はア・プリオリな判断だけを含まねばならない。この認識の源泉の固有性がそのことを要求する。しかしながら、判断がどのような起源をもつにしても、あるいはまたその論理的形式がどのようになっているにせよ、内容の点で区別があり、その区別によって判断は単に説明的で認識の内容に何も付け加えないか、あるいは拡張的で与えられた認識をさらに大きくするかのどちらかである。前者は分析的判断、後者は綜合的判断と名づけられうるであろう。

分析的判断は述語において、主語の概念のうちでそれほど明晰《めいせき》に等しく意識されてではないにせよ、実際にすでに考えられていたもの以外のことは何も述べない。たとえば、私がすべての物体は延長していると言うとき、私は物体の概念を少しも拡張したのではなく、ただこの概念を分解しただけである。延長ということははっきりと述べられてはいないが、その物体という概念によってすでに判断より以前に実際上考えられていたのだからである。したがってその判断は分析的である。それに対して、いくつかの物体は重い、という命題は、物体の一般の概念において実際に考えられていない或ることを述語のうちに含んでおり、したがってこの命題は私の概念に或ることを付け加えることによって私の認識をさらに拡張する。だから、この命題は綜合的判断と呼ばれなければならない。

(b) すべての分析的判断の共通の原理は矛盾律である

すべての分析的判断はまったく矛盾律にもとづいており、判断のための材料として役立つ概念が、経験的にせよそうでないにせよ、それら分析的判断の本性上、ア・プリオリな認識である。

それというのも、肯定的な分析判断の述語は、すでにまえもって主語の概念のうちで考えられているのだから、主語の概念について矛盾なく否定されることはできない。同様にその述語の反対は、分析的で、しかし否定的な判断において必然的に主語について否定される。それもやはり矛盾律にしたがってである。どの物体も延長している、とか、いかなる物体も非延長〔単純〕ではない、といった命題の場合がそうである。

まさに同じ理由で、すべて分析的命題は、それらの概念が経験的であっても、ア・プリオリな判断である。たとえば、金は黄色の金属である、という命題がそうである。それというのも、このことを知るために、この物体は黄色で金属であるということを含んでいる金についての私の概念のほかに、私はこれ以上経験を必要としないからである。なぜなら、このことがまさしく私の概念を作っており、この概念のそとのどこか別のところを見廻したりせず、私はこの概念を分解するだけで、ほかに何もしなくてもよいからである。

(c) **綜合的判断は矛盾律とは別の原理を必要とする**

その起源が経験的であるようなア・ポステリオリで綜合的な判断がある。しかしまた、ア・プリオリに確実であり、純粋な悟性と理性とに源を発する綜合的な判断もある。しかしながら、両方とも、それらはけっして分析の原則、すなわち矛盾律のみにしたがって生じることはできないという点で一致している。それらはまったく別の原理を必要とする。もっとも、それらがいかなる原則から導き出されるにせよ、いつも矛盾律にかなった仕方で導き出されなければならない。というのは、すべてが矛盾律から導き出され得ないといっても、何ものもこの原則に反することは許されないからである。ところで、私はまず綜合的判断を分類しておこうと思う。

1、経験判断はつねに綜合的である。なぜなら、分析的判断を経験にもとづかせるのは不合理であろう。分析的判断では私は、判断を作るために私の概念から外に出て行く必要はまったくなく、したがって経験の証拠をそのために必要としないからである。物体が延長している、ということは、ア・プリオリに確立している命題であり、いかなる経験判断でもない。なぜなら、私が経験に向かうまえに、すでに私は私の判断のためのすべての条件を概念のうちに持っており、私はこの概念から矛盾律にしたがって述語を引き出しさえすればよく、同時にそれによって判断の必然性を意識するようになりうるのであるが、経験はこの必然性をけっして私に教えないであろうからである。

2、数学的判断はすべて綜合的である。この命題は反論の余地なく確実であり、結果においてきわめて重要であるのに、人間理性の解剖者たちからこれまでまったく見落とされてきたし、それどころか、彼らのすべての推測にもまさに相反しているようである。人々は数学者の推論がすべて矛盾律にしたがって行なわれること〔このことはすべての明証必然的な確実性の本性が要求するものである」に気づいていたので、人々はその原則もやはり矛盾律から認識されるものと納得していたからである。しかし、彼らはこの点でいちじるしく誤っていた。それというのも、たしかに綜合的命題は矛盾律にしたがって理解されうるのであるが、しかし、それはほかの綜合的命題が前提されており、この命題から当の綜合的命題が推論される場合だけのことであって、けっして命題がそれ自体で理解されるのではないからである。

まずはじめに注意しておかなければならないのは、本来の数学的命題はつねにア・プリオリな判断であり、経験的ではないということである。これらの命題は必然性を伴っているが、必然性は経験からは取り出せないからである。しかし、人々がこのことを認めようとしないなら、それなら私は私の命題を純粋数学に限ることにしよう。純粋数学は経験的認識を含まず純粋なア・プリオリな認識だけを含むということを純粋数学という概念がすでに伴っているのである。

おそらくはじめは、7+5=12という命題はまったく分析的命題であり、この命題は七と五の和という概念から矛盾律にしたがって生じると考えられるかもしれない。しかし、さらに立ち入って考察すると、七と五の和の概念が含んでいるのは二つの数を或る一つの数へ結合するということだけで、両方の数を総括するこの一つの数が何であるかは、その結合によってはまったく考えられていないことがわかる。十二という概念は、私が七と五を結合することを考えるだけですでに考えられているのではけっしてない。だから、そういう可能な和の概念を私がどんなに分解してみても、私はその中に十二を見つけ出しはしないだろう。両方の数の一方に対応する直観、たとえば五本の指とか、〔ゼーグネルが彼の算術書で示しているように〕五つの点といったものを助けにして、この直観に与えられた五つの単位をつぎつぎに七という概念に付け加えることによって、われわれはこれらの概念のそとに出て行かねばならないのである。したがって、われわれはこの7＋5＝12という命題によって自分の概念を現実に拡張し、はじめの概念に、この概念においてはまったく考えられていなかった一つの新しい概念を付け加えるのである。すなわち算術的命題はつねに綜合的である。このことは何かもっと大きな数を取ってみるといっそう明らかになる。われわれの概念をどんなにひねり廻してみても、直観を助けにしなければ、概念をただ分析するだけでは、和はけっして見つけ出し得ないことが大きな数でははっきりとわかるからである。

同様に、純粋幾何学のどの原則も分析的ではない。直線は二点間の最短の線である、というのは綜合的命題である。直という私の概念は量については何も含まず、ただ質を含むだけだからである。したがって最短という概念は、まったくあらたに付け加わるのであって、いかなる分析によっても直線の概念から引き出されることはできない。だからここで直観が助けにされなければならず、綜合は直観によってのみ可能なのである。

幾何学者が前提しているほかのいくつかの原則はなるほど事実、分析的であり、矛盾律にもとづいている。しかし、これらは同一的な命題のように方法の鎖として役立つだけで、原理として役立つのではない。たとえば、$a=a$、「全体はそれ自身と等しい」、あるいは$(a+b)>a$、すなわち「全体はその部分より大きい」という原則がそうである。そして、これらの原則にしても、単なる概念にもとづいて妥当しているとはいっても、数学で認められるのは、これらの原則が直観において呈示されるためにほかならない。ところで、この場合、そういう明証必然的な判断の述語がわれわれの概念のうちにすでにあり、したがって判断は分析的であるというふうに一般にわれわれを信じ込ませているのは、まったく表現が曖昧《あいまい》なためである。すなわち、われわれは、与えられた概念に或る述語を付け加えて考えねばならないとして、そしてこの必然性はすでに概念に付着しているとしているのである。しかし、問題は、与えられた概念に何を付け加えて考えねばならないか、ということではなく、われわれがこの概念で、たとえ不明確にであるにせよ、実際に何を考えているか、ということである。そうすると、述語はこの概念にたしかに必然的に付随するが、しかし直接にではなく、直観を介してであり、この直観が付け加わらなければならないことがわかるのである。

純粋な数学的認識の本質的なもの、つまりほかのすべてのア・プリオリな認識から区別されるものは、それはまったく概念からではなく、つねに概念の構成（直観において表わすこと）によってのみ〔『批判』七一三ページ（第二版七四一ページ）〕起こるのでなければならぬ、ということである。だから、純粋な数学的認識はその命題において概念のそとに出て行き、概念に対応する直観を含んでいるものへと向かわなければならないので、その命題はけっして概念の分析によって、つまり分析的に生じることはあり得ないし、またそうなるべきではない。だから、その命題はつねに綜合的である。

ほかの場合には容易でさほど意味のないようにみえるこの観察をなおざりにしたために哲学に対して招いた不利益を、私は注意せずにはおられない。ヒュームは、そこにこそ人間の悟性が非常に大きな財産をもっているのだと自負している純粋なア・プリオリな認識の全領域を見渡すことを、哲学者にふさわしい使命だと感じたときに、不注意にも、純粋なア・プリオリな認識の一つの分野全体、しかも最も重要な分野、すなわち純粋数学をそれから切り離してしまった。その本性、いわばその憲法がまったく別の原理に、つまりすべて矛盾律に基礎をもつと思い込んだからである。なるほどヒュームは、私がここで行なったように、きちんと一般的に、名称をつけて命題を分類したわけではなかったが、しかし彼が述べたことは、まさしく、純粋数学は分析的命題だけを含むが、形而上学はア・プリオリな綜合的命題を含むということであった。ところが彼はこの点でいちじるしい誤りを犯し、彼の考えの全体にわたって、この誤りが決定的に不利な結果を及ぼしたのである。というのは、もし彼がこの誤りを犯さなかったなら、われわれの綜合的判断の起源についての彼の問いをさらに因果性の形而上学的概念より、もっと広げてア・プリオリな数学の可能性にまで拡大したであろうからである。しかし、そうなっておれば、ア・プリオリな数学も、形而上学と同様に、彼は綜合的と見なさなければならなかったはずである。それから彼はけっして形而上学的命題を単なる経験に基礎づけることはできなかったであろう。そうしなければ、純粋数学の公理もやはり経験にゆだねることになるが、こんなことをするにしては、彼はあまりにも見通す力をもっていたのである。その結果として、形而上学が親密に交わるようになる仲間（数学）が、不法な取り扱いを受ける危険から形而上学を護ったであろう。なぜなら、形而上学に加えようと考えられた打撃は数学にもまた当たるはずであるが、しかしこれはヒュームの見方ではなかったし、またあり得なかったからである。こうして鋭敏な人は、われわれがいまたずさわっている考察と類似したにちがいない考察に引き込まれたことであったろう。もっとも、その考察はまねのできぬ彼の見事な論述によって限りなく立派になったであろう。

3、本来形而上学的な判断はすべて綜合的である。われわれは形而上学に属する判断を本来形而上学的な判断から区別しなければならない。前者のうちのきわめて多くの判断が分析的であるが、しかしそれらは形而上学的判断のための手段をなすにすぎず、学問の目的があくまでも向けられるのは形而上学的判断であり、これらはつねに綜合的である。というのも、たしかに、たとえば実体の概念のように、概念が形而上学に属するとき、それらの概念をただ分析するだけで生じる判断、たとえば「実体は主語としてのみ存在するものである」、などの判断もまた必然的に形而上学に属し、そしてこうした多くの分析的判断を介してわれわれは概念の定義により近づこうと努める。しかし純粋悟性概念〔形而上学が含んでいるようなもの〕の分析は、形而上学に属していない経験的なものを含む他のすべての概念の分析〔たとえば、「空気は弾性のある流体であり、この弾性はいかなる既知の氷点下の温度によっても失われない」〕と別の方法では起こらないのだから、たしかに概念は本来形而上学的であるにせよ、分析的判断はそうではない。それは、この学問はア・プリオリな認識の創出ということに特殊な或るもの、それに固有なものを持っており、このような創出は、形而上学が他のすべての悟性認識と共有するものから区別されねばならないからである。こうして、たとえば、「事物のうちで実体であるものはすべて持続的である」という命題は、綜合的で本来形而上学的な命題である。

ところで、形而上学の材料つまりその建築資材となっているア・プリオリな概念を、あらかじめ一定の原理にしたがって集めておくと、これらの概念の分析は大きな価値がある。そしてまた、この分析は、形而上学に属する分析的命題だけを含む特殊な部門として〔いわば定義哲学として〕、形而上学自体を構成するすべての綜合的命題からは区別して記述されることもできよう。というのも、実際、これらの分析は形而上学以外のどこにおいても、すなわち、まず分析された概念から創出されねばならないような綜合的判断について以外には、顕著な効用を持つことはないからである。

そこで、この節の結論は次のようになる。すなわち、形而上学は本来ア・プリオリな綜合的命題とかかわりをもち、これらの命題のみが形而上学の目的をなす。たしかにこの目的のために形而上学はその概念の多くの分析を、したがって分析的判断をもちろん必要とするが、その場合に手続きは、われわれが概念を分析によって明快にしようと努める他のどの認識方法の場合とも違っていない、ということである。しかしながら、直観についても概念についてもア・プリオリな認識の創出、つまりは哲学的認識におけるア・プリオリで綜合的でもある命題の創出が形而上学の本質的内容をなすのである。

§3 判断を分析的と綜合的とに一般的に区分することに対する注

この区分は人間の悟性の批判について欠かせないものであり、したがってこの批判において当然典型的なものである。私はこの区分がどこかほかのところで顕著な効用をもつとは思わない。そしてまた、形而上学的判断の源泉をいつも形而上学そのものの中でだけ探して、そのそとに出て純粋な理性法則一般のなかで探さなかった独断的な哲学者たちが、なぜこのおのずから現われると思われる区別をおろそかにしたのか、そしてどうして有名なヴォルフや彼のあとについて行く鋭敏なバウムガルテンが明らかに綜合的である充足理由律の証明を矛盾律のうちに求めるなどということがあり得たのか、その原因はこのことにあると私は思う。一方ですでにロックの『人間悟性論』のなかに私はこの区分に対する暗示を見つけている。というのは、第四巻、第三章の第九節以下で、彼はあらかじめ判断における表象のさまざまな結合と結合の源泉とを述べて、その源泉の一方を同一性ないしは矛盾におき〔分析的判断〕、他方を諸表象の一つの主体のなかでの存在におき〔綜合的判断〕、そのあと、第十節で彼はわれわれの後の種類の〔ア・プリオリな〕認識は、はなはだ狭く、ほとんど、ないのに等しいと認めているからである。ただし、彼が認識のこのような方法について言っていることには、はっきりされたもの、規則にされたものがきわめて少ないので、だれも、特にヒュームさえも、そこからこの種の命題について考察を行なうきっかけをつかまなかったとしても、驚かなくてもよい。そういう一般的でしかもはっきりした原理は、ただあいまいに思い浮かべたにすぎぬ他人から、たやすく学び取れるものではないからである。われわれはまず自分自身でよく考えてこれらの原理にたどりついていなければならない。そのあとで、著者自身そういう考えが自分の説の基礎にあるのを知りもしなかったのだから、われわれははじめはたしかに出会わなかった別のところにもそれらの原理を見いだすようになる。そうはいっても、けっして自分で考えない人々も、いったん彼らに示されたあとなら、すでに言われていることのうちに、しかも以前にはだれも見つけ得なかったところに、すべてを探知する洞察力をもっているものである。

序説の一般的問題

いったい形而上学は可能か

§4

かりに学問としての権利を主張できるような形而上学が現実にあるのなら、つまり、ここに形而上学がある、諸君はこれを学びさえすればよい、形而上学は諸君にその真理について逆らいがたく、また変わることなく確信させるだろう、とわれわれが言いうるなら、この問題は不要であろう。そして問題として残るのは、事がらそのものの存在の証明というよりむしろわれわれの鋭敏さの吟味にかかわる問題、すなわち、いかにして形而上学は可能か、いかにして理性は形而上学に達することにとりかかるか、という問題だけであろう。ところが形而上学の場合には事情は人間の理性にとってそんなに都合よくなってはいない。われわれは、ユークリッドの書物のようなものを呈示するように、一冊の本を示して、これが形而上学である、諸君はここにこの学問の最も高貴な目的、すなわち最高の存在と来世との認識が純粋理性の原理から証明されているのを見いだすであろう、などと言うことはできない。というのは、たしかにわれわれは明証必然的に確実であり、けっして反論されないような多くの命題を示すことができるが、しかしこれらはすべて分析的であり、認識の拡張よりもむしろ形而上学に対する素材、建築材料にかかわりをもつのである。ところが認識の拡張こそ形而上学についてわれわれが本来めざすものなのである〔§2、(c)の項を参照〕。しかし、諸君がたとえ綜合的命題〔たとえば充足理由律〕を呈示し、けっして単なる理性から、したがって諸君の義務であったように、けっしてア・プリオリには証明していないのに、人々が諸君にこれらの命題を認容したいと思っても、諸君がこれらを諸君の主目的に使用しようとすると、諸君は認めがたい、不確かな主張に陥るので、いつの時代にも一つの形而上学は他の形而上学と、主張そのものか主張の証明か、いずれかについて矛盾し、そのために持続的な承認を得ようという形而上学の要求をみずから破棄してきたのである。そのうえそういう学問を完成させようという試みが、疑いもなく、あれほど早く起こった懐疑論の第一の原因であった。懐疑論は理性が自分自身に対して暴力的に振舞い、そのため理性の最も重要な意図について満足することに完全に絶望したときにのみ生じ得た思考法である。人々は自然を方法論的に問い始めたそのずっと以前に、普通の経験によって或る程度まですでに鍛えられた理性だけを切り離して問うたのだが、それは、理性はともかくいつもわれわれに対して現にあるが、自然法則はたいていは苦労して探し求められねばならないからである。このように形而上学は泡のように表層にただよっていた。それも汲み取った泡が消えさるとすぐにほかの泡が表面に現われるという仕方で、である。或る人たちがその泡をいつも懸命に集めていた一方で、ほかの人たちはこうした現象の原因を深く探すかわりに、前者のいたずらな苦労をあざ笑うことで自分を賢いと思っていたのである。

だから、何もわれわれに教えない独断論にも、そしてまったく何も、許される無知の安らぎすらもわれわれに約束しない懐疑論にも、ともに厭気がさし、われわれが必要とする認識の重要さに促されながらも、われわれが持っていると信じている学問、すなわち純粋理性の名のもとに提出される学問について、長い経験から信用がおけなくなった状態で、われわれになお一つの批判的な問いが残っている。この問いの解答によってわれわれは将来の行ない方を規定できるだろう。それは、いったい形而上学は可能か、という問いである。しかし、この問いは〔われわれは今まだいかなる形而上学も承認していないのだから〕一つの現にある形而上学の或る主張に対する懐疑的な異論によってではなく、そういう学問のまだ単に未決定の概念から答えられなければならない。

『純粋理性批判』では、私はこの問いについて綜合的に仕事にかかった。すなわち、私は純粋理性そのもののうちで探究し、この源泉自体において理性の純粋な使用の要因と法則とを原理にしたがって規定しようとしたのである。この仕事は困難なものであり、自分で徐々に体系に深く入って考える決心強い読者が必要である。この体系は、理性そのもののほかには、何も与えられたものとして基礎に置かず、したがって、なんらかの事実も頼みとせず、認識をその根源的な萌芽から展開しようとするものである。これに対して『序説』は準備練習となるはずのものであり、『序説』は学問自体を述べるというより、むしろ可能なら学問を実現させるためになされなければならぬことを指示するはずである。だから『序説』は、われわれがすでに信頼できると知っていて、そこから確信をもって出発し、まだわれわれが知らない源泉へとさかのぼりうるような何かを頼りとしなければならない。そしてこの源泉の発見は、われわれがすでに知っていることを明らかにするだけでなく、同時にすべて同じ源泉から発する多くの認識の範囲をわれわれに示すであろう。そこで、『序説』、特に将来の形而上学のために準備しようとする『序説』の方法的手続きは分析的であるであろう。

ところで幸いなことには、学問としての形而上学が現にあるとは認め得ないが、しかし或るア・プリオリで純粋な綜合的認識が現にあり、与えられている、すなわち純粋数学と純粋自然学がそうであると、確信して言うことができるのである。というのは、両者が含んでいる命題は一部はただ理性によって明証必然的に確実であり、一部は経験からの一般的同意によってであるが、しかし経験に依存せぬものとして、あまねく承認されているからである。したがって、われわれはいくつかの、少なくとも議論の余地のないア・プリオリな綜合的認識をもっており、こういう認識が可能かどうかを問う必要はなく〔なぜなら現にあるのだから〕、与えられた認識の可能性の原理から他のすべてのア・プリオリで綜合的な認識の可能性も導き出せるように、これらの認識はいかにして可能かを問いさえすればよい。

序説　一般的問題

いかにして純粋理性からの認識は可能か

§5

われわれは前に分析的判断と綜合的判断の大きな相違を見てきた。分析的命題の可能性はきわめてたやすく捉えられることができた。この命題はただ矛盾律にもとづいているからである。ア・ポステリオリな綜合的命題、つまり経験から汲み取られるような命題の可能性もなんら特別の説明を要しない。経験はそれ自身、知覚の連続的組合せ〔綜合〕にほかならないからである。そこで、その可能性が求められ、吟味されねばならないものとしてア・プリオリな綜合的命題だけが残る。この命題は矛盾律とは別の原理によらなければならないからである。

しかし、われわれはここで、はじめにそういう命題の可能性を求める必要はない。つまりそれらが可能かどうか、と問う必要はない。なぜなら、この種の命題は十分に、しかも反論しがたい確実さをもって現に与えられており、それにわれわれが今たどる方法は分析的であるはずであるから、そういう綜合的で純粋な理性認識が現にあるということから始めるであろうからである。しかし、そのあとでわれわれは、この可能性の根拠をなお探究し、この認識の可能性の原理からその認識の使用の条件、すなわち使用の範囲と限界とを規定することができるために、いかにしてこの種の認識が可能であるかを問わなければならない。そこで、この上もなく重大である本来の課題は、厳格な正確さで言い表わすと、次のようになる。

いかにしてア・プリオリな綜合的命題は可能か。

私はこの課題を前には一般の気に入るようにいくらか違ったふうに、すなわち純粋理性からの認識についての問いとして表現したが、今度はそれを私は求められる洞察を損わないで十分に行なうことができた。なぜなら、われわれはここではただ形而上学とその源泉を問題にしているのだから、人々は前になされた注意にしたがって、われわれがここで純粋理性からの認識について語るとき、けっして分析的認識ではなく、綜合的認識だけが問題であることをいつも思い出すだろうと、私は期待するからである。[3]

ところで、形而上学の存亡、したがってその存在はまったくこの課題の解決にかかっている。だれにせよ形而上学において自分の主張をどんなにもっともらしく述べようとも、また息がつまるほどに、推論に推論を積み重ねようとも、もし彼が先の問いにまず十分に答えることができなければ、それはすべて空虚な、根拠のない哲学であり、偽った知恵であると私が言っても正当であろう。君は純粋理性によって語り、そしてただ与えられた概念を分析するだけではなく、矛盾律によらない、しかもまったくすべての経験から独立に君が見抜いたと思い込んでいる新しい結合を申し立てて、それでア・プリオリな認識をいわば創造したと君は誇らしげに言う。それなら、君はいかにしてこれに至ったのか。いかにして君はそういう自負について自分を正当化しようとするのか。常識の賛成に訴えることは君には許されない。なぜなら、常識という証人は、その尊敬が単に世評にもとづくものにすぎないからである。

君がそう私に示すすべてを、私は信ぜず、これを嫌う。
——ホラチウス。

この問いの解答は欠かせないが、しかし同時に困難である。人々がこの問いにずっと長い間、答えようと試みなかった最も主要な原因は、たしかにそういうことが問われうるとはけっして思いもつかなかったことにあるが、しかし第二の原因は、この一つの問いを十分に解答するほうが、出版されるとすぐに著者に不滅の名を約束した形而上学のどんなに大部な作品よりも、はるかに辛抱強い、深い、苦労の多い熟考を必要とするということである。どの聡明な読者もこの課題を要求どおりに注意深く熟考するなら、最初に課題の難しさに驚き、解きにくいと思い、もしそういうア・プリオリで純粋な綜合的認識が現になければ、この課題を不可能と思うにちがいない。事実、デイヴィド・ヒュームにおいてこのことが起こった。もっとも、彼は問いを、ここでなされているほど、また解答が形而上学の全体にわたって決定的となるような場合にはそうなされねばならないほど、そんなに一般的なかたちで思い浮かべてはいなかった。この鋭敏な人は言っている、一つの概念が私に与えられたとき、私がこの概念を越え出て、この概念のうちにまったく含まれていない他の概念と、それも後者が必然的に前者に属しているかのように結合しうるということはいかにして可能であるかと。ただ経験だけがそういう結合をわれわれに与えることができる〔さきに述べた困難から、彼はこの困難を不可能とみなして、彼はそう推論した〕、そしてすべての信じ込まれているあの必然性、あるいは、同じことだが、そう思われているア・プリオリな認識というのは、或ることを真実と認め、そこから主観的必然性を客観的と見なす長いあいだの習慣にほかならない、というのである。

読者が、私がこの課題の解決によって与えることになろう重荷と苦労について苦情をもらすなら、それなら、読者が自分でもっとたやすい方法で課題を解決する試みをやってみさえすればよい。おそらく、そうすれば読者は、こんなに深い探究の仕事を自分に代わって引き受けた人を有難く思うようになり、そしておそらく、事がらの性質からみてこれでもなお私の解決のほうがたやすいことがわかり、むしろある驚きを感じるであろう。事実、この課題を真に普遍的に〔数学者がこの言葉を用いるような意味で、すなわち、あらゆる場合に十分に〕解決するためには、さらにはまた、最後に読者がここに見るような分析的なかたちでそれを示すことができるためには、長年にわたる労苦を要したのである。

したがってすべての形而上学者は、彼らが、ア・プリオリな綜合的認識はいかにして可能かという問いを十分に解答してしまうまでは、そのあいだ彼らの仕事を正式に、合法的に停止させられる。なぜなら、彼らが純粋理性の名においてわれわれに何か口を出すとき、提示しなければならぬ信任状は、この解答にだけあるからである。この信任状がなければ、彼らは、すでに何度も欺かれた聡明な人によって、彼らが口にすることをこれ以上少しも吟味しないで斥けられること以外に、何も望めないであろう。

これに対して、形而上学者たちがその仕事を学問としてではなく、有益な、常識に合った説得の術として行なおうとするのなら、彼らがこの職業にたずさわるのを、公平さからいって、妨げることはできない。そのときには彼らは理性的信仰という控え目な言葉を使うであろう、彼らには、すべての可能な経験の限界のかなたに越え出ているものについて推測することさえ許されず、ましてや何かを知ることは許されず、ただ生活において悟性と意志とを導くために可能で、そのうえ欠かせない何かを〔思弁的使用のためではなく実践的使用のためにだけ、というのは、彼らは思弁的使用をあきらめねばならないから〕ただ想定することだけが許されていることを彼らは認めるであろう。このようにしてのみ彼らは有用で賢明なる人という名を有することができるだろう。彼らが形而上学者という名をあきらめればそれだけ一層そうなるであろう。なぜなら、形而上学者は思弁的哲学者であろうとするが、ところがア・プリオリな判断が問題であるときには、浅薄な蓋然性《がいぜんせい》ですますことはできないから〔申し立てによりア・プリオリに認識されるものは、まさにそれによって必然的であるとして公告されるからである〕、推測をもてあそぶことは彼らには許されず、彼らの主張は学問でなければならず、さもなければ、まったく何ものでもないからである。

すべての形而上学に必然的に先行する先験的哲学の全体は、それ自体、ここに提示された問いの単なる完全な解決にほかならず、ただそれを体系的な順序で詳細に行なったものであり、したがって、今までいかなる先験的哲学もなかったと言えよう。先験的哲学という名を有するものは本来、形而上学の一部門であるが、しかし前者の学問がはじめて後者の可能性を決定するのであり、したがってすべての形而上学に先行しなければならないからである。そこで、ただ一つの問いに十分に答えるだけでも、ほかからの援助をすべて取り去られた、したがってそれ自体まったく新しい一つの学問全体を必要とするのだから、問いの解決が苦労と困難、さらにはいくらかの不可解さと結びついても人々は驚くには及ばない。

今われわれがこの解決をめざして、それも、そういう純粋理性からの認識が現実にあることを前提とする分析的方法にしたがって進むときに、われわれは理論的認識〔ここではこれだけが問題だから〕のただ二つの学問だけを引き合いに出すことができる。すなわち純粋数学と純粋自然学とである。というのは、これらの学問だけが対象を直観においてわれわれに示すことができ、したがってこれらの学問にア・プリオリな認識が現われる場合、この認識の真理を、つまり認識と客観との具体的な一致を、すなわちその現実性を示すことができるのであり、そうなれば、この現実性から認識の可能性の根拠へと分析的な道筋をたどって進むことができるだろうからである。このことは仕事をはなはだ容易にする。綜合的なやり方では一般的考察はまったく抽象的に概念から導き出されなければならないが、今この仕事では一般的考察が単に事実に適用されるだけでなく、さらに事実から出発するのである。

しかしながら、これらの現実的で同時に根拠をもったア・プリオリな純粋認識から、われわれが求める可能なそういう認識へ、すなわち学問としての形而上学へとさかのぼるためには、形而上学のきっかけとなるもの、真理については疑わしくなくもないが単に自然に与えられたア・プリオリな認識——普通はこの認識を加工するだけでその可能性をなんら批判的に吟味しないですでに形而上学と名づけられているが——として形而上学の基礎にあるもの、一言でいえば、形而上学への自然の素質を、われわれの主要問題のもとにいっしょに包括する必要がある。そこで先験的な主要問題は別の四つの問いに分割され、つぎつぎに答えられることになろう。

1、いかにして純粋数学は可能か

2、いかにして純粋自然学は可能か

3、いかにして形而上学は一般に可能か

4、いかにして学問としての形而上学は可能か

これらの課題の解決は何よりも『批判』の本質的内容を示すよう意図されているが、しかしまた、これだけで取り上げても注目に値する独自なものをもっていることがわかるだろう。すなわち、独自なものとは、与えられた学問に対して理性そのものに源泉を探し、それによって、或ることをア・プリオリに認識する理性の能力をその実績そのものを介して探究し、測量するようにすることである。そうすることでこれらの学問自身、その内容についてではないにしても、正しい使用に関して得るところがあり、そして学問の共通の起源についてのより高い問いに光を与えることで、同時にこれらの学問自身の本性をよりよく明らかにするきっかけを与えるのである。

先験的主要問題

第一部　いかにして純粋数学は可能か

§6

すでに、今でも驚くべき範囲をもち、将来に向かって限りない拡がりを約束している、一つの大きな、確証された認識がここにある。この認識は一貫して明証必然的確実性、すなわち絶対的必然性を伴い、したがっていかなる経験の根拠にもよらず、理性の純粋な産物であり、そのうえ一貫して綜合的である。ところで「そういう、まったくア・プリオリな認識を成り立たせることは、人間の理性にとっていかにして可能か」。この能力は経験に立脚しないし、また立脚できないのだから、なんらかのア・プリオリな認識根拠を前提しており、この認識根拠は、深く隠されているが、その帰結の第一の始めを念入りに追跡してゆくと、この帰結によって現われはしないだろうか。

§7

しかし、すべての数学的認識には、次のような固有性があることにわれわれは気づく。すなわち、それらはまず概念を直観に、それもア・プリオリな直観に、したがって経験的ではなく純粋な直観において示さねばならず、この手段がなければ一歩も進めない、ということである。だから数学的認識の判断はつねに直観的である。それに対して、哲学は単なる概念からの論証的判断で満足し、その明証必然的な理説を直観によって説明することはできても、けっして直観から導き出すことはできない。ところで、数学の本性についてのこの考察がすでに数学の可能性の第一の、最高の条件への手引きをわれわれに与えている。すなわち、数学の基礎にはなんらかの純粋直観がなければならぬ、ということである。この純粋直観において、数学はそのすべての概念を具体的にしかもア・プリオリに示すことができる、あるいは、よく呼ばれるように、概念を構成することができる。[4] われわれがこの純粋直観とそうしたものの可能性を見つけ出せれば、これから、いかにして純粋数学においてア・プリオリな綜合的命題が可能であるか、したがってまた、この学問自体がいかにして可能であるかが、たやすく説明される。それというのも、経験的直観がなんの困難もなく、われわれが直観の客観について作る概念を、直観自体が示す新しい述語によって、経験において綜合的に拡大することを可能ならしめるのと同様に、純粋直観もまたそうするだろうからである。ただ両者の違いは、後者の場合にはア・プリオリな綜合的判断は確実で明証必然的であるだろうが、前者の場合には綜合的判断はただア・ポステリオリで経験的に確実であるだろう、ということである。それは、前者は偶然な経験的直観で出会うものだけを含むが、後者はア・プリオリな直観としてあらゆる経験もしくは個々の知覚に先行して概念と分かちがたく結びついているので、純粋直観で必然的に出会うにちがいないものを含んでいるからである。

§8

しかし、こうして進んでゆくと、困難は減るよりも、むしろ増すように思われてくる。というのは、こんどはいかにして或るものをア・プリオリに直観するのは可能か、という問いが出てくるからである。直観は、対象が現にあることに直接依存しているような表象である。だから、ア・プリオリに根源的に直観するのは不可能であるように思われる。なぜなら、もし可能なら、直観が関係をもつ対象が、以前も今も現存しないのに、直観が生じなければならぬことになり、したがって直観ではあり得ないであろうからである。概念はたしかに、われわれが対象と直接関係していなくても、そのいくつかを、すなわち対象一般の思考だけを含むような概念を、十分ア・プリオリにわれわれで作りうるような性質のものである。たとえば、量や原因などの概念がそうである。しかし、これらの概念にしても意義と意味を与えてやるためには、或る具体的な使用、つまり、概念の対象がそれによってわれわれに与えられるような、なんらかの直観への適用を必要とする。しかし、いかにして対象の直観が対象そのものより先行できるのだろうか。

§9

もしわれわれの直観が、物をそれ自体としてあるような姿で表象するような種類のものでなければならないなら、まったくいかなるア・プリオリな直観も生ぜず、いつも直観は経験的であることになろう。なぜなら、対象自体に含まれているものを私が知りうるのは、それが私に対して現にあり、与えられているときだけであるからである。たしかに、そのときでも、現にある事象の直観がいかにして、事象自体としてある姿で、事象を私に知らせるようになるのかは、事象自体の性質は私の表象力へ移住し得ないのだから、理解できないが、しかしその可能性がかりに認められても、そういう直観はア・プリオリには、すなわち対象が私の前に置かれる以前には生じないであろう。なぜなら、対象が私の前に置かれなければ、私の表象の対象への関係のいかなる根拠も考え出されることはできず、私の表象は霊感によらなければならぬことになろう。そこで、私の直観が対象の現実性に先行し、ア・プリオリな認識として生じるのは、ただ一つの方法でのみ可能である。すなわち、直観が感性の形式以外の何ものも含まず、この形式が主観としての私において、それによって私が対象によって触発される、すべての現実の印象に先行するときだけである。というのは、感官の対象がこの感性の形式に合致してのみ直観されうるということは、私がア・プリオリに知ることができるからである。このことから次のことが帰結する。すなわち、ただこの感性的直観の形式に関係する命題は、感官の対象について可能であり、当てはまるだろうということ、逆に、ア・プリオリに可能である直観は、けっしてわれわれの感官の対象以外の事物とは関係し得ない、ということである。

§10

そこで、われわれはただ感性的直観の形式によってのみ、事物をア・プリオリに直観することができる。しかし、この形式によってわれわれが客観を認識するのは、客観がわれわれに〔われわれの感官に〕現象しうる姿でだけであり、客観がそれ自体としてあるかもしれない姿ででは
ない。そしてこの前提は、ア・プリオリな綜合的命題が可能であると認められるべきであるなら、あるいは、われわれがこうした命題に現実に出会う場合、その可能性が理解され、あらかじめ規定されるべきであるならば、まったく必然的である。

ところで、空間と時間は、純粋数学が、明証的で同時に必然的なものとして現われる、すべてのその認識および判断の基礎におくような直観である。なぜなら、数学はそのすべての概念をまず直観において、純粋数学なら純粋直観において示さなければならぬ、すなわち概念を構成しなければならない。もし直観がなければ〔数学は分析的に、つまり概念の分析によってではなく、ただ綜合的にしか取り扱い得ないのだから〕、すなわち純粋直観が数学に欠けているかぎり、純粋直観においてのみア・プリオリな綜合的判断のための素材が与えられうるので、数学は一歩も進むことができないからである。こうして、幾何学は空間という純粋直観を基礎におく。算術は数の概念さえも時間において単位を継続的に加えてゆくことによって成立させる。それに、特に純粋力学は時間の表象を介してのみ運動の概念を成り立たせることができる。しかし、二つの表象は単に直観である。それは、われわれが物体や物体の変化〔運動〕についての経験的直観からすべての経験的なもの、すなわち感覚に属するものを取り去っても、なお空間と時間とが残ることからもわかる。空間と時間は、したがって純粋直観であり、経験的直観の基礎にア・プリオリにあり、だからこれら自身はけっして取り去られ得ないのである。しかし空間と時間がア・プリオリな純粋直観であるというまさにそのことによって、これらは、すべての経験的直観、つまり現実の対象の知覚に先行しなければならぬ、われわれの感性の単なる形式であることが証明される。そして、この感性の形式に合致して対象は、もちろんただ対象がわれわれに現象する姿ででではあるが、ア・プリオリに認識されることができるのである。

§11

そこで、この章の課題は解決された。純粋数学はア・プリオリな綜合的認識として、単なる感官の対象以外の何ものにもかかわらない、ということによってのみ可能である。この感官の対象の経験的直観には〔空間と時間という〕純粋直観が、それもア・プリオリに基礎にあり、そしてこの直観が単なる感性の形式にほかならないがゆえに基礎にあることができる。この形式は、事実、対象の現実的な現象をはじめて可能にするのだから、これに先行している。そうはいっても、ア・プリオリに直観するこの能力がかかわりをもつのは現象の質料、つまり、現象の感覚のうちにあるものではない。感覚は経験的なものを構成しているからである。そうではなくただ現象の形式、つまり空間と時間だけにかかわりをもつ。この二つが物自体に付着する規定ではまったくなく、感性に対する物自体の関係に付着する規定であることを、もし少しでも疑おうとする人があれば、ア・プリオリに、したがって物をまったく知らない以前に、すなわち、物がわれわれに与えられるまえに、物の直観がどのようになっていなければならないかを知ることが、いかにして可能だと認められうるのか、私は知りたいと思う。ところがここで時間と空間とについて、事情はそうなっているのである。このことは、空間と時間がわれわれの感性の形式的条件以上の何ものとも見なされず、対象が単に現象と見なされるなら、ただちに、すべて理解されるのである。なぜなら、そうなれば現象の形式、すなわち純粋直観は、もちろんわれわれ自身から、つまりア・プリオリに表象されることができるからである。

§12

説明と確認のために何か付け加えようと思えば、幾何学者の通常の、絶対に必要な手続きを見さえすればよい。二つの与えられた図形が完全に等しいことの証明は〔一方の図形はすべての点で他方の図形の場所におかれることができるのだから〕すべて、最後には、両者がたがいに重なるということに帰着する。ところで、このことは明らかに、直接的直観による綜合的命題にほかならない。そして、この直観は純粋に、ア・プリオリに与えられねばならない。なぜなら、そうでなければ、さきの命題は明証必然的に確実と見なされることはできず、ただ経験的な確実性をもつだけになろう。われわれはいつもそうであるのに気づく、そしてその命題はわれわれの知覚がこれまで及んだところまで当てはまるだけである、というだけのことになろう。完全な空間〔もはやそれ自身他の空間の限界ではないような空間〕は三次元をもち、空間一般はそれ以上の次元をもち得ない、という命題は、三つ以上の線は一点において直角に交わることはできない、という命題のうえに立てられる。しかし、この命題は概念からはまったく説明されることはできず、直接、直観に、それも、その命題が明証必然的に確実だから、ア・プリオリな純粋直観にもとづくのである。一つの線が無限に〔限定されずに〕引かれるよう、あるいは一連の変化〔たとえば、運動によって通過される諸空間〕が無限に続けられるよう、われわれが要求しうるということは、空間と時間の表象を前提している。そしてこの表象はそれ自体何によっても限界づけられないという点でただ直観に付着することができる。なぜなら、その表象は概念からは、けっして推論され得ないからである。そこで、現実に、ア・プリオリな純粋直観が数学の基礎にあり、この純粋直観が数学の綜合的な、明証必然的に妥当する命題を可能にするのである。そこで空間と時間という概念の先験的演繹が同時に純粋数学の可能性を明らかにする。そうした演繹がなければ、そして、「われわれの感官に〔外官には空間において、内官には時間において〕与えられうるものはすべて、われわれによって、それ自体においてある姿ではなく、われわれに現象する姿においてのみ直観される」ことをわれわれが想定しなければ、純粋数学の可能性は、なるほど認められることはできても、理解され得ないであろう。

§13

空間と時間が物自体に付着する現実的な性質であるかのような考えからまだ離れることのできない人たちは、彼らの鋭敏さを以下のパラドクスで訓練し、この解決を試みても徒労に終わるなら、少なくともしばらく先入見からはなれて、空間と時間を単なるわれわれの感性的直観の形式へと引き下ろすのも、おそらく理由があるかもしれぬと、推定してみるとよい。

二つの事物が、そのそれぞれ別々に認識されうるすべての点で〔量と質に属するすべての規定で〕、完全に同じであるなら、一方があらゆる場合、あらゆる関係において他方の代りに置かれることができ、この置き換えはほんの少しの気づかれるほどの相違も引き起こさないという結論にならなければならない。事実また、幾何学で平面図形の場合そうなっている。ところが、さまざまな球面形は、内的にはそういう完全な一致があっても、外的関係では一方が他方の代りに置かれることはまったくできないような相違を示している。たとえば赤道の弧を共通の底辺とする両半球の二つの球面三角形は、辺についても角についても完全に同等でありうる。それらのどちらにおいても、一方が単独にしかも完全に描かれたとき、同時に他方の描写にはないような何ものも見当たらない。ところが一方が他方の位置に〔すなわち反対の半球に〕置かれることはできない。そうすると、ここには二つの三角形の内的な相違があることになる。この相違をいかなる悟性も内的として述べることはできず、この相違はただ空間における外的関係によってのみ現われるのである。しかし、私は日常の生活から取り出されうるような、もっと普通の場合を引き合いに出すことにしよう。

私の手または私の耳に似ており、すべての点で等しいものとして、鏡のなかのその像以上のものが何かありうるだろうか。ところが、私は鏡に見られるような手をその原型の代りに置くことはできない。なぜなら、原型が右手なら鏡の像は左手であり、右耳の像は左耳であり、像はけっして原型の代りになることはできないのである。ところで、ここには悟性がともかく考えることのできるようないかなる内的な相違もない。ところが、感官が教えるかぎりでは相違は内的である。なぜなら、左手は右手と、たがいのすべての同等、類似にかかわらず、同じ境界のあいだに入れることはできない〔両者は合同となることができない〕。一方の手の手袋は他方の手に使われることはできない。それでは何が解決になるだろうか。これらの対象はけっして物のそれ自体としてある姿の、単なる悟性が知るような姿の表象ではなく、感性的直観、つまり現象であり、現象の可能性は、或るそれ自体は知られていない物の他の或るもの、すなわち、われわれの感性への関係をもとにしている。ところで、空間はこの感性の外的直観の形式であり、そしてそれぞれの空間の内的規定はその空間が部分となる空間全体への外的関係〔外官への関係〕の規定によってのみ可能である。すなわち部分は全体によってのみ可能である。このことは単なる悟性の対象である物自体ではけっして起こらないが、単なる現象では十分起こるのである。だから、類似しており等しいが、合同ではない物〔たとえば逆の方向に巻かれた螺旋《らせん》〕の相違を、どんな一つの概念によってもわれわれは理解させることはできず、右手の左手への関係によってのみ理解させうるのであり、そしてこの関係は直接、直観にかかわるのである。

注 一

純粋数学、特に純粋幾何学は、それが感官の対象にだけ関わりをもつという条件のもとでだけ、客観的実在性をもつことができる。ところが感官の対象について、われわれの感性的表象はけっして物自体の表象ではなく、物がわれわれに現象する仕方の表象である、という原則が確立している。このことから、幾何学の命題は虚構する空想の単なる産物の規定といったものでなく、したがって信頼して現実の対象に関係させられ得ないものではないこと、幾何学の命題は必然的に空間に、したがってまた、空間のうちで出会われるかもしれぬすべてのものに当てはまることが帰結として生じる。なぜなら、空間はすべての外的現象の形式にほかならず、この形式のもとでのみ、感官の対象はわれわれに与えられることができるからである。幾何学は感性の形式を基礎におくが、感性は、外的現象の可能性がもとづくものであり、したがって外的現象は幾何学がこれに指定するもの以外の何かを含むことはけっしてできない。もし感官が客観をそれ自体としてあるような姿で表象しなければならないのなら、事情はまったく違っていたであろう。そのときには、幾何学者が空間のいろいろな性質といっしょにア・プリオリに基礎におく空間の表象からは、空間およびこれから推論されるすべてが、自然においてまさにそうなっていなければならぬ、という結論はまったく出てこないだろうからである。人々は幾何学者の空間を単なる虚構と見なして、この空間に客観的妥当性を許さないであろう。物が、われわれがこれらの物について自分自身で前もって作る像と、いかにして必然的に一致しなければならないか、まったく理解できないからである。しかし、この像、というよりむしろ、この形式的直観がわれわれの感性の本質的性質であり、これを介してのみ対象がわれわれに与えられ、しかもこの感性が表象するのは物自体ではなく、この現象だけであるなら、われわれの感性界のあらゆる外的対象が必然的に幾何学の諸命題と正確に一致しなければならぬことは、まったく容易に理解され、しかも同時に反論の余地なく証明されるのである。なぜなら、感性は、幾何学者が関わりをもつ外的直観の感性形式〔空間〕によってはじめて単なる現象としての対象そのものを可能にするからである。哲学の歴史でいつも注目に値する現象として残ると思われるのは、同時に哲学者でもあった数学者さえも、なるほどただ空間にのみ関わるかぎりでの彼らの幾何学的命題の正しさについてではないが、この空間の概念そのものと空間のすべての幾何学的規定との客観的妥当性、およびそれらの自然への適用について疑い始めた時期があったということである。彼らは、自然における線は物理的な点からおそらく成り立ち、だから客観における真の空間は単純な部分から成り立つだろうが、幾何学者が考えている空間はけっして単純な部分からは成り立ち得ないのではないか、と心配したのである。彼らは以下のことを知らなかった。すなわち、思考のなかのこの空間が物理的空間を、つまり物質の延長そのものを可能にすること、この空間は物自体のいかなる性質でもまったくなく、ただわれわれの感性的な表象力の形式にすぎないこと、空間のなかのすべての対象は単なる現象であり、つまり物自体ではなくて、われわれの感性的直観の表象であり、そして幾何学者が考えるような空間は、まさしくわれわれがア・プリオリにわれわれのうちに見いだし、すべての外的現象の可能性の根拠を〔その形式からいって〕含む感性的直観の形式であるから、外的現象は、幾何学者が虚構された概念からではなく、すべての外的現象の主観的根拠、すなわち感性そのものから引き出す幾何学者の命題と、必然的に正確に合致しなければならないということ、である。ほかのどんな仕方でもなく、そういう仕方で幾何学者は自分の命題の疑い得ない客観的実在性について浅薄な形而上学のどんな嫌がらせに対しても予防されるのである。幾何学者の命題は形而上学にとって不審にみえるにちがいないが、それは形而上学がその概念の源泉にまでさかのぼらないからである。

注二

対象としてわれわれに与えられるべきはずのものは、すべて直観において与えられなければならない。しかし、われわれの直観はすべて感官によってのみ生じる。悟性は何も直観せず、反省するだけである。ところで今証明されたところによると、感官はわれわれにけっして、わずかなことも物自体について知らせず、ただその現象だけを知らせる。ところがこの現象は感性の単なる表象である。「そこで、すべての物体も、物体がそのなかにある空間とともに、われわれのなかの単なる表象以外の何ものとも見なされてはならず、ただわれわれの思考のなか以外のどこにも存在しない」。このことは明白な観念論ではないのか。

観念論は次のような主張において成り立つ。すなわち、思考する存在以外の何ものもなく、われわれが直観において知覚すると信じているほかの物は単に思考する存在のなかの表象にすぎず、この表象には実際は思考する存在の外にあるようないかなる対象も対応しない、という主張である。これに反して、私が言っているのは、物はわれわれの外にある感官の対象としてわれわれに与えられるが、ただし、物がそれ自体としてどんなものかについてわれわれは何も知らず、ただその現象、すなわち物がわれわれの感官を触発するときにわれわれのうちに引き起こす表象を知るだけである、ということである。だから、私はもちろん、われわれの外に物体があること、つまり、物があることを認める。物自体がどのようなものかについてはわれわれにはまったく知られないが、われわれは物をその感性への影響がわれわれに得させる表象によって知り、この表象に物体という名をつける。したがってこの物体という言葉は、われわれには知られないが、それにもかかわらず現実にある対象の現象を意味するだけである。人々はこれを観念論と名づけることができるだろうか。いや、まさしく観念論の反対である。

人々が外的事物の存在を妨げずに事物の述語の多くについて、これらはこの物自体に属するのではなくその現象にのみ属し、われわれの表象の外にはいかなる固有の存在ももたないと言うことができるということは、すでにロックの時代よりずっと以前から、しかしロックの時代以後はもっと一般に受け入れられ、承認されていることである。暖かさ、色、味などがこれに属する。しかし、これらに加えて、さらに私が重要な原因から、一次性質と名づけられている物体の他の性質、延長、場所、そして一般に空間と空間に依存しているものすべて〔不可入性もしくは物質性、形など」をやはり単なる現象に数えることに対して、不承認の根拠を人々は少しも挙げることができない。そして、色を客観自体に付着する性質としてではなく、変容として視覚にのみ属するとする人が、そのために観念論者と呼ばれうることを、承認しようとしないのと同じように、私の説も、私がもっと多くの、それどころか物体の直観を構成するすべての性質がただ物体の現象に属することを認めるからというだけで、観念論的と呼ばれることはできない。というのは、現象する物の存在は、実際の観念論の場合のように、これによって取り消されるのではなく、それ自体としてある姿の物をわれわれは感官によって認識できないことが示されただけだからである。

私の主張が観念論を含まないためにはどうなっていなければならないのか、私は知りたい。疑いもなく、私はこう言わなければならなかったのだろう。空間の表象は、単にわれわれの感性が客観に対してもつ関係に完全に適合している。これは私がすでに言ったことである。さらに空間の表象は客観に完全に類似している、と。しかし、これは私がいかなる意味もともなわせることのできぬ主張であるのは、赤の感覚が、この感覚を私のうちに引き起こす辰砂の性質と類似しているという主張と、同じことである。

注　三

ところでこのことから、容易に予知できる、しかし無力な反論が、たやすく斥けられる。すなわち「空間と時間の観念性によって全感性界がまったくの仮象に化せられるだろう」という反論である。つまり、まず感性的認識の本性についてのすべての哲学的洞察が、次のことによって、つまり感性をたんに混乱した表象様式とし、この表象様式にしたがってわれわれは物をやはりあるがままに認識するが、このようなわれわれの表象においてはすべてを明晰な意識にもたらす能力をもたないだけだとすることによって、傷つけられたあとで、われわれによってこれに反対して次のことが証明された。すなわち、感性的認識はまったく物をあるがままに表象するのではなく、物がわれわれの感官を触発する仕方を表象するだけだから、感性は明晰とか曖昧とかいうことの論理的区別において成り立つのではなく、認識の起源そのものについての発生的区別において成り立つということ、したがって、感性によって事象そのものではなく、単に現象が悟性に反省のために与えられるということである。この必然的な是正を行なったあとで、私の説がすべての感性界の物をまったくの仮象と化するかのようにいう反論が、許しがたい、故意ともいえる誤解から生じているのである。

われわれに現象が与えられているとき、それから事がらをどのように判定するかについて、われわれは、なおまったく自由である。前者、すなわち現象は感官にもとづくが、この判定は悟性にもとづく。そして問題はただ、対象の規定に真理があるかないか、ということだけである。しかし、真理と夢とのあいだの区別は、対象に関係させられる表象の状態によって決められるのではない。表象は真理と夢の両方とも同じだからである。そうではなく、一つの客観の概念のうちでの表象の連関を規定する規則にしたがった表象の結合によって、そして、表象が一つの経験においてどこまで共存できるかできないかによって決められる。われわれの認識が仮象を真理と見なすとき、つまり、それによってわれわれに客観が与えられる直観が、悟性だけが考えうる対象の概念、あるいはさらに対象の存在の概念と見なされるとき、責任はなんら現象にはないのである。惑星の運行を感官はあるときは前進的に、あるときは逆行的にわれわれに示す。ここには偽も真もない。この運行はまずさし当たり現象にすぎぬことをわきまえているかぎり、惑星の運動の客観的あり方についてはまだなんら判断していないからである。しかし、悟性がこの主観的表象様式を客観的とみなさないよう十分に注意して予防していなければ、容易に間違った判断が生じうるので、人々は惑星が逆行するように見える、と言うのである。しかし、仮象は感官の責任ではなく悟性の責任であり、現象から客観的判断を下すのは本来悟性のみに帰することなのである。

このようにして、われわれの表象の起源についてはまったく考えなくて、われわれの感官の直観を、それらが何を含んでいるにせよ、空間と時間において、経験におけるすべての認識の連関の規則にしたがって結合するときでも、われわれが不注意か用心深いかに応じて、偽りの仮象か真理か、どちらかが生じうるのである。そのことはただ感性的表象の悟性における使用に関係し、表象の起源には関係しない。同じように私が感官のすべての表象を、その形式、すなわち空間と時間とともに、現象以外の何ものとも見なさず、そして空間と時間を客観において現象のそとではまったく出会われない感性の単なる形式と見なし、そして、私がこの表象を可能な経験との関係でだけ使用する場合、私が表象を単なる現象と見なすことには誤謬や仮象への誘惑は少しもないのである。なぜなら、表象はそれでもやはり真理の規則にしたがって経験において正しく連関し合うことができるからである。このようにして、幾何学のすべての命題は、私が空間を単なる感性の形式として見ようと、物そのものに付着する或るものとして見ようと、空間にも感官のすべての対象にも、したがって、すべての可能な経験について当てはまる。もっとも、空間を感性の形式として見る場合にだけ、それらの命題をア・プリオリに外的直観のすべての対象について知ることがいかにして可能かを、私は理解することができる。そうでない場合には、すべての可能な経験について、私が普通の考え方からのこうした脱皮をなんら試みなかったとした場合と、万事は同じことになるのである。

しかし、私があえて空間と時間についての私の概念でもってあらゆる可能的経験を越え出てゆくとする。これは、もし私が空間と時間を物自体に付着する性質だと言いふらすなら避けがたいことである〔それというのも、その場合には、私の感官が違ったふうに組織され、物に対して適合するか否か、という点は別として、空間と時間をまさに同じ物に当てはまるようにするのを何が妨げるだろうか〕。そのときには仮象にもとづく重大な誤謬が発生しうるのである。それは、ただ私の主観に依属する物の直観の条件であったものを、そして感官のすべての対象に対して、だからただ可能なすべての経験に対して確かに妥当したものを、私はひろく普遍的に妥当すると言明したことになるからである。なぜなら私は空間と時間を物自体に関係させ、経験の条件に制限しなかったからである。

そこで、空間と時間の観念性についての私の説は、感性界全体を単なる仮象とするのではまったくなく、むしろ、最も重要な認識の一つ、すなわち数学がア・プリオリに提示するような認識の現実的対象への適用を確実にして、それが単なる仮象と見なされるのを防ぐ唯一の手段である。なぜなら、こういう見方をしなければ、われわれがいかなる経験から借りたのでもなく、しかもア・プリオリにわれわれの表象のなかにある空間と時間の直観が単なる勝手な幻想で、まったくいかなる対象も少なくとも十全に対応しないのではないか、したがって幾何学そのものが単なる仮象ではないのかを、決めるのはまったく不可能だからである。これに対して、幾何学が感性界のすべての対象について争う余地なく妥当することを、まさにこれら感性界の対象が単なる現象であることによって、われわれは説明できたのである。

第二に、これらの私の原理は、感官の表象から現象を作るからといって、感官の表象を経験の真理どころか単なる仮象に化するというのではまったくない。むしろ、私の原理は先験的仮象を防ぐ唯一の手段である。形而上学は昔からこの仮象によって欺かれ、単なる表象にすぎぬ現象を人々が事象それ自体と見なしたまさしくそのことにより迷わされて、石鹸の泡をつかもうとする子供っぽい努力をしてきたのである。そして、こうしたことから、結果として理性の二律背反という、あのすべての注目すべき事がらが現われた。これについては、私はさらに言及することになろうが、現象は経験のうちで使用されるかぎりでは真理を生むが、経験の限界を越えて超越的となるとすぐに、まったくの仮象以外の何ものも生じさせない、という、先ほどの唯一の意見によってだけこの二律背反は取り除かれるのである。

このようにして、私は感官によってわれわれが表象する事象にその現実性を認め、そして、ただ、これらの事象についてのわれわれの感性的直観を制限して、この直観はまったくいかなる点でも、空間と時間の純粋直観においてさえ、事象の単なる現象以上のものではなく、けっして事象それ自体の諸性質を表わさない、とするのだから、これは自然に対して私により虚構されたまったくの仮象なのではない。それに、観念論だという非難のいずれに対しても私の抗議は的確で明白であるから、もしも権能をもたぬ判定者がいなければ、私の抗議は不要とさえ思えるであろう。これらの判定者は、一般的だが間違っている彼らの考えから逸脱するものにはどれにも古い名をつけたがり、哲学的命名法の精神についてはけっして判断せず、ただ文字だけにこだわって、すぐに、十分に規定された概念の代りに彼ら自身の錯覚を置き、それによって概念をねじ曲げ、改変するのである。実際、私自身がこの私の理論に先験的観念論と名前をつけたということは、それをデカルトの経験的観念論〔といってもこれは一つの課題にすぎず、デカルトの考えにしたがうと、この課題の解き難さのために、物質的世界の存在を否定するかどうかは各人の勝手であった。そういう存在はけっして十分に解決され得なかったからである〕と混同したり、あるいはバークリの神秘的、空想的観念論〔これや他の類似の妄想に対してわれわれの批判はむしろ適切な解毒剤を含んでいる〕と混同する権利をだれにも与えはしない。というのは、私のこのいわゆる観念論は事象の存在〔ところが、これについての疑いが、もともと普通受け取られている意味での観念論を構成している〕にかかわるのではない。私はそういう存在を疑うなどけっして思いもつかなかった。そうではなく、私の観念論はただ事象の感性的表象だけにかかわり、この表象に何よりも空間と時間が属するのである。そして、これら空間と時間について、したがって一般にすべての現象について私が示したのは、ただ、それらは事象ではなく〔単なる表象様式であり〕、また事象それ自体に属する諸規定ではない、ということである。ところで、先験的という言葉は、私の場合、けっしてわれわれの認識の事物への関係ではなく、認識能力への関係を意味するだけであり、こうした誤解を防ぐはずであった。しかし、さらに誤解を引き起こすよりも、私はこの名称をむしろ撤回して、批判的観念論と名づけたいと思う。しかし、もし現実の事象〔現象ではなく〕を単なる表象に転ずるのが実際に斥けるべき観念論であるのなら、逆に単なる表象を事象とするようなものはどんな名で呼ばれるのであろうか。私は、妄想的と呼ばれてもよい先の観念論から区別して、それを夢想的観念論と呼びうると考える。これら両方とも、私の、前には先験的と呼ばれた観念論、より適切には批判的観念論によって防がれるはずである。

先験的主要問題

第二部　いかにして純粋自然学は可能か

§14

自然は、普遍的法則にしたがって規定されているかぎりでの事物の存在である。もし自然が物自体の存在であるというのなら、われわれは自然をけっして、ア・プリオリにもア・ポステリオリにも、認識できないであろう。ア・プリオリに認識できない、というのは、いったい、いかにしてわれわれは物自体に属するものを知ろうとするのか。われわれが知るということは、われわれの概念の分析〔分析的命題〕によってはけっして起こり得ないのである。なぜなら、私が知ろうとするのは、何が物についての私の概念に含まれているかではなく〔それは物の論理的本質に属するからである〕、物が現実にあるときこの物の概念に何が付け加わるか、そして物そのものが私の概念のそとに存在するとき何によって規定されるか、であるからである。私の悟性、および悟性がそのもとでのみ物の諸規定を物の存在において結合しうる制約は、物そのものにいかなる規則も指示しはしない。物が私の悟性に則るのではなく、私の悟性が物に則るのでなければならないであろう。そうすると、これらの規定を物から取り出すためには、あらかじめ物が私に与えられていなければならぬ。しかし、その場合には物はア・プリオリに認識されぬことになろう。また、物自体の本性のそのような認識はア・ポステリオリにも不可能であろう。なぜなら、もし物の存在がそのもとに従う法則を経験が私に教えるというのなら、これらの法則は、物自体にかかわるかぎりにおいて、私の経験のそとにおいても物自体に必然的に属しなければならないであろうからである。ところで、経験はたしかに、何があるか、それがいかにあるかを私に教えるが、しかしけっしてそれが必然的にそうであって、それ以外であってはならない、ということを教えない。それゆえ、経験は物自体の本性をけっして教えることはできない。

§15

ところで、それにもかかわらず、われわれは現実に純粋自然学を持っており、この学問は、自然が従う法則をア・プリオリに、そして明証的命題に要求される完全な必然性でもって提示している。ここでは、私はただ、一般自然学という名称で、〔経験的原理にもとづく〕すべての物理学に先行する、自然学の予備学を証人として呼ぶだけでよかろう。このなかには、現象に応用された数学、および〔概念からの〕まったく論証的な原則が見いだされ、後者は純粋自然認識の哲学的部門を成している。ところがそのなかには、必ずしも純粋ではないもの、つまり経験的源泉から独立ではないものも多くある。たとえば、運動、不可入性〔物質の経験的概念はこれにもとづく〕、慣性などの概念がそうであり、これらが一般自然学が完全に純粋な自然学と呼ばれるのを妨げている。そのうえ、一般自然学は外官の対象だけにかかわっているので、厳密な意味での一般自然学の例をなしていない。なぜなら、この意味の一般自然学は、外官の対象にかかわろうと、内官の対象にかかわろうと〔物理学の対象も、心理学の対象も〕、ともかく自然一般を普遍的法則のもとにもたらさなければならないからである。しかしながら、その一般的物理学の原則のなかには、われわれが求めている普遍性を現実にもっているいくつかの原則がある。たとえば、実体は持続し常住である、という命題、生起するものはすべて常に原因によって、定まった法則に従って、あらかじめ規定されている、という命題などである。これらの命題は現実に普遍的な自然法則であり、まったくア・プリオリに成り立つ。だから、事実、純粋自然学がある。そこで、問題は、それはいかにして可能か、ということである。

§16

自然という言葉は、先ほどの意味では、ただ物一般の存在の諸規定の合法則性を示すだけであったが、これとは別の意味、すなわち、客観を規定する意味を持っている。つまり、自然は質料の面から見ると、経験のすべての対象の総体である。われわれは、ここでは、この経験の対象だけにかかわり合いをもつ。というのは、もともと、けっして経験の対象となり得ない事物は、もしそれらの本性にもとづいて認識しようとする場合には、概念へわれわれを駆り立てるであろうが、その概念の意味は具体的には〔可能的経験のなんらかの例において〕けっして与えられ得ないであろう。こうして、われわれは事物の本性について概念ばかりを作らねばならないだろうが、これら概念の実在性、すなわち、現実に対象と関係するのか単なる思考の産物なのかは、まったく決定され得ないであろう。経験の対象であり得ないものの認識は超自然的であり、そのような認識にはここではまったくかかわり合わない。われわれがかかわり合うのは、ア・プリオリに可能であり、すべての経験に先行するにしても、その実在性が経験によって確かめうるような自然認識である。

§ 17

こうして、この狭い意味での自然の形式的な面は、経験のすべての対象の合法則性であり、これがア・プリオリに認識されるかぎりにおいて、それらの対象の必然的合法則性である。ところが、いま示されたように、対象が可能的経験に関してではなく、物自体として見られるかぎり、対象において自然の法則はけっしてア・プリオリに認識され得ない。しかし、われわれはここでは物自体にかかわるのではなく〔これら物自体の諸性質についてはそのまま触れないでおく〕、ただ可能的経験の対象としての物だけにかかわるのであり、こういう対象の総体が本来、ここで自然と名づけられるものなのである。そこで私は問うが、ア・プリオリな自然認識の可能性が問題となる場合、課題を、いかにして経験の対象としての物の必然的合法則性をア・プリオリに認識することが可能か、と立てるのがよいのか、あるいは、いかにして経験のすべての対象一般に関する経験そのものの必然的合法則性をア・プリオリに認識することが可能か、と立てるのがよいのか。

詳しく吟味すると、問題がどちらの仕方で示されようとも、問題の解決は純粋自然認識〔これが本来、問題点をなしている〕に関しては、まったく同一の結果になるであろう。なぜなら、物の経験認識がそのもとでのみ可能である主観的法則は、可能的経験の対象としてのこれらの物にもやはり当てはまるからである〔物自体としての物にはたしかに妥当しないが、しかし、ここでは、そのような物はもちろん考慮に入らない〕。或る出来事が知覚されるときには、それは先行する或るものに常に関係させられ、この或るものに普遍的規則に従って継起するという法則がなければ、けっして知覚判断は経験とみなされ得ない、と私が言おうと、あるいは、生起することを経験が教えるすべてのものは原因をもたねばならない、と私が表現しようと、まったく同じである。

しかし、第一の方式を選ぶほうが適切である。なぜなら、われわれはたしかにア・プリオリに、いずれの対象が与えられるよりもまえに、そうした対象に関して経験がそのもとでのみ可能であるような制約の認識をもちうるが、しかしけっして、対象が可能的経験と関係せず、それ自体でいかなる法則に従っているのかについては認識をもち得ないので、われわれが物の本性をア・プリオリに学びうるには、そういう認識がそのもとでのみ〔単なる形式に関して〕経験として可能であるような制約と〔主観的であるが〕普遍的法則とを探究し、それにもとづいて、経験の対象としての物の可能性を規定する以外にはないからである。というのも、もし私が第二の表現方法を選んで、経験の対象としての自然がそのもとで可能であるような、ア・プリオリな制約を求めるとすると、私が誤解に陥るのはたやすいことであり、物自体としての自然について述べなければならぬと思い込むようになろう。その場合には、それについて私には何も与えられていない物に対して法則を求めるために、私はいたずらに、限りのない努力に追い廻されるであろう。

そこで、われわれはここで経験と経験の可能性の普遍的でア・プリオリに与えられている制約とにだけかかわり、そして、そこからすべての可能的経験の全対象としての自然を規定するであろう。その際、私がここで、すでに与えられている自然の観察の規則を意味していないことは理解されていると私は思う。そういう観察の規則はすでに経験を前提しているのである。だから、私が意味しているのは、いかにして〔経験によって〕われわれが自然から法則を学び取りうるか、ではない。もしそうなら、これらの法則はア・プリオリな法則ではなく、また、いかなる純粋自然学をも与えないことになろう。そうではなく、いかにして経験の可能性についてのア・プリオリな制約が、同時に、すべての普遍的自然法則がそこから導き出されねばならない源泉であるか、ということである。

§18

そこで、われわれがまず注意しなければならないのは、経験判断はすべて経験的であり、つまりその根拠を感官の直接的知覚においてもつとはいえ、逆にすべての経験的な判断が、それだからといって経験判断ではないということ、経験判断には経験的なもの、一般に感性的直観に与えられるものに加えて、さらに、まったくア・プリオリに純粋悟性に起源をもつ特殊な概念が付け加わらなければならず、それぞれの知覚はこういう概念のもとにまず包摂され、それからその概念を介して経験と化しうるということである。

経験的な判断は、客観的妥当性をもつかぎりにおいて、経験判断である。しかし、ただ主観的に妥当するだけなら、そういう経験的な判断を私は単なる知覚判断と名づける。後者はいかなる純粋悟性概念も必要とせず、思考する主体における知覚の論理的結合を必要とするだけである。ところが前者は感性的直観の表象に加えて、特殊な、悟性において根源的に生み出される概念をつねに要求し、そしてまさにこの概念が経験判断が客観的に妥当するようにしているのである。

すべてのわれわれの判断は、まず単なる知覚判断である。つまりそれらはわれわれに対してのみ、すなわちわれわれの主観に対してのみ妥当する。そして、後になってはじめてそれらの判断にわれわれは新たな関係、すなわち客観への関係を与えて、いつでもわれわれに対して、またそれに対してでも妥当するようになるよう求める。というのは、判断が対象と一致する場合には、その同じ対象についてのすべての判断はまた相互に一致しなければならず、そのようにして、経験判断の客観的妥当性が意味するのは、その必然的な普遍妥当性にほかならないからである。ところで逆にまた、或る判断を必然的に普遍妥当的であると見なす原因をわれわれが探し出す場合〔必然的に普遍妥当的ということは、けっして知覚にもとづくのではなく、知覚が包摂される純粋悟性概念にもとづくのであるが〕、われわれはその判断をまた客観的と見なさねばならない。すなわち、判断は単に知覚の主観への関係だけではなく、対象の性質を表現すると見なさなければならない。なぜなら、他人の判断も私の判断もすべてそれへ関係し、一致しなければならぬような、したがってすべての判断が相互に一致しなければならぬような、そういう対象の統一が、かりになければ、他人の判断が必然的に私の判断と一致しなければならぬなんらの理由もないことになろう。

§19

そこで、客観的妥当性と〔すべての人に対する〕必然的な普遍妥当性とは相関概念である。そして、われわれは客観自体を知らないにしても、ある判断を共通妥当的、したがって必然的と見なすとき、まさしくそれによって客観的妥当性を意味しているのである。われわれはこの判断を通じて客観を〔それ自体においていかにあるかは知られないままであるにしても〕、与えられた知覚の普遍妥当的で必然的な結合によって認識する。そしてこのことは感官のすべての対象について当てはまるのであるから、経験判断は、その客観的妥当性を対象の直接な認識から受け取るのではなく〔このことは不可能だからである〕、ただ経験的な判断の普遍妥当性の制約から受け取るのである。そして、すでに述べたように、この普遍妥当性はけっして経験的な制約に、いな一般に感性的制約にもとづくのではなく、純粋悟性概念にもとづくのである。客観はそれ自体においては知られないままにある。しかし、客観によってわれわれの感性に与えられる表象の結合が、悟性概念により普遍妥当的として規定されるならば、対象はこの関係によって規定され、判断は客観的である。

このことを説明することにしよう。部屋が暖かい、砂糖は甘い、ニガヨモギはむかつくような味である、⑤といったことは、ただ主観的に妥当する判断である。私がいつもそう認めるように、あるいはほかのだれもが私と同じように認めるように、私はまったく要求しない。これらの判断はただ、二つの感覚の同じ主観に対する、すなわち、私自身に対する関係、それも私の今の知覚の状態におけるかぎりでの関係を表現しているだけであり、だからまた客観に妥当させられるはずはない。このような判断を私は知覚判断と名づける。経験判断では、事情はまったく異なっている。経験が或る状況のもとで私に教えることを、経験はつねに私に教え、まただれにでも教えなければならず、その妥当性は主観に、あるいは主観のそのときの状態に制限されない。そこで私はそういう判断すべてを客観的に妥当的な判断であると断言する。たとえば、空気は弾力的である、と私が言う場合、さしあたり、この判断は知覚判断にすぎず、私は二つの感覚を私の感官においてただ相互に関係させているだけである。しかし私が、これが経験判断と呼ばれるように望むならば、この結合が、結合を普遍妥当的とする制約のもとに立つことを私は求める。このようにして、私がいつも、まただれもが、同じ知覚を同じ状況においては必然的に結合しなければならないことを私は望むのである。

§20

そこで、われわれは経験一般を分析して、感官と悟性とのこの産物に何が含まれているか、また、いかにして経験判断そのものが可能かを見なければならないだろう。まず、経験の基礎には、私が意識している直観、すなわち知覚〔ペルケプチオ〕があり、これはまったく感官に属する。しかし第二に、経験には判断も必要である〔判断はまったく悟性のなすべきものである〕。ところで、この判断には二通りのものがありうる。第一に、私が単に知覚を比較して私の状態の意識において結合することによってか、第二に、私が知覚を意識一般において結合するときか、である。前者の判断は単に知覚判断であり、そのかぎり単に主観的妥当性をもつにすぎない。それは単に私の心の状態での知覚の結合であり、対象との関係をもたない。だから、一般に思い込まれているように、知覚を比較し、意識において判断を用いて結合するだけでは、経験となるには不十分である。そうすることによって判断のいかなる普遍妥当性も必然性も生じないが、判断はこれらによってのみ客観的に妥当的となり経験となりうるのである。

したがって、知覚から経験が成立するまえに、なお一つのまったく別の判断が先行する。与えられた直観は概念のもとに包摂されねばならない。そしてこの概念が直観に関して判断一般の形式を規定し、直観の経験的意識を意識一般において結合し、それによって経験的な判断に普遍妥当性を付与するのである。このような概念がア・プリオリな純粋悟性概念であり、これが行なうのはただ直観に対して直観が判断の役に立ちうる仕方を一般に規定することだけである。かりにそういう概念が原因という概念だとすると、この概念はそのもとに包摂される直観、たとえば空気の直観を判断作用一般に関して規定する。すなわち、空気の概念は膨脹に関して仮言判断における前件の後件への関係に立つ、というふうに規定する。だから、原因の概念はすべての可能な知覚からまったく区別される純粋悟性概念であり、そしてそのもとに含まれる表象を判断作用一般に関して規定するためにだけ、したがって普遍的に妥当する判断を可能にするためにだけ、役立つのである。

そこで、知覚判断が経験判断となりうるまえに、まず、知覚がそういう悟性概念に包摂されることが要求される。たとえば、空気が原因の概念のもとに属し、この概念が膨脹に関する空気についての判断を仮言的と規定するのである。[6] それによって、いまや、この膨脹は単に私の或る状態、もしくは私の多くの状態、もしくは他人の知覚の状態における空気の知覚に属するものとしてではなく、空気に必然的に属するものとして表象される。こうして、空気は弾力的であるという判断が普遍妥当的となり、そしてはじめて経験判断となるのは、或る判断が先行して空気の直観を原因と結果という概念のもとに包摂し、それによって知覚を単に私の主観においてそれぞれ相互に規定するのではなく、判断作用一般〔この場合、仮言的判断〕の形式に関して規定し、そのような仕方で経験的な判断を普遍妥当的なものとすることによるのである。

われわれが、客観的に妥当しているかぎりでの自分の綜合的判断すべてを分析してわかるのは、これらの判断は、けっして普通見なされているように単に比較によって判断において結合されるような単なる直観から成り立っているのではないこと、そうではなく、直観から抽象された概念に加えて、さらに純粋悟性概念が付け加わって、これに先の概念が包摂され、そのようにしてはじめて客観的に妥当する判断において結合されたのでなければ、綜合的判断は不可能であろうということ、である。純粋数学の判断でさえも、その最も単純な公理においてもこの制限から除外されない。直線は二点間の最短の線であるという原則は、線が量の概念に包摂されることを前提しているが、量の概念はたしかに単なる直観ではなく、まったく悟性にその座をもち、〔線の〕直観を、それについて下されうる判断に関して、判断の量、すなわち数多性について〔複称判断⑦として〕規定する役割を果たしているのである。というのは、与えられた直観に多くの同種のものが含まれているということは、このような判断によって理解されるからである。

§21

そこで、ア・プリオリな純粋悟性概念にもとづくかぎりでの経験の可能性を示すために、われわれはまず判断作用一般に属するもの、判断作用における悟性のさまざまな契機を完全な表に表わさなければならない。なぜなら、純粋悟性概念は、直観が判断作用それ自体におけるこれら諸契機のあれこれに関して、したがって必然的、普遍妥当的に規定されるかぎりでの直観一般の概念以上のものではないから、純粋悟性概念はこれら諸契機とまったくぴったりと平行する結果になるからである。これによって客観的に妥当する経験的認識としてのすべての経験の可能性のア・プリオリな原則もまた規定されることになろう。なぜなら、これらの原則は〔直観の或る普遍的制約にしたがって〕すべての知覚を、あの純粋悟性概念のもとに包摂する諸命題にほかならないからである。

判断の論理的表

1　量のうえから
全称的
特称的
単称的

2　質のうえから
肯定的
否定的
無限的

3　関係のうえから
定言的
仮言的
選言的

4　様相のうえから
蓋然的
実然的
明証必然的

悟性概念の先験的表

1

量のうえから

単一性〔単位量〕

数多性〔分量〕

総体性〔全体〕

2

質のうえから

実在性

否定性

制限性

3

関係のうえから

実体

原因

相互性

4

様相のうえから

可能性

現実存在

必然性

自然学の普遍的原則の純粋自然学的表

1
直観の公理

2
知覚の予料　　　　3
経験の類推

4
経験的思考一般の要請

§21a

これまでのことをすべて概括して理解するためには、何よりまず、読者に次のことを注意するのが必要である。すなわち、ここで問題となっているのは、経験の成立についてではなく、経験のなかに存するものについてである、ということである。前者は経験的心理学に属しており、そしてそこでさえも、やはり認識の批判、特に悟性の批判に属する第二のものがなければ、けっして十分に発展し得ないであろう。

経験は、感性に属する直観と、まったく悟性の仕事である判断作用とから成り立つ。しかし、悟性がまったく感性的直観から作る判断は、まだ経験判断にはほど遠い。なぜなら、そういう場合には判断はただ知覚を感性的直観において与えられるとおりに結合するにすぎないが、しかし、経験判断の場合には、判断は、経験一般が含むものを述べているのであって、したがって、その妥当性がただ主観的である単なる知覚が含むものを述べるのではないからである。したがって、経験判断は、感性的直観および〔直観が比較によって一般的なものとされたあとで〕判断におけるそれら直観の論理的結合に加えて、綜合的判断を必然的として、さらに、それにより普遍妥当的として規定する或るものを付け加えねばならない。そして、この或るものは、判断の諸形式の一つに関して、直観をそれ自体規定されたものとして表わすような概念以外のものではあり得ない。すなわち、判断の与えられた論理的機能によってのみ表わされるような、直観の綜合的統一の概念以外のものではあり得ない。

§22

これまでのことを要約すると次のようになる。感官のたずさわる事がらは、直観することであり、悟性のそれは、思考することである。ところが、思考作用とは、表象を一つの意識において統合することである。この統合は単に主観に相対的に成立し、偶然で主観的であるか、それとも絶対的に生じ、必然的ないしは客観的であるか、いずれかである。表象の意識における統合は判断である。したがって思考作用は判断作用、すなわち表象を判断一般へ関係させることと同じである。そこで、判断は、表象が一つの主観のみにおける意識に関係させられて、そこで統合される場合、単に主観的にすぎないか、それとも、表象が意識一般において統合される場合に、すなわち、そこで必然的に統合される場合に、客観的であるか、いずれかである。すべての判断の論理的契機には、表象を意識において統合する数多くの可能なあり方がある。ところで、まさしくこの論理的契機が概念としての用をなす場合には、これらは意識における表象の必然的統合の概念であり、それゆえ、客観的に妥当する判断の諸原理である。意識におけるこの統合は同一性によって分析的であるか、それとも、さまざまな表象相互の複合、付加によって綜合的であるか、いずれかである。経験は、それが必然的であるかぎり、意識における現象〔知覚〕の綜合的結合において成り立つ。そこで、純粋悟性概念は、すべての知覚が、経験判断に用いられうるまえに、そのもとに包摂されねばならぬものである。経験判断では、知覚の綜合的統一が必然的、普遍妥当的として表わされるのである。[8]

§23

判断は、単に与えられた表象の意識における統合の制約と見なされるかぎりでは、規則である。これらの規則は、統合を必然的として表わすかぎりでは、ア・プリオリな規則であり、さらに、これらの規則以上に、これらがそこから導き出される、いかなるものもないかぎりでは、原則である。ところで、すべての経験の可能性に関して、われわれが経験についてただ思考の形式だけを考察する場合には、経験的な判断を客観的に妥当にする純粋悟性概念のもとに、現象をその直観のさまざまな形式にしたがって包摂するような制約以上に、いかなる経験判断の制約もないのだから、そこで、この制約が可能な経験のア・プリオリな原則である。

ところで、可能な経験の原則は同時に、ア・プリオリに認識されうる自然の普遍的法則でもある。そして、このようにして、いかにして純粋自然学は可能かという、われわれの目下の第二の問いに存する課題は解決された。なぜなら、学問の形式にとって要求される体系的ということは、ここで完全に見いだされうるのである。それというのも、論理学が提示する前記のすべての判断一般の、したがってすべての規則一般の形式的制約以上に、もはやいかなる制約も可能ではないからである。そして、これらの制約が論理的体系を構成するが、これに基礎をおく概念は、すべての綜合的で必然的な判断にとってのア・プリオリな制約を含み、まさしくこのことによって先験的体系を構成する。最後に、すべての現象がそれを介してこれら概念に包摂される原則が自然学的体系、すなわち自然の体系を構成する。この自然の体系はすべての経験的な自然認識に先行し、これをはじめて可能とするのであり、それゆえ本来の一般的にして純粋な自然学と名づけられうるのである。

§24

前記の自然学的原則の第一は[9]、空間と時間における直観としての現象を量の概念のもとに包摂し、そのかぎりで数学の経験への適用の原理である。第二の原則は本来経験的なものを、すなわち、直観の実在的なものを示す感覚を、そのまま量の概念のもとに包摂しない。というのは、感覚は、それに対応する対象を空間と時間のなかに措定するにしても、空間もしくは時間を含む直観ではないからである。といっても、実在性〔感覚表象〕とゼロ、すなわち時間における直観のまったくの空虚とのあいだには、やはり或る量をもつ区別がある。というのも、与えられた、いずれの度の光と暗黒とのあいだ、いずれの度の暖かさとまったくの冷たさとのあいだ、いずれの度の重さと絶対的軽さとのあいだ、いずれの度の空間の充実とまったく空虚な空間とのあいだ、これらのどの場合でも、やはりもっと小さな度が考えられうるのであり、そして、意識とまったくの無意識〔心理的暗さ〕とのあいだにさえも、やはりもっと小さな度が生じるからである。そこで絶対的な欠如を示すいかなる知覚も可能ではない、すなわち、別のより強力な意識によってのみ優越される意識として考察され得ないような、いかなる心理的暗さも可能ではない。そして感覚のすべての場合に事情は同じである。このために悟性は、経験的表象〔現象〕の本来の性質をなす感覚さえも、感覚は例外なくすべて、したがって現象すべての実在的なものは度をもつという原則を介して、予料することができる。これが自然学に対する数学の第二の適用〔度の数学〕である。

§25

現象の関係、それもただ現象の存在に関してだけ考えると、この関係の規定は、数学的ではなく力学的であり、そして、この規定についてはじめて経験的認識を可能とするア・プリオリな原則のもとに立たなければ、けっして客観的に妥当せず、したがって経験にとって役に立つことはない。そこで、現象は、存在のすべての規定の基礎に物そのものの概念としてある、実体の概念のもとに包摂されるか、もしくは第二に、現象のあいだの時間的継起、すなわち、或る出来事が見いだされるかぎりにおいて原因と関係して結果の概念のもとに包摂されるか、それとも、同時存在が客観的に、すなわち経験判断によって認識されるというかぎりにおいて、相互性〔交互作用〕の概念のもとに包摂されるか、でなければならない。こうして、経験的とはいえ客観的に妥当する判断の基礎に、すなわち経験の可能性の基礎に、経験が自然において対象を存在にもとづいて結合しようとするかぎり、ア・プリオリな原則があるのである。これらの原則が力学的と呼ばれうる本来の自然法則である。

最後に、経験判断にはまた一致と結合の認識が必要である。その際に、経験における現象相互の一致、結合というよりも、むしろ現象の経験一般への関係が必要である。この関係は、現象と悟性が認識する形式的制約との一致を含むか、あるいは現象と感官および知覚の質料的なものとの連関を含むか、もしくは一つの概念に結合された両者を含むか、のいずれかであり、したがって、可能性、現実性、普遍的自然法則にもとづく必然性を含む。このことが自然学的方法論〔真理と仮説のあいだの区別、および仮説の信頼性の限界〕を構成することになろう。

§26

　批判的方法にしたがって、悟性そのものの本性から引き出された第三の原則の表は、いたずらに独断的やり方で、事がらそのものについてかつて試みられてきたし、将来も試みられるかもしれない、ほかのどの表よりもはるかに完全さを示している。すなわち、われわれの表ではア・プリオリな綜合的原則のすべてが、あますところなく、しかも一つの原理にしたがって、つまり経験の本質を悟性に関して構成する判断能力一般にしたがって仕上げられており、これ以上にこうした原則はないと確信できるのである〔このような満足を独断的方法はけっして与え得ない〕。そうはいっても、これが原則の表の最大の貢献であるというのではけっしてない。

　われわれは、このア・プリオリな認識の可能性をあらわにするような、また同時に、原則が誤解されず、悟性が原則に与える本源的意味が要求する範囲を越えて使用を拡大しないよう望むなら、けっして見過してはならぬ制約に、そういうすべての原則を制限するような、証明根拠に注意を払わなければならない。悟性が与える意味というのは、すなわち、原則は、可能な経験がア・プリオリな法則に従うかぎりにおいて、可能な経験一般の制約だけを含むということである。そういうわけで、物自体が量を含むとか、その実在性は度を含むとか、その存在は一つの実体における偶有性の結合を含む、などとは、私は言わない。なぜなら、だれもそのようなことは証明できないからである。というのは、単なる概念からのそのような綜合的結合は、ここでは一方で感性的直観へのすべての関係を欠いており、他方で可能な経験における感性的直観の結合を欠いているので、絶対に不可能だからである。したがって、これら原則における概念の本質的制限は、すべての事物はただ上に述べた制約のもとに経験の対象としてのみア・プリオリに必然的にある、ということである。

　このことから、また第二に、これら原則の特に固有な証明方法が結果として生じる。すなわち、上述の原則が関係させられるのは、直接に現象および現象の関係に対してではなくて、現象がただその質料を成すにすぎず、形式を成すのではないような経験の可能性に対してであり、つまり、それにおいてまさに経験判断が単なる知覚判断から区別される客観的、普遍妥当的な綜合命題に対してである。このことが生じるのは、空間と時間の一部を占める単なる直観としての現象が、その多様をア・プリオリに、規則にしたがって綜合的に結合する量の概念のもとに立つということ、つぎに、知覚が直観のほかに感覚をも含み、感覚とゼロ、すなわちその完全な消滅とのあいだに、つねに減少による移行があるかぎり、現象の実在的なものは度をもたねばならぬということ、によるのである。つまり、感覚そのものは空間もしくは時間のいかなる部分も占めないが[10]、しかし、空虚な時間もしくは空間から感覚への移行は時間においてのみ可能である。したがって、感覚は、経験的直観の質として、他の感覚から、種類のうえで、区別される点についてはけっしてア・プリオリに認識され得ないけれども、可能な経験一般において知覚の量として、強度のうえで、他のあらゆる同種の感覚から区別されうるのである。このことから、自然がそれによってわれわれに与えられる感性的直観に関して、数学の自然への適用がはじめて可能とされ、規定されるのである。

しかし、読者は、経験の類推という名称で現われる、原則の証明方法に最も注意しなければならない。なぜなら、これら類推は、数学の自然学一般への適用の原則のように直観の産出にかかわるのではなく、経験における直観の存在の結合にかかわるからである。しかし、その結合は必然的法則にしたがった存在の時間における規定以外のものではありえず、その規定は法則のもとにおいてのみ客観的に妥当し、したがって経験となるのだから、そこで、証明がかかわるのは、物自体の結合における綜合的統一ではなく、知覚の綜合的統一である。しかも知覚の内容に関してではなく、時間規定と時間における普遍的法則にしたがった存在の関係に関してである。このようにして、相対的時間における経験的規定が客観妥当的であり、したがって経験であるべきであるならば、これらの普遍的法則は時間一般における存在の規定の必然性を含むのである〔悟性のア・プリオリな規則にしたがってであるが〕。『序説』であるから、ここで私が示しうることといえば、読者は経験を知覚の単なる経験的な合成と見なす長い習慣にはまり込み、そのために、経験が知覚の及ぶよりはるかに達すること、すなわち経験的判断に普遍的妥当性を与えること、そのためには、ア・プリオリに先行する純粋な悟性統一を要することを、読者はまったく考えていないが、そういう読者に対して、知覚の単なる集合とこの経験との区別に、十分注意を払って、この視点から証明方法を判定するように勧めることである。

§27

いまや、ヒュームの疑いをことごとく取り除くべき箇所である。彼が正当に主張したのは、因果性の可能性、すなわち、或るものの存在がそれによって必然的に定立される何か他のものの存在に対するその或るものの存在の関係の可能性を、われわれは、理性によってはいかなる仕方でも理解しない、ということである。さらに付け加えて言うと、われわれは、実体の概念、すなわち、物の存在の基礎にそれ自身はなんらの他の物の述語となり得ない主体が存するということの必然性の概念も同じく理解しない。それどころか、われわれはそういう物の可能性を理解できない〔もっとも、経験においてそういう概念が使用されている例を指示できるのではあるが〕。同時にまた、まさにこの理解できないことは物の相互性にもかかわる。というのは、いかにして一つの物の状態から、そのそとのまったく別の物の状態へ、それも交互に帰結が引き出されうるのか、いかにしてそれぞれ固有の区別された存在をもつ実体が相互に、しかも必然的に依存し合わねばならないのか、まったく理解され得ないからである。そうはいっても、私は、これらの概念を、単に経験から借りられたものとして、またそれらのなかに表象される必然性を虚構されたものとして、長いあいだの習慣が見せかける単なる仮象と見なすなどと思ったりはしない。むしろ私は、これらの概念とこれらから導き出される原則が、すべての経験に先立ってア・プリオリに確立しており、たしかに経験に関してだけだが、疑えない客観的な正しさをもつことを十分に示したのである。

§28

そのようにして私は、いかにして物自体が実体として存在しうるのか、原因として作用しうるのか、〔実在的全体の部分として〕他の物と相互関係に立ちうるのか、という、物自体の結合について少しも理解していない。また、なおのこと、このような性質を現象としての現象において考えることはできない〔というのは、それらの概念は現象に存するものをなんら含まず、悟性のみが思考しなければならぬものを含むのだからである」。しかし、われわれは、悟性における、しかも判断一般における表象のそのような結合について、次のように理解している。すなわち、ある種の判断では、表象は述語との関係で主語として属し、他の種の判断では、帰結との関係で根拠として属し、第三の種の判断では、合わさって可能的経験全体を構成する部分として属する。さらに、客観の表象をこれらの契機のいずれかに関して規定されていると見なさなければ、対象に妥当するいかなる認識もまったくわれわれは持ち得ないであろうということを、ア・プリオリにわれわれは認識する。そして、われわれが対象自体とかかわり合うとすれば、対象が上に述べた契機のいずれに関して規定されるかを、すなわち、実体の概念か、原因の概念か〔他の諸実体に対する関係で〕相互性の概念か、それらいずれのもとに属するかを、私が認識できるような唯一の指標も可能ではないであろう。なぜなら、存在のそうした結合の可能性について私はなんら理解しないからである。しかし、問題は、物自体ではなく、物の経験認識が判断一般の上記の契機に関して、いかにして規定されるか、つまり、経験の対象としての物が、いかにしてかの悟性概念のもとに包摂されることができ、またされるべきか、ということである。そしてこの際に、明らかに、私は、すべての現象をこれらの概念に包摂する可能性のみならず必然性、つまり、これらの概念を経験の可能性の原則のために用いる可能性のみならず必然性を完全に見抜いているのである。

§29

ヒュームの問題の概念〔この彼の「形而上学者の十字架」〕、すなわち、原因の概念を試すために、最初に、論理学を介して、条件判断一般の形式、すなわち、与えられた認識を根拠とし、他の認識を帰結として用いる判断の形式が、私にア・プリオリに与えられている。しかし、知覚には、或る現象に他の現象が〔逆にはならないが〕たえず継起する、ということを述べる関係の規則が見いだされうる。そして、私が仮言的判断を用いて、たとえば、物体が太陽に十分長く照らされるなら、物体は暖かくなる、と言う場合がこれである。ここには、たしかにまだ結合の必然性はなく、したがって原因の概念はない。しかし、私はさらに進んで、単に知覚の主観的結合である右の命題が経験命題であるべきなら、その命題は必然的、普遍妥当的と見なされなければならない、と言う。そういう命題は、太陽はその光によって暖かさの原因である、ということになろう。右の経験的な規則は、今や法則と見なされる。しかも、単に現象に妥当するものとしてではなく、あまねく、したがって必然的に妥当する規則を必要とする可能的経験のために、現象に妥当する法則と見なされるのである。こうして私は、原因の概念を、経験の単なる形式に必然的に属する一つの概念として、さらに、それの可能性を意識一般における知覚の綜合的結合の可能性として、きわめて十分に洞察する。ただし、原因としての物一般の可能性を、私はまったく理解しない。というのは、原因の概念は、けっして物に属する制約を示すのではなく、ただ経験に属する制約、すなわち、経験は、先行するものが継起するものと仮言的判断の規則にしたがって結合されうるかぎり、現象とその時間継起の客観的＝妥当的な認識でありうる、ということを示すだけであるからである。

§30

そこで、純粋悟性概念は、もしそれらを経験の対象から離して、物自体〔ヌーメナ〕に関係させようとすれば、まったく、いかなる意味も持たない。純粋悟性概念は、現象を経験として読み取りうるために、いわば現象を字母から綴るのに役立つだけである。また、感性界への現象の関係から生じる原則は、ただわれわれの悟性の経験的使用に役立つだけである。これ以上に越え出ると、客観的実在性をもたぬ勝手な結合になり、その可能性は、ア・プリオリに認識されず、対象への関係もいかなる例によっても確かめられず、また理解されもしないのである。というのは、すべての例はなんらかの可能な経験からのみ受け取られ、したがって、先の概念の対象もまた可能な経験における以外に、どこにも見当たらないからである。

問題提起者の思惑に反する結果になるが、ヒュームの問題の完全なこの解決は、こうして純粋悟性概念のために、そのア・プリオリな起源を救い、また普遍的自然法則のために、悟性の法則としての妥当性を救うのである。もっとも、これらの概念および法則の可能性は、単に経験に対する悟性の関係にその根拠をもつので、それらの使用を経験にのみ制限するという仕方でである。そうはいっても、それらが経験から導かれるという仕方でではなく、経験がそれらから導かれるという仕方でであり、このようなまったく逆の結合の仕方は、ヒュームにはけっして気づかれなかったのである。

これらのことから、これまでのすべての探究の以下のような結論が出てくる。「ア・プリオリな綜合的原則は、可能的経験の原理にほかならない」、そしてけっして物自体と関係させられることはできず、ただ経験の対象としての現象にのみ関係させられうる、ということである。したがってまた、純粋数学も純粋自然学も単なる現象以上の何かにかかわることは、けっしてできず、ただ、経験一般を可能にするものか、もしくは、これらの原理から導き出されることによって、つねになんらかの可能的経験において表象され得なければならないものか、のいずれかを表わすのである。

§31

このようにして、われわれはついに、或る確定されたものを持つようになった。そして、形而上学的探究のすべてにおいて、われわれはこれに頼ることができるのである。しかし、あらゆる形而上学的探究は、これまできわめて大胆に、しかしいつも盲目的に、すべてについて無差別に進められてきたのである。独断的思想家は、彼らの努力の目標がそんなに近くに掲げられねばならぬことをけっして思いつかなかった。また健全な理性と思いなすものを自負しつつ、たしかに正当で自然ではあるが、単なる経験的使用に限定されている純粋理性の概念と原則でもって知見を得ようと目ざした人々でさえもそうであった。彼らはそういう知見に対しはっきりした限界を知らず、また知り得なかったのである。なぜなら、これらの人々は、そういう純粋悟性の本性について、またその可能性についてさえも、けっして考察しなかったか、考察できなかったからである。

純粋理性の多くの自然主義者〔これによって、なんらの学問もなしに形而上学の事がらを決定しうると信じている人を私は意味する〕は、おそらく次のように申し立てるであろう。つまり、ここできわめて多くの準備でもって、または、彼の好むように言いたければ、廻りくどく末節にこだわる華やかさでもって述べられていることを、自分はずっと前から常識という予言者の精神で推測していただけでなく、知っていたのであり、すなわち「われわれは理性のすべてをもってしても経験の領域をけっして越え出ることはできぬこと」を見抜いていたのだと。しかし、彼にその理性原理を徐々に問いただしてゆくと、理性原理のうちには、彼が経験から汲み取ったのではなく、それゆえ経験に依存せずにア・プリオリに妥当する多くのものがあるのを、彼は承認するにちがいない。それでは、いかにして、いかなる理由で、これらの概念と原則が経験から独立に認識されるという、まさにそのために、これらをすべての可能な経験を越えて用いる独断論者および自分自身を制限しようとするのだろうか。そして、この常識の達人である彼さえも、彼が自負する、安く手に入れたすべての知恵があるにもかかわらず、知らぬうちに経験の対象を越え出て幻想の領域に陥らないという確信はない。彼はすべてを単に蓋然性、合理的推測、類推と言い触らしているので、通俗な言葉で自分の根拠のない要求にいくらかの見せかけを与えてはいるにしても、彼もまた、普通、幻想の領域にかなり深く巻き込まれているのである。

§32

すでに哲学の最も古い時代から純粋理性の探究者たちは、感性界を構成する感性体あるいは現象〔フェノーメナ〕のほかに、さらに、悟性界を構成するはずの特別の悟性体〔ヌーメナ〕を考えてきた。そして、彼らは〔これは、まだ粗野な時代には、十分許されることであったが〕現象と仮象とを同じと見なして、悟性体だけに現実性を承認した。

実際、われわれが感官の対象をごく当然に単なる現象と見なすときには、同時にそれによって現象の根底に物自体があることを承認する。といっても、われわれは物自体がどんな状態にあるのかを知らず、ただその現象、すなわち、われわれの感性がこの知られない或る物によって触発されると仕方だけを知るのである。そのようにして、悟性は、現象を容認する、まさしくそのことによって、物自体の存在もまた承認する。そのかぎりにおいて、現象の根底にあるような存在の表象、したがって単なる悟性体の表象は認められる、というより不可避でもあると言い得よう。

われわれの批判的演繹も、このような物〔ヌーメナ〕をけっして排除するのではなく、むしろ感性論の原則を制限して、これらはすべての物にまでむろん拡がるべきではない、そうでなければ、すべては単なる現象に変じられるだろう、そうではなく原則は可能な経験の対象についてだけ妥当すべきである、とするのである。そこで悟性体は、このようにして容認される。ただし、その場合次のような、いかなる例外もまったく許さぬ規則が厳命される。すなわち、われわれはこの純粋な悟性体について、確かなことをなんら知らないし、また知り得ないということである。なぜなら、われわれの純粋悟性概念も純粋直観も、可能な経験の対象のみに、したがって単なる感性体にかかわり、われわれがこれから離れるやいなや、さきの概念には、もはや少しの意味も残らないからである。

§33

事実、われわれの純粋悟性概念には、超越的使用へ誘惑されるということに関して、何か危険なものがある。私はすべての可能な経験を越え出るような使用を超越的使用と名づけるからである。実体、力、作用、実在性などのわれわれの概念が、まったく経験から独立であり、感官のいかなる現象も含まず、したがって、実際に物自体〔ヌーメナ〕へかかわるように思える、というだけではない。この推測をさらに強めると、これらの概念は、経験がとても及ばない使命の必然性をみずからのうちに含んでいるのである。原因という概念は、それに従って一つの状態から他の状態が必然的に生ずる規則を含んでいる。しかし、経験がわれわれに示しうるのは、ただ、物の一つの状態に他の状態がしばしば、あるいはせいぜい、普通は、継起するということだけであり、したがって経験は、厳密な普遍性も必然性も与え得ない。他の概念の場合も同じである。

そこで、悟性概念は、単なる経験的使用がそれらの使命全体を果たしてしまうということ以上に、はるかに多くの意味と内容とをもっているかに思われる。そこで、悟性は、気づかずに経験という家のうえに、さらにずっと広大な別館を建て増して、これをまったくの空想の産物で満たす。その際、悟性は、限界内で使用される場合には正しい概念でもって、それらの使用の限界を越え出てしまっていることに、なんら気づかないのである。

§34

そのためには、はなはだ無味乾燥ではあるが重要な、それどころかまったく不可欠な二つの探究が必要であったのであり、それを『批判』一三七ページ以下（第二版一七六ページ以下）と二三五ページ以下（第二版二九四ページ以下）が試みたのである。その前者の探究によって、感官は、純粋悟性概念を具体的に付与するのではなく、その概念の使用のために図式を付与するだけであり、そして、図式に適合した対象は〔感性の材料から悟性が作り出したものとしての〕経験においてのみ見いだされることが示された。第二の探究〔『批判』二三五ページ〕においては次のことが示されている。われわれの純粋悟性概念および原則が経験から独立であるにもかかわらず、それだけでなく、それらが経験よりももっと大きな使用範囲をもっているように一見思われるにもかかわらず、経験の領域を越えると、まったく何もそれらによって考えられ得ない、ということである。というのは、それらは与えられた直観について、ただ判断の論理的形式を規定する以外の何もなし得ないからである。感性の領域を越えては、まったくなんらの直観もなく、かの純粋悟性概念は、いかなる手段によっても具体的に表わされ得ないので、まったく意味をもたない。したがって、そのようなヌーメナはすべて、それらの総体、つまり叡《えい》知《ち》的世界⑪とともに、一つの課題の表象以外の何ものでもない。この課題の対象自体はたしかに可能であるが、しかし、その解決はわれわれの悟性の本性からいって、まったく不可能である。われわれの悟性は、直観の能力ではなく、ただ与えられた直観を一つの経験に結合する能力だからである。そこで、この経験はわれわれの概念に対するすべての対象を含まねばならないが、しかし経験を越えると、いかなる直観も概念のもとに置かれ得ないから、すべての概念は、意味のないものとなろう。

§35

想像力が、時おり空想に耽っても、すなわち、注意深く経験の制限内に止まらなくても、それは、おそらく想像力には許されうるであろう。なぜなら、想像力は、少なくともそのような自由な飛躍によって活気づけられ、強められるのであり、その倦怠を救うよりも、奔放さを抑制するほうが、つねに容易であろうからである。しかし、思考しなければならぬ悟性が、思考するかわりに、空想に耽ることはけっして許されることができない。なぜなら、必要な場合に、想像力の空想に限度をおく手だてのすべては、悟性のみにかかっているからである。

ところが、悟性はきわめて無邪気に、しかも上品に空想を始めるのである。まず悟性は、すべての経験に先立って、悟性に現にあるが経験においてつねに適用されねばならぬような基本的認識を、識別して整理する。悟性は、次第にこのような制限を取り除く。そしてまた、悟性は、まったく自由に、その原則を自己自身から受け取るのだから、その点で何が悟性を妨げるはずがあろうか。そうしておいて、まず、自然のなかのあらたに考え出された力へと向かい、すぐにそのあと、自然のそとの存在へ、一言でいうと、その設立のために建築素材についてわれわれに不足はあり得ない世界へと向かう。建築素材は豊かな虚構によって十分に調達され、たしかに経験によっては確証されないが、しかし、拒まれもしないからである。そのことが、若い思想家がまったく独断的な仕方で形而上学を深く愛し、しばしば彼の時間と、ほかのものに向けると有益な彼の才能とをそれに捧げる原因でもある。

しかし、純粋理性のあの効果のない企てを抑制しようとして、きわめて深く隠れている問題を解決するむずかしさについてさまざまに注意してみても、われわれの理性の限界について嘆いても、主張を単なる推測にすぎぬとさげすんでみても、なんの役にも立ち得ない。なぜなら、そういう企ての不可能なことが判明に示されないならば、そして、理性の自己認識が真の学問となり、そこで理性の正しい使用の領域が、その価値のない、無益な使用の領域から、いわゆる幾何学的確実さで区別されないならば、あのむだな努力は、けっして完全には取り除かれないであろうからである。

§36　いかにして自然そのものは可能か

この問題は、先験的哲学がともかく触れてもよい、また、その限界および完成としては、そこへ導かれねばならない、最高の点であるが、本来は二つの問題を含んでいる。

第一に、いかにして自然は質料的意味で、すなわち、直観からみて、現象の総体として可能であるのか、いかにして空間と時間、およびそれら両者を満たすもの、すなわち、感覚の対象は一般に可能であるのか。答えは、われわれの感性の性質によって、ということであり、この性質にしたがって、感性は、それに固有な仕方で、それ自体としては感性に知られず、かの現象とはまったく異なる対象によって、触発されるということである。この答えは『純粋理性批判』では「先験的感性論」で、この『序説』では第一の主要問題の解答によって与えられている。

第二に、いかにして自然は形式的意味で、すなわち、現象が一つの経験において結合されたものとして考えられるべき場合に、すべてそのもとに立たねばならぬ規則の総体として可能であるのか。答えは次のようになるほかはない。つまり、自然はわれわれの悟性の性質によってのみ可能なのであり、この性質にしたがって、感性のあの表象のすべてが一つの意識に必然的に関係させられ、また、それによって、はじめてわれわれの思考の固有なあり方、すなわち規則による思考のあり方と、この規則によって、客観自体の洞察とはまったく異なる経験とが、可能となるのである。この解答は『純粋理性批判』では「先験的論理学」で、この『序説』では第二の主要問題の解答の過程で与えられている。

しかし、いかにしてわれわれの感性そのもののこの固有な特性が可能なのか、また、いかにしてわれわれの悟性の特性、および悟性とすべての思考との根底にある必然的な統覚の特性とが可能であるかは、もはやこれ以上解かれず、答えられない。われわれは、すべての解答と対象のすべての思考とに、いつもこれらを必要とするからである。

われわれが経験を介してのみ知りうるような、多くの自然法則がある。しかし、現象の結合における合法則性、すなわち自然一般を、われわれはいかなる経験によっても知り得ない。経験そのものが、その可能性の根底にア・プリオリに存する、そのような法則を必要とするからである。したがって、経験一般の可能性は、同時に自然の普遍的法則であり、前者の諸原則は、それ自身、後者の法則である。なぜなら、われわれは自然を、現象の総体、すなわち、われわれのなかの表象の総体として以外には知らないからであり、したがって、自然の結合の法則を、われわれのなかの表象の結合の諸原則、すなわち経験の可能性をなすところの、意識における必然的統一の諸制約以外のどこからも得ることはできないからである。

この章を通じて詳しく論じられた主要命題、つまり普遍的自然法則はア・プリオリに認識されうるという命題は、まさしく、すでにおのずから次のような命題に至る。すなわち、自然の最高の立法はわれわれ自身のなかに、つまり、われわれの悟性のなかにあるのでなければならないということ、われわれは自然の普遍的法則を、経験を介して自然から求めてはならず、逆に自然を、その普遍的合法則性のうえからいって、われわれの感性と悟性のなかに存する経験の可能性の制約からだけ、求めなければならない、ということである。なぜなら、そうでなければ、これらの法則は分析的認識のようなものではなく、認識の真の綜合的な拡張なのだから、いかにしてこれらの法則をア・プリオリに知ることが可能であろうか。ところで、可能的経験の諸原理と自然の可能性の諸法則との、そのような、しかも必然的な合致は、二つの原因からのみ起こりうる。これらの法則が経験を介して自然から借りてこられるか、あるいは逆に、自然が経験一般の可能性の諸法則から導き出されて、経験一般の単なる普遍的合法則性とまったく同一であるか、いずれかである。前者は自己矛盾である。なぜなら、普遍的自然法則はア・プリオリに〔すなわち、すべての経験から独立に〕認識され、悟性のすべての経験的使用の根底におかれることができ、またそうでなければならないからである。したがって、第二の原因だけが残る。[11]

しかし、われわれは、つねに特殊な知覚を前提とする経験的な自然法則を、純粋な、もしくは普遍的な自然法則から区別しなければならない。普遍的自然法則は特殊な知覚を根底におかず、単に経験における知覚の必然的統一の制約のみを含み、そして普遍的自然法則に関しては、自然と可能的経験とはまったく同一である。また、可能的経験においては合法則性は経験における現象の必然的結合〔これがなければ、われわれは感性界のいかなる対象もまったく認識できない〕に、したがって、悟性の根源的な法則に依存するので、私が悟性のこの法則について、次のように言えば、はじめは、たしかに奇妙に聞こえるが、しかし、それにもかかわらず確実なのである。すなわち、悟性はその〔ア・プリオリな〕法則を自然から汲み取るのではなく、自然に対して法則を指定するのである。

§37

われわれは、この一見思い切った命題を、例によって説明しよう。この例は、次のことを示すはずである。すなわち、われわれが感性的直観の対象において発見する法則は、特にそれが必然的なものとして認識されるとき、たとえわれわれが経験に帰する自然法則に、必然的ということを除いてすべての点で類似しているとしても、悟性が対象のなかに入れた法則である、とわれわれ自身によって、みなされる、ということである。

§38

円の性質、つまり、それによって、この図形が図形のなかの空間のきわめて多くの任意の規定を、すぐに一つの一般的規則へ統一するような性質を考察すると、この幾何学的なものに一つの本性を属させざるを得ない。たがいに交わり、そして円と交わる二つの直線は、どのように勝手に引かれても、つねに規則的に、どちらかの線の両部分から作られる長方形は他の線の両部分から作られる長方形に等しくなるように、相互に分割する。ところで私は問う。「この法則は円のなかにあるのか、それとも悟性のなかにあるのか」。すなわち、この図形は悟性から独立に、この法則の根拠をみずからのうちに含んでいるのか、それとも、悟性が、その概念〔すなわち半径の同等の概念〕にしたがって、図形そのものを構成して、同時に、幾何学的に比例して相互に交わる弦の法則を、図形のなかに入れたのか。この法則の証明をたどってゆくと、この法則は、悟性がこの図形の構成の基礎においた制約、すなわち、半径の同等という制約からのみ導き出されうることが、すぐに認められるであろう。ところで、幾何学的な図形の、多様な性質の共通な法則のもとでの統一を、なおさらに追求するために、この概念を拡張して、円を、他の円錐曲線とともに構成の同じ基本制約のもとに立つ、一つの円錐曲線として考察すると、円錐曲線、つまり楕円、抛物線、双曲線のなかで、相互に交わるすべての弦は、つねに、それらの部分から作られる長方形は、なるほど等しくはないが、いつもたがいに等しい比例関係に立つようになっていることが見いだされる。そこから、なおさらに進むと、すなわち、物理的天文学の基礎学説へ進むと、物質的自然すべてにゆきわたっている交互引力の物理的法則が現われる。その規則は、おのおのの引き合う点からの距離の二乗に逆比例して引力は減少し、同様にこの力がゆきわたる球面は増加する、ということである。このことは物そのものの本性に必然的なものとしてあるように見え、そのためにまた、ア・プリオリに認識可能なものとして述べられがちである。この法則の源泉は、ただ異なった半径の球面の関係だけに依存するので、きわめて単純ではあるが、その帰結はそれら球面の調和の多様性と規則性についてきわめて重要であって、すべての天体の可能な軌道が円錐曲線のうちにあるというだけではなく、距離の二乗の逆比例の関係の法則以外のいかなる引力の法則も、世界体系に適したものとして考え出され得ないような、軌道相互の関係もまた帰結として生じるのである。

そういうわけで、悟性がア・プリオリに、しかもとりわけ空間の規定の普遍的原理から、認識する法則に依存する自然がある。ところで私は問う。これら自然法則は空間のなかにあって、悟性は、それを、空間のなかにある豊かな意味をただ探究しようとすることによって、学び取るのか、それとも自然法則は、悟性のなかに、およびその概念がすべてそれに帰着する綜合的統一の制約にしたがって悟性が空間を規定する仕方のなかに、あるのか。空間は等質で、すべての特殊な性質について無規定なものであるから、われわれは、空間のなかに、おそらく自然法則のいかなる財宝も求めないであろう。これに対して、空間を円形、円錐形、球形へと規定するのは、それらの構成の統一の根拠を含むかぎりでの悟性である。空間と呼ばれる直観の単なる普遍的形式は、特殊な客観へ規定されうるすべての直観の基体であり、そして、たしかに空間のなかに直観の可能性と多様性の制約が存している。しかし、客観の統一はまったく悟性によって、しかも悟性固有の本性のなかにある制約にしたがって規定されるのである。そのようにして、悟性は自然の普遍的秩序の起源である。それは、悟性がすべての現象をその固有の法則のもとに取り入れて、それによってはじめて経験を［その形式からいって］ア・プリオリに成り立たせることによってであり、そして、経験の結果として、経験によってのみ認識されるべきすべてのものが、悟性の法則に必然的に従わされるようになることによってである。というのも、われわれは物自体の本性にかかわるのではない。こういう本性はわれわれの感性および悟性の制約から独立なのである。

そうではなくて、可能な経験の対象としての自然にかかわるのであり、その際、悟性が経験を可能にすることによって、同時に悟性は、感性界がまったくいかなる経験の対象でもないようにするか、それとも自然であるようにするのである。

§39　純粋自然学への付録
　　カテゴリーの体系について

哲学者にとって願わしいこととして、以前に具体的に使用することによって彼にばらばらに現われていた多様な概念や原則を、ア・プリオリな一つの原理から導き出し、このような仕方ですべてを一つの認識へ統一できる場合以上のことはあり得ない。以前は、哲学者は、或る抽象作用を行なって残るものと、相互の比較によって認識の特殊な仕方を構成するように見えるものとが、完全に集められていると、ただ信じていたが、しかし、それは単なる集積であった。今や彼は、より多くもなく少なくもなく、まさしくただこれだけのものが、認識の仕方を構成しうることを知り、彼の分類の必然性を見抜いた。このことは一つの理解であり、そして、今はじめて一つの体系をもっているのである。

普通の認識から、いかなる特殊な経験もまったく根底になく、しかもすべての経験認識のうちに現われて、いわば経験認識の結合の単なる形式を構成するような、そういう概念を探し出すのは、言語から言葉の現実的使用一般の規則を探し出して、そういうふうに一つの文法へ要素をまとめるのよりも、大きな反省も多くの洞察も前提としない〔事実、両方の考察は、たがいにきわめて密接に類似している〕。それでいて、後者では、なぜそれぞれの言語が、ほかならぬまさしくこの形式的性質をもつのか、その根拠を示すことはできず、まして、言語のそのような形式的規定一般の、より多くも少なくもない、それだけの数のものが見いだされうることの根拠を示すことはできないのである。

アリストテレスは、カテゴリー⑬の名のもとにそういう十個の純粋な基本概念をまとめた。賓位語とも名づけられたこれらに、のちになって、彼はなお五つの後賓位語⑭を付け加える必要があるのを知ったが、後賓位語は、一部は、すでに賓位語のうちにあるのである〔より前、同時、運動のように〕。しかし、このような気まぐれなやり方は、規則にしたがって仕上げられた考えとしてよりも、将来の研究者への一つの暗示として通用し、賛意を得ることができたのである。そのため、哲学がはるかに進歩していっても、まったく無用のものとして捨て去られていた。

人間の認識の純粋な〔経験的なものを何も含まない〕要素を探究する際に、長いあいだの考察のあとではじめて、私は感性の純粋な基本的概念〔空間と時間〕を、確信をもって悟性の基本的概念から区別し、分離するのに成功した。それによって先の（アリストテレスの）表から第七、第八、第九のカテゴリーが除かれた。残りのカテゴリーは私には何も役立ち得なかった。なぜなら、それにしたがって悟性が完全に測量され、また悟性の純粋概念がそこから生じる悟性のすべての機能が、全部、正確に規定されうるような、いかなる原理もそこにはなかったからである。

しかし、そういう原理を見つけ出すために、私は、すべての残りの働きを含んでおり、表象の多様を思考一般の統一にもたらすさまざまな変容、もしくは契機によってのみ区別されるような一つの悟性の働きを探し廻った。そして、このような悟性の働きが判断作用にあることを見いだした。ところで、まったく欠陥がないわけではないが、すでに仕上がった論理学者の仕事が、私の目の前にあった。それによって、私は、純粋な悟性機能の完全な表を、それらの機能はまだすべての対象について無規定ではあったが、示すことが可能となった。最後に、私はこれらの判断機能を客観一般に、というよりむしろ、判断を客観的＝妥当的なものとして規定する制約に関係させ、そこに純粋悟性概念が生じたのである。この純粋悟性概念について、まさにこれらだけが、より多くも少なくもなく、これだけの数のものが、単なる悟性からのわれわれの物の認識全体を構成しうることを、疑いなく知り得た。私は、それらを、当然のこととして、古い名称にしたがって、カテゴリーと名づけた。その際、私は、相互の結合によってか、現象の純粋形式〔空間と時間〕との結合によってか、まだ経験的に規定されていないかぎりでの現象の質料〔感覚一般の対象〕との結合によってかして、これらカテゴリーから導き出されうるすべての概念を、客位語という名称で完全に付け加えるのを保留した。そういう付け加えは、今はそのために私が理性そのものの批判とだけかかわりあっている先験的哲学の体系を成立させようとすれば、すぐになされるであろう。

ところで、このカテゴリーの体系において、なんらの原理もなく進んだ、あの古い気まぐれなやり方から区別され、またそのためにこの体系だけが哲学へ数えられるに値する本質的なことは、この体系を介して純粋悟性概念の真の意味と、それらの使用の制約とが正確に規定され得た、ということにある。なぜなら、そこにおいて、次のことが明らかになったからである。すなわち、悟性概念は、それ自身としては、論理的機能以外の何ものでもなく、そのようなものとして、客観自体についてはまったく理解せず、感性的直観が基礎にあることを必要とするのであって、そして、さもなければすべての判断機能について無規定で無関係な経験的な判断を、判断機能について規定し、それによって経験的な判断に普遍妥当性を与え、普遍妥当性を介して経験判断一般を可能にするのに役立つのみである、ということとである。

カテゴリーの本性へのそういう洞察は、同時にカテゴリーを単なる経験的使用に制限するはずであるが、カテゴリーの最初の創始者も、彼のあとのだれも、そういう洞察に思いつかなかった。しかし、この洞察〔これは、まさしくカテゴリーの導出ないしは演繹にかかっている〕がなければ、カテゴリーはまったく無用であり、それらの使用の説明も規則もない、みじめな名簿にすぎない。そういった洞察が、もし先人にかつてわかっていたなら、疑いもなく、何世紀にもわたって形而上学の名で、多くの良き頭脳を駄目にしてきた純粋理性認識の研究全体が、まったく違った形でわれわれに伝わったことであろう。そして、現に起こっているように、人間の悟性を陰気な、無益な詮索に使いつくして、真実の学問にとって使いものにならなくするかわりに、人間の悟性を啓発したことであろう。

ところで、このカテゴリーの体系は、さらに純粋理性そのもののどの対象の取り扱いもすべて、体系的なものにし、どの形而上学的考察も、それを完全になるようにしようとすれば、いかにして、いかなる問題点を通って、導かれねばならないかについて、疑い得ない指示ないしは手引きを与える。この体系は、他のどの概念もそのもとにもたらされねばならない悟性の契機のすべてを尽くしているからである。そのようにして、原則の表もまた成立した。この表の完全性について、ただカテゴリーの体系によってのみ確信をもちうるのである。自然学的な悟性使用を越え出るはずの概念の分類においてさえ〔『批判』三四四ページ、および四一五ページ（第二版四〇二ページ、および四四三ページ）〕、カテゴリーの体系は、やはり同じ手引きである。この手引きは、いつも人間悟性においてア・プリオリに規定された、同じ定まった点を通って導かれねばならないので、つねに一つの閉じられた円環を形作る。そして、純粋悟性の概念あるいは純粋理性の概念の対象が、哲学的に、ア・プリオリな原則にしたがって考究されるべきであるかぎり、そういう仕方で完全に認識されうることに、その円環はなんの疑いも残さないのである。さらに私は、最も抽象的な存在論的分類の一つ、すなわち、或るものと無の概念の多様な区別についても、この手引きを使用し、それにもとづいて規則にかなった必然的な表〔『批判』二九二ページ（第二版三四八ページ）〕を完成させないでおくことはできなかった。[15]

この同じ体系はまた、そうでなければかの純粋悟性概念のあいだに紛れ込んだかもしれない、異種の概念のすべてを放逐して、どの認識にもその場所を規定するという点でも、普遍的原理に基礎づけられたどの真実の体系とも同様に、いかに賞讃されても十分ではないほどのその使用を示している。同様に、カテゴリーの手引きにしたがって反省概念の名で、私が一つの表にした概念が、存在論において、許可も正当な権利ももたずに、純粋悟性概念のあいだに混入しているが、後者は結合の概念であり、したがって客観そのものの概念であるのに対し、前者はすでに与えられた概念の単なる比較の概念にすぎず、そのため、まったく別の本性と使用とをもつのである。私の合法則的な区分によって〔『批判』二六〇ページ（第二版三一六ページ）〕純粋悟性概念は、この混入物から区別される。さきの分離されたカテゴリーの表の効用は、これからすぐに行なわれるように、かの悟性概念とはまったく別の本性と起源とをもつ先験的理性概念の表〔それゆえまた別の形をもたねばならない〕をわれわれがカテゴリーの表から分けるときに、さらになお明白になる。ところが、このように必要な分離は形而上学のどんな体系においてもけっして行なわれなかった。そこではあの理性の理念が悟性概念と、両者が兄弟姉妹のように一つの家族に属しているかのごとくに、区別されずに混じり合っているが、そういう混同は、特別のカテゴリーの体系が欠けているときには、けっして避けられなかったのである。

先験的主要問題

第三部　いかにして一般に形而上学は可能か

§40

純粋数学と純粋自然学とは、それら自身の安全と確実さのためには、われわれがこれまでに両者について成し遂げたような演繹を必要としなかったであろう。なぜなら、前者はそれ自身の明証にもとづいており、そして、第二の学問は、悟性の純粋な源泉から生じたものではあるが、経験と経験によるあますところのない確証とにもとづいているからである。純粋自然学が、そういう経験の裏付けをことごとく斥けてそれがなくてもすますことができないのは、そのすべての確実さをもってしても、哲学として（§7および§15を参照）、けっして数学と張り合い得ないからである。そういうわけで、二つの学問が上述の探究を必要としたのは、それら自身のためではなく、ほかの学問、すなわち形而上学のためである。

形而上学は、経験においてつねに適用される自然概念のほかに、どのような可能的経験においてもけっして与えられない純粋理性概念ともかかわり合う。したがって、形而上学は、その客観的実在性〔それが単なる幻想ではないこと〕が、いかなる経験によっても確かめられ得ない、あるいは明らかにされ得ないような概念、また、その真偽についてやはりそうなされ得ない主張とかかわり合う。そのうえ、形而上学のこの部分がまさしく、ほかのすべてがそのための手段にすぎぬような、本質的目的を成す部分であり、そこで、形而上学はそれ自身のためにそうした演繹を必要とする。われわれに、いま提示されている第三の問題は、したがって、いわば形而上学の核心と特性とにかかわる。すなわち、理性のひたすらな自己自身への没頭、および、理性が自己の概念について考えにふけることによって、そこから直接生じると思い込まれている客観の知識、つまり経験の媒介を必要としないし、また一般に経験によっては達し得ない知識とかかわるのである。[16]

　この問題が解決しなければ、理性はけっしてみずから満足しない。理性が純粋悟性をそこへ制限している経験的使用は、理性自身の使命の全体を満たしてはいない。個別的経験のそれぞれは、理性の領域の全範囲の一部にしかすぎない。しかし、すべての可能的経験の絶対的全体は、それ自体はいかなる経験でもないが、それにもかかわらず理性にとって必然的な問題であり、この問題をただ表象するために、理性はこれまでの純粋悟性概念とはまったく異なった概念を必要とするのである。純粋悟性概念の使用はただ内在的であり、与えられうるかぎりでの経験に向かうが、一方、理性概念は完全性へ、すなわち、すべての可能的経験の集合的統一へ、向かい、それによって、与えられた経験のいずれをも越え出て行き、超越的となるのである。

そこで、悟性がカテゴリーを経験のために必要としたのと同様に、理性は理念のための根拠をみずからのうちに含んでいる。私が理念ということで意味しているのは、必然的であるがその対象がいかなる経験においても与えられ得ない概念である。前者が悟性の本性の特質であるのと同様、後者は理性の本性の特質である。そして、理念は、われわれを迷わせがちな仮象を伴うが、この仮象は避け得ないものである。もっとも、「仮象が誘惑しないよう」十分予防することはできる。

仮象はすべて、判断の主観的根拠が客観的であると見なされることに成り立つから、理性が陥る迷いに対する唯一の保安の手段は、超越的〔過度的〕使用において純粋理性が自己を認識することにあるであろう。理性が迷いに陥るのは、理性がその任務を誤解して、みずからの主観とそのあらゆる内在的使用での指導とにかかわるにすぎないものを、超越的な仕方で、客観それ自体に関係させる場合なのである。

§ 41

理念、すなわち純粋理性概念を、カテゴリーあるいは純粋悟性概念から、種類、起源および使用のまったく異なった認識として区別することは、すべてのこれらア・プリオリな認識の体系を含むはずの学問の基礎づけのために、きわめて重要な事がらである。そういう分離がなければ、形而上学は絶対に不可能であるか、せいぜい、われわれがたずさわる材料も知らないで、また、いろいろな意図のためのそれらの材料の適合についても知らないで、カードの家を継ぎ合わせようという、不規則で手際の悪い試みにすぎない。かりに『純粋理性批判』が行なったことが、この区別をはじめて明らかにしたにすぎなかったとしても、すでにそれによって、形而上学についてのわれわれの概念を解明して形而上学の分野での探究を導くということに対して、純粋理性の超越的課題を満足させようというすべての無益な努力よりも、多くの寄与を行なっていることになろう。こういう努力は、以前から試みられてきたが、そのときに、われわれが悟性の領域とはまったく異なった領域にあることは、かつて思いつかれなかった。そのため、悟性概念と理性概念とは、あたかも同一の種類のものであるかのように、一度に数え立てられたのである。

§42

すべての純粋悟性認識には、その概念が経験において示され、また、その原則が経験によって確証されるということが備わっている。これに対して、超越的な理性認識は、その理念については経験において示されず、また、その諸命題は経験によって確証も否定もされない。それゆえ、おそらくそこに紛れ込む誤りを摘発しうるのは、純粋理性自身のほかにはないが、しかし、これはきわめて困難である。なぜなら、まさしくこの理性が、その理念によって自然に弁証的になるのであり、そして、この避けられ得ない仮象が抑制されうるのは、事がらの客観的、定説的（ア・プリオリな原理から厳密に証明するといった仕方の）研究によってではなく、ただ、理念の源泉である理性自身の主観的研究によってであるからである。

§43

『純粋理性批判』でいつも私の最大の目標であったのは、どうすれば私は注意深く認識の種類を区別しうるかということだけではなく、さらにまた、おのおのの認識に属するすべての概念を共通の源泉から導き出しうるかということであった。それは、概念がどこから由来するかを知って、私が概念の使用を確実に規定しうるようになるためだけではなく、概念を枚挙し、分類し、区分するさいの完全性を、ア・プリオリに、したがって原理にもとづいて認識するという、まだけっして気づかれたことはなかったが、しかし計り知れぬ利益を得ようとするためでもあった。このことがなければ、形而上学におけるすべては、ただの思い付きにすぎず、自分が所有しているもので十分なのか、何かがまだ欠けているのではないか、欠けているとすれば、どこにおいてなのか、われわれにはけっしてわからないのである。たしかに、われわれがこうした利益をもちうるのは、純粋哲学においてだけであるが、しかし純粋哲学のまさに本質をなしているのは、このことなのである。

私はカテゴリーの起源を、悟性のすべての判断の四つの論理的作用に見いだしたので、理念の起源を、推理の三つの作用に求めるのは、まったく自然なことであった。なぜなら、そういう純粋な理性概念〔先験的理念〕がともかく与えられているのならば、それらを生得的と見なそうとしない以上は、理性の働き以外のどこかで出会われることは、おそらくあり得ないからである。この理性の働きは、ただ形式に関するかぎりでは、推理の論理的なものを構成するが、悟性判断をア・プリオリな形式のいずれかについて規定されたものとして表わすかぎりでは、純粋理性の先験的概念を構成するのである。

ところで、推理の形式的相違のために、推理は必然的に、定言的、仮言的、選言的に区分される。そこで、推理に基礎をおく理性概念は、第一に、完全な主体〔実体的なもの〕という理念、第二に、諸制約の完全な系列という理念、第三に、可能なものの完全な総括という理念におけるすべての概念の規定、を含むことになる。[17] 第一の理念が心理学的、第二の理念が宇宙論的、第三の理念が神学的であった。そして、三つはすべて、それぞれ固有の仕方で、弁証論へのきっかけを与えるので、純粋理性の弁証論の全体の区分は、そこに基礎をおき、純粋理性の「誤謬推理」「二律背反」、最後に「理想」に分けられた。われわれは、こうした導出によって、純粋理性のすべての要求が、ここにまったく完全に示されており、ただの一つも欠けているはずがないことを、十分に保証される。なぜなら、理性の要求のすべての起源がそこから取り出される理性能力そのものが、こうした導出によって、あまさず計られるからである。

§44

理性の理念が、カテゴリーと違って、経験に関する悟性の使用のためには、われわれになんら役に立たず、この使用に関してまったく無用であり、それどころか、自然の理性認識の最高規則に反し、妨げとなるが、それにもかかわらず別のさらに規定されねばならぬ意図にとっては必然的であるということは、この一般的な考察においても注目に値する。魂が単純な実体であるかどうか、ということは、魂の現象を説明するためには、われわれにとってまったくどうでもよいのである。なぜなら、われわれは単純な存在という概念を、いかなる可能的経験によっても感性的に、したがって具体的に理解し得ず、こうしてこの概念は現象の原因への望まれる洞察のすべてに関して、まったく空虚であり、内的あるいは外的経験が与えるものの、いかなる説明原理としても役立ち得ないからである。同じように、世界の初め、あるいは〔過去の方向での〕世界の永遠性という宇宙論的理念も、これからして世界そのもののなかでのなんらかの出来事を説明するためには役に立ち得ない。最後に、自然哲学の正しい最高規則にしたがって、われわれは自然の組織についての最高存在の意志から導き出された説明を、すべて差し控えなければならない。なぜなら、こういうことは、もはや自然哲学ではなくて、われわれが自然哲学をやめてしまっているという告白だからである。そうすると、経験そのものは、カテゴリーおよびこれにもとづく原則によってはじめて可能となったが、これらの理念は、そういうカテゴリーとはまったく異なって使用されるべく定められている。ところが、かりにわれわれの意図が、経験において与えられうるような単なる自然認識以外の何ものにも向けられていないのなら、われわれの苦労の多い悟性の分析は、まったく余計なものとなるであろう。なぜなら、理性は、数学においても自然学においても、こういう綿密な演繹をすべて必要としないで、その仕事を、まったく確かに、十分に行なうからである。そこで、われわれの悟性批判は、悟性の経験的使用を越え出ておかれる意図のために、純粋理性の理念と結びつく。ところが、われわれは先に悟性について、悟性は経験的使用を越えたところでは、まったく不可能であり、対象もなく、意味もない、と言っておいた。それにもかかわらず、理性の本性に属するものと悟性の本性に属するものとのあいだには、一致がなければならない。そして、前者は後者の完全性のために寄与すべきであって、後者の完全性を混乱させることはあり得ない。

この問題の解決は以下のようになる。すなわち、純粋理性は、その理念の名のもとで、経験の領域を越えている特殊な対象を意図せず、ただ経験の連関における悟性使用の完全性を要求するだけである。しかし、この完全性は、原理の完全性でありうるだけで、直観や対象の完全性ではあり得ない。それにもかかわらず、理性は、原理の完全性をはっきりと表わそうとして、そういう完全性を、一つの客観の認識として考える。この客観の認識は、先の悟性の規則に関しては完全に規定されているが、しかし、その客観はただ理念にしかすぎない。理性がこのように考えるのも、悟性認識をあの理念が示す完全性へできるだけ近づけるためである。

§45　純粋理性の弁証論への前書き

先に§33、§34で、われわれが示しておいたことであるが、カテゴリーが感性的規定のどのような混合からも純粋であることが理性を迷わせて、カテゴリーの使用をすべての経験をまったく越え出て物自体へと拡げることもありうるが、この場合、カテゴリー自身は、それらに具体的な意味や意義を与えうるような、いかなる直観も見いだされないので、カテゴリーは、なるほど単なる論理的機能としては物一般を表わしうるが、しかし、ただそれだけではなんらかの物の規定された概念を与えることはできない。ところで、そういう誇張された客観が可想体（ヌーメナ）あるいは純粋悟性存在〔より適切には思惟的存在〕と名づけられるものであり、たとえば、実体ではあるが時間のなかでの持続性なしに考えられているもの、あるいは、原因ではあるが時間のなかで作用しないもの、などである。これらの客観に、ただ経験の合法則性を可能とするのに役立つ述語を属させて、それでいて、経験がそのもとでのみ可能である直観の制約をすべて、それらから取り去るので、そのために、それらの概念はやはりすべての意味を失うのである。

しかし、異質の法則によって駆り立てられなければ、悟性がみずからその限界を越えて、まったくほしいままに単なる思惟的存在の領域へと逸脱する危険はない。ところが、理性は、つねに制約されている悟性の規則の経験的使用で、十分に満足させられ得ない。その理性が制約のこの連鎖の完結を求めるときには、悟性はその活動の範囲のそとに駆り立てられて、一方では、経験の対象を、いかなる経験も把握できないほどはるかに拡げられた系列において表わそうとし、さらに一方では、〔系列を完結するために〕まったく経験のそとに可想体を探し求めて、系列がその連鎖をこれに結びつけうるようにし、そうすることによって、終りには経験の諸制約から独立でありながら、しかもその支えを完全なものとなしうるようにするのである。ところで、これらが先験的理念であるが、これら理念は、われわれの理性の本来の使命にふくまれる、真実な、しかし隠された目的にしたがって、誇大な概念をめざすのではなく、ただ経験的使用の無制限な拡大をめざすにしても、それでもなお、避けられ得ない仮象によって悟性を超越的使用へと誘い込む。この使用は、欺くものでありながら、しかも経験の範囲内に止まろうという意図によっては抑止されず、ただ学問的な教示と努力によってのみ抑止されうるのである。

§46

I　心理学的理念〔『純粋理性批判』三四一ページ以下（第二版三九九ページ以下）〕

すでに久しい以前から、すべての実体において本来の主体、すなわち、〔述語としての〕すべての偶有性が抽象されたあとに残るもの、したがって実体的なものそのものが、われわれには知られず、われわれの洞察のこのような制限について、さまざまに嘆かれたことが気づかれてきた。しかし、この場合、十分注意されねばならないことは、人間の悟性は、悟性が物の実体的なものを知らない、つまり、自分だけでは規定し得ないことについて責められるべきではなくて、むしろ、悟性が単なる理念としての実体的なものを、与えられた対象と同じようにはっきりと認識しようと望むことについて責められるべきである、ということである。純粋理性は、物のいずれの述語に対しても、われわれが物に属するそれの主体を探し求めるよう要求する。ところが、必然的にこの主体もまた述語にすぎないので、さらにこれに対して、その主体を探し求めるように要求する。こうして無限に〔あるいは、われわれが達しうるかぎり〕進む。しかし、このことから、次のことが結果として生じる。われわれが到達しうる何ものも最後の主体と見なすべきではないということ、実体的なものそのものは、われわれのどんなに深く見通す悟性によっても、全自然が悟性に明らかにされた場合にさえ、けっして考えられ得ないということである。なぜなら、すべてを論証的に、すなわち概念によって、したがってまた、述語だけによって考えることに、われわれの悟性の特殊な本性があるのであり、それには絶対的主体はつねに欠けていなければならないからである。そこで、われわれがそれによって物体を認識するすべての実在的性質は、まったくの偶有性であり、つねに力の結果としてのみ表わされなければならぬ不可入性でさえも、それに対する主体は、われわれには欠けているのである。

ところで、われわれは、われわれ自身の意識〔思考する主体〕において、このような実体的なものを、しかも直接の直観の仕方で持っているかのように見える。それというのも、内官のすべての述語はすべて、主体としての「私」に関係し、そして、この「私」は、さらに、なんらかの他の主体の述語として考えられることはできないからである。そのため、ここでは述語として与えられた概念の主体への関係における完全性は、単に理念ではなく、対象、すなわち絶対的主体自身が、経験において与えられているように見える。しかし、この期待は裏切られる。なぜなら、「私」というのは、いかなる概念[18]でもなく、内官の対象をもはやいかなる述語によっても認識されなくなった場合の、その対象の表示にすぎないのである。したがって、「私」は、なるほど他の物の述語ではあり得ないが、絶対的主体の規定された概念でもないのであり、ほかのすべての場合と同様、内的現象の、その知られない主体への関係にすぎないのである。それにもかかわらず、この理念は〔統制的原理として、われわれの魂の内的現象についてのすべての唯物論的説明を、ことごとく無効にするのに、十分よく役立つのだが〕、まったく自然な誤解によって、われわれの思惟的存在の実体的なものについてのこの誤信された認識から、思惟的存在の本性を、その本性の知識がまったく経験の総体のそとに出るかぎりで、推理するための、きわめてもっともらしい議論を引き起こすのである。

§47

ところがしかし、この思考する自己〔魂〕は、もはやそれ自身ほかの物の述語としては表わされ得ない思考作用の最後の主体として、実体と言われるかもしれないが、そうであっても、この概念は、それについて、経験において実体の概念を効果あるものとするものとしての持続性が証明され得ないなら、まったく空虚なままで、どんな帰結も生じないのである。

しかし、持続性は、物自体としての実体の概念からは、けっして証明され得ず、経験のためにだけ証明されうる。このことは、経験の第一の類推において十分に示されている〔『純粋理性批判』一八二ページ（第二版、二二四ページ以下）〕。もしこの証明に従おうとしない人がおれば、それ自体ほかの物の述語としては存在しない主体の概念から、それの存在があくまで持続的であること、それが、それ自体ででも、なんらかの自然原因によっても、生成消滅し得ないことを、うまく証明できるかどうか、自分自身で試みてみさえすればよい。こういうア・プリオリな綜合的命題は、けっしてそれ自体で証明され得ず、つねに可能的経験の対象としての物への関係においてのみ、証明されうるのである。

§48

そこで、われわれが、実体としての魂の概念からその持続性へ推理しようと思うなら、このことは、可能的経験にとってのみ魂に妥当しうるのであり、物自体としての魂については、つまり、すべての可能的経験を越えては妥当し得ない。ところで、すべてのわれわれの可能的経験の主観的制約は生命である。したがって、生命における魂の持続性へだけ推理がなされうる。なぜなら、人間の死は、すべての経験の終りであり、このことはその反対が証明されないかぎり、経験の対象としての魂にもあてはまる。そして、反対が証明されるかどうかが、まさしく問題なのである。そこで、魂の持続性は人間の生命においてのみ明らかにされうる〔その証明は、おそらく、われわれに免除されるであろう〕。しかし、死後の魂の持続性〔これが、本来、われわれにとって重要であるが〕は明らかにされ得ない。しかもそれは、実体の概念が持続性の概念と必然的に結合されると見なされるべきであるかぎり、このことは、可能的経験の原則にしたがってのみ、それゆえまた、可能的経験のためにのみでありうる、という普遍的な理由からである。⑲

§49

われわれの外的知覚には、われわれのそとの現実的な或るものが対応するだけではなく、対応しなければならないということは、同様に、物自体の結合としてはけっして証明され得ないが、しかし、経験のためには十分証明されうる。このことが意味しているのは、或るものが経験的な仕方で、したがって空間における現象として、われわれのそとにあることが十分に証明されうる、ということである。なぜなら、可能的経験に属するもの以外の対象は、それらがいかなる経験においてもわれわれに与えられず、したがって、われわれにとっては何ものでもないという、まさしくそのために、われわれには、何もかかわりがないからである。空間において直観されるものは、経験的にわれわれのそとにある。そして、空間は、空間が含むすべての現象とともに表象に属し、これら表象の経験法則にもとづく結合が現象の客観的真理性を証明するのと同じように、内官の現象の結合が〔内官の対象としての〕私の魂の現実性を証明する。そこで私は、外的経験を介して、空間のなかの外的現象としての物体の現実性を意識するのと同じように、内的経験によって、時間における私の魂の存在を意識する。私は、私の魂を、内的状態を構成する現象によって、内官の対象としてのみ認識するのであり、これらの現象の根底にある魂の本質自体は、私には知られないのである。デカルトの観念論は、ただ外的経験を夢から、つまり、前者の真理の規準である合法則性を、後者の無規則性と偽りの仮象から区別しただけである。彼の観念論は、両方の場合に、対象の存在の制約として空間と時間とを前提しておき、そしてただ、外官の対象は、これをわれわれは目覚めているときには空間のなかに置くが、はたして現実に空間のなかに見いだされうるかどうか、また、内官の対象である魂は、現実に時間のなかにあるのかどうか、すなわち、経験は想像から区別される確かな規準を伴っているのかどうか、を問うだけである。ところで、この疑いは、たやすく取り除かれる。そして、われわれは日常生活で、いつもこの疑いを、外的経験と夢の両方での現象の結合を、経験の普遍的法則にもとづいて探究することで、取り除いているのであり、外的な物の表象がこの法則と例外なく一致するならば、表象が真の経験を構成するはずであることを疑うことはできないのである。質料的観念論は、そこでは現象としての現象が、ただそれらの経験における結合にしたがって考察されるだけであり、きわめて容易に取り除かれる。そして、物体がわれわれのそとに〔空間のなかに〕存在するということは、私自身が内官の表象にしたがって〔時間のなかに〕存在するということと同じように確かな経験である。なぜなら、われわれのそと、という概念は、ただ空間のなかの存在を意味するからである。しかし、「私」がある、という命題での「私」は、単に〔時間のなかでの〕内的直観の対象だけではなく、意識の主体を意味し、同じように物体は、単に〔空間のなかでの〕外的直観だけではなくこの現象の根底にある物自体をも意味するので、〔外官の現象としての〕物体が私の思考のそとで自然において物体として存在するかどうか、という問いは、なんらのためらいもなく否定される。ところが、内官の現象としての私自身〔経験的心理学のいう魂〕が、私の表象能力のそとで、時間のなかに存在するかどうか、という問いについても、事情はまったく変わらない。なぜなら、この問いも同じように否定されねばならないからである。そのようにして、すべては、その真の意味にもたらされると、決定的で確実である。形式的観念論〔ほかの場合には、私によって先験的観念論と名づけられた〕は、事実、質料的、もしくはデカルトの観念論を廃棄するものである。なぜなら、空間が私の感性の形式にほかならないのなら、空間は私のなかの表象として私自身と同様に現実的であり、問題となるのはただ空間における現象の経験的な真理だけだからである。しかし、もしそうではなく、空間と空間のなかの現象とが、われわれのそとに存在する或るものであれば、われわれの知覚という規準以外のすべての経験的規準は、けっしてわれわれのそとの、この対象の現実性を証明し得ないのである。

Ⅱ　宇宙論的理念〔『純粋理性批判』四〇五ページ以下（第二版四三二ページ以下）〕

§50

純粋理性がみずからを超越的に使用するときに現われるその宇宙論的理念という、この産物は、純粋理性の最も注目に値する現象である。それはまた、何よりも哲学を独断的なまどろみから目覚めさせ、理性の批判という、困難な仕事へ差し向けるように、最も力強く働きかけるのである。

私がこの理念を宇宙論的と名づけるのは、この理念がその客観をつねに感性界においてだけ採用し、また、その対象が感官の客観であるもの以外のものを用いず、したがって、そのかぎりでは、内在的であって超越的ではなく、それゆえに、そこまでは、まだいかなる理念でもないからである。一方、これに反して、魂を単純な実体として考えることは、すでに感性にはけっして表象され得ない対象〔単純なもの〕を考えるのと同じことになる。しかし、それにもかかわらず宇宙論的理念は、制約されたものとその制約との結合〔これが数学的であれ、力学的であれ〕を、経験がけっして到達できないほどまでに拡張する。こうして、この点に関しては、やはり理念であり、その対象がなんらかの経験において適切に与えられることは、けっしてあり得ないのである。

§51

ここではじめて、カテゴリーの体系の効用が、きわめてはっきりと、見違えようもなく現われるのであり、たとえカテゴリーの体系を証明するものが、ほかにないとしても、この効用さえあれば、純粋理性の体系におけるカテゴリーの不可欠さは、十分に説明されるであろう。そのような超越的理念は、カテゴリーの部類の数と同じく、四つだけある。しかし、それら四つの部類のどの理念においても、理念がかかわるのは、ただ与えられた制約されたものに対する、制約の系列の絶対的完全性だけである。これらの宇宙論的理念に応じて、実際また、ただ四通りの純粋理性の弁証論的主張だけがある。そして、この主張は弁証論的であるので、そのおのおのに、それぞれ矛盾する主張が、純粋理性の同じように真実らしい原則にしたがって対立することにより、みずからを証明している。この対立は、最も巧妙な区別を行なういかなる形而上学的技術によっても防止され得ず、哲学者に純粋理性そのものの最初の源泉にまでさかのぼるよう強《し》いるのである。ところで、この、たまたま任意に考え出されたのではなく、人間の理性の本性に基礎を置き、したがって避けることもできず、けっして結末を告げることもない二律背反は、次に示す四つの命題および反対命題を含んでいる。

1、

命題

世界は、時間と空間とからみて、始め〔限界〕を持つ。

反対命題

世界は、時間と空間とからみて、無限である。

2、

命題

世界におけるすべてのものは、単純なものから成り立っている。

反対命題

単純なものはなく、すべては合成されている。

3、

命題

世界には、自由による原因がある。

反対命題

いかなる自由もなく、すべてのものは自然である。

4、

命題

世界原因の系列において、何か或る必然的存在がある。

反対命題

この系列において、何ものも必然的ではなく、この系列においては、すべてのものは偶然的である。

§52

ところで、ここに、人間理性の最も奇異な現象がある。そういう現象についてのどのような事例も、もし理性を何か異なった用い方をする場合には、示され得ないのである。われわれが、普通、行なわれているように、感性界の現象を物自体として考えるならば、そしてまた、これもやはり同様に普通、行なわれているように、というより、われわれの批判がなければ避けがたいのであるが、現象の結合の原則を、ただ経験にだけ妥当するのではなく、一般に物自体にも妥当する原則と見なすならば、思いもよらなかった対立が現われ、この対立を調停することは、通常の独断的方法では、けっしてできないのである。なぜなら、命題も反対命題も、ともに、等しく明確で判明な、否みがたい証明によって示されうるからである。——この証明がすべて正しいことは、私が保証する。——こうして、理性は自分自身と不和に陥っているのを知る。この状態を見て懐疑論者は勝ち誇るが、批判的哲学者は、熟慮と不安とに陥らされざるを得ない。

§52 b

形而上学では、人々は偽りに足を踏み入れることを特に気にかけずに、さまざまな仕方で、勝手気ままに口出しすることができる。なぜなら、ただ自己矛盾さえ犯さなければ、そして、このことはまったく架空の綜合的命題においても十分に可能であるが、そのときには、われわれが結合する概念が、経験においては〔そのあらゆる内容からみて〕まったく与えられ得ない単なる理念であるような場合にはすべて、われわれは経験によって論破されることは、けっしてあり得ないからである。というのも、世界は永遠の昔から存在するのか、あるいは始めを持つのか、また、物質は無限に分割できるのか、あるいは単純な部分から成り立っているのか、といった問題を、われわれはいかにして経験によって決めようと言うのだろうか。このような概念は、どんなに広範囲の経験においても与えられることはできず、したがって、経験という試金石によっては、主張する命題と否定する命題の、どちらが不正であるかを、あらわにすることはできないのである。

理性がその秘密の弁証論を、それを教義学と称しているのは誤りではあるが、みずからの意に反して明らかにする唯一の可能な場合は、理性が一般に承認されている原則のうえに或る主張を基礎づけ、同様に確認されている別の原則から推理法の最大限の正しさで、それとはまさしく正反対の主張を導き出した場合である。ところで、現にここに、いま述べた状況が、それも四つの自然な理性の理念に関して存在している。そして、この四つの理性の理念から、一方では、四つの主張、他方では、それに見合う同じく四つの反対主張が、それぞれ、一般に承認された原則からまったく斉合的に生じる。このようにして、もしそうでなければ永久に隠されていたに違いない、純粋理性の弁証論的仮象が、この原則を用いる場合に明らかにされるのである。

こうして、理性の前提のうちに隠されたままになっている誤謬を、必然的にわれわれにあらわにするはずの決定的な試みがここにある。[20] たがいに矛盾する二つの命題が、両方とも誤りであるということはあり得ない。もっとも、二つの命題の基礎にある概念がそれ自身矛盾している場合は別である。たとえば、四角な円は丸い、という命題と、四角な円は丸くない、という命題は二つともに誤りである。というのは、第一の命題に関しては、ここに記されている円が丸いというのは、この場合の円は四角であるから誤りであるが、しかし、円は丸くない、つまり角がある、というのもまた、円は円であるのだから誤りである。なぜなら、概念が不可能であることを示す論理的標識は、まさしく、その概念の前提のもとでは二つの矛盾する命題は同時に誤りであること、したがって、二つの命題のあいだに第三のものを考えることはできないので、その概念によっては何ものも考えられない、ということのうちにあるからである。

§52 c

ところで、最初の二つの二律背反は、同種のものを付け加えること、あるいは分割することにかかわるので、私はこれを数学的二律背反と名づけるが、この二律背反の基礎になっているのは、先に述べたような矛盾する概念である。このことから、定立も反定立も、両方の二律背反においてともに誤りであることが、いかにして生じるのかを、私は解明する。

私が時間と空間における諸対象について論ずるときには、私は、物自体について問題にしているのではない。なぜなら、私は物自体については、何も知らないからである。そうではなくて、ただ現象における物について、つまり、人間にだけ許されている、客観についての特殊な認識の仕方としての経験について問題としているのである。ところで、私が空間において、あるいは、時間において考えるものについて、それが、たとえこの私の考えがなくても、それ自体で、空間と時間において存在すると言うことは許されない。そのように言う場合には、私は自己矛盾に陥るであろうからである。なぜなら、空間と時間は、空間と時間における現象とともに、それ自体で私の表象を離れて存在するのではなく、ただ表象の仕方そのものであるので、単なる表象の仕方がわれわれの表象を離れても存在すると言うことは、明らかに矛盾であるからである。したがって、感官の諸対象は、ただ経験においてのみ存在する。これとは逆に、感官の諸対象が、たとえ経験がなくても、あるいは、経験に先立っても、固有の独立の存在を持つとするのは、経験は、経験がなくても、あるいは経験に先立っても、現に存在すると言うのに等しい。

　ところで、私が空間と時間のうえから世界の大きさを問うとすると、世界の大きさは有限であると言うことも、世界は無限であると言うことも、ともに、すべての私の概念にとって不可能である。というのは、それら両方のどちらも、経験のうちには含まれ得ないのである。なぜなら、無限の空間、あるいは無限に経過した時間についても、空虚な空間あるいは先行する空虚な時間によって与えられる世界の限界についても、経験は不可能だからである。そういうものは理念にすぎない。それゆえ、もし、いま述べたどちらかの仕方で規定するとすれば、規定された世界の大きさは、すべての経験から独立に、世界そのもののうちにあるものとならねばならないであろう。しかし、このように考えることは、単に現象の総括にすぎない、感性界の概念と矛盾することになる。現象は事象そのものではなく、まさに表象の仕方にほかならないから、現象の存在とその結合とは、ただ表象においてのみ、すなわち経験においてのみ、その場所を見いだすにすぎないのである。いま述べたことから導き出されることは、独立に存在する感性界という概念は自己矛盾に陥るから、感性界の大きさについての問題の解決は、この解決が肯定的に試みられるにせよ、否定的に試みられるにせよ、つねに誤りになる、ということである。

まさしくこのことが、現象の分割に関する第二の二律背反についても当てはまる。というのも、現象は単なる表象であり、その部分は部分の表象においてのみ、したがって分割においてのみ、すなわち、そこにおいて部分が与えられる可能的経験においてのみ、存在するのであり、しかも、分割は可能的経験の及ぶ範囲に限られているからである。或る現象、たとえば、物体という現象が、すべての部分を、実際はそれに到達しうるのはともかく可能的経験だけであるのに、すべての経験に先立ってそれ自体において含んでいると想定することは、ただ経験においてのみ存在しうる単なる現象に、それにもかかわらず、同時に経験に先立つ独立の存在を与えることであり、あるいは、単なる表象が表象能力において見いだされる以前にそこに存在すると述べることであり、これは自己矛盾である。したがってまた、間違って受け取られている課題を解決しようとして、人々が、物体はそれ自体において、無限に多くの部分から成立すると主張するにしても、有限な数の単純な部分から成立すると主張するにしても、いずれの解決も自己矛盾に陥るのである。

§53

二律背反の第一の部類〔数学的部類〕では、前提の誤謬は、たがいに矛盾するもの〔すなわち、事象それ自体としての現象〕が一つの概念において両立しうる、と考えられることにあった。しかし、二律背反の第二の部類、すなわち、力学的部類については、その前提の誤謬は、両立しうるものが矛盾すると考えられることにある。そのために、第一の場合には、両方のたがいに対立する主張はすべて誤りであったが、この場合には、それに反して、単なる誤解によってたがいに対立させられている両方の主張はすべて真でありうる。

すなわち、数学的結合がかならず前提しなければならないのは、結合されるものの〔量の概念における〕同種性ということであるが、力学的結合は、けっして、このことを要求しないのである。延長しているものの量が問題であるならば、すべての部分は相互に、そして全体と同種でなければならない。これに対して、原因と結果の結合においては、たしかに同種性が見いだされることもありうるが、かならずしも必要であるというのではない。というのは、因果性の概念〔この概念によって、或るものから、それとはまったく相違したものが定立される〕は、同種性を少なくとも要求しないからである。

もし感性界の対象が物自体と見なされ、先に述べた自然法則が物自体の法則と見なされるならば、矛盾は避けられ得ないであろう。同様にまた、自由の主体がほかの対象と同じように、単なる現象として考えられるならば、矛盾は避けられることができないであろう。なぜなら、まさしく同じことが、同じ意味で、同時に同じ対象について肯定され、否定されるであろうからである。しかし、もし自然の必然性が現象にだけ関係し、自由は物自体にだけ関係するとすれば、たとえ二種類の因果性が想定あるいは承認されることになって、自由の因果性を理解させることは、困難な、あるいは不可能なことであるかもしれないが、いかなる矛盾も起こらない。

現象においては、すべての結果は、ひとつの出来事である。すなわち、時間において生起する何か或るものである。結果のまえには、その原因の因果作用の限定〔原因のひとつの状態〕が、普遍的自然法則にしたがって先行しなければならない。これに結果が不変な法則にしたがって継起するのである。しかし、この因果作用への原因の限定もやはり発生し、もしくは生起する或るものでなければならない。原因は作用し始めたのでなければならない。というのは、もしそうでなければ、原因と結果とのあいだに、いかなる時間継起も考えられないからである。結果は、原因の因果作用と同様に、つねに存在していることになろう。それゆえ、現象のあいだで、原因を活動させるようにする限定が成立したのでなければならない。したがって、この限定は、原因のもたらした結果とまさしく同様に、ひとつの出来事でなければならない。さらにまた、この出来事はその原因を持たなければならない、というふうに、どこまでも続くのである。したがって、自然の必然性は、作用する原因がそれにしたがって限定される制約なのである。それに対して、もし自由が現象のなんらかの原因の性質であるべきはずのものならば、自由は、出来事としての現象に関して、現象をみずから〔自発的に〕始める能力でなければならない。すなわち、原因の因果作用そのものは（時間において）始まる必要がなく、それゆえ、その始めを限定する、ほかのいかなる根拠も必要としないはずである。しかしその場合には、原因はその因果作用に関してその状態の時間的規定に従うものではあり得ない。すなわち、まったく現象ではないはずである。つまり、原因は物自体として、しかし、結果だけは現象として認められなければならない。[21] もし悟性体が現象へ及ぼすこのような影響を、矛盾なく考えることができるなら、たしかに感性界におけるすべての原因と結果の結合には、自然の必然性が本来属しているだろうが、しかし、それに対して、〔現象の基礎にあるとはいえ〕それ自身いかなる現象でもない原因には、自由が承認される。それゆえ、自然と自由とは、一方では現象として、他方では物自体として、という異なった関係においてではあるが、まさしく同一の物に矛盾なく帰属させられうるのである。

　われわれは、ひとつの能力を保持している。この能力は、行為の自然的原因である主観的な規定根拠と結びつき、そのかぎりでは、それ自身現象に属している存在者の能力であるが、そればかりではなく、さらに、単に理念にすぎない客観的根拠がこの能力を規定しうるかぎりで、客観的根拠とも関係している。この客観的根拠との結びつきは当為という言葉によって表現される。この能力は理性と呼ばれ、そして、われわれがこの客観的に規定されうる理性についてだけ存在者〔人間〕を考察するかぎりでは、存在者は感性的存在者として見なされることはできない。むしろ、いま述べた特性は、物自体の特性であり、この特性の可能性、すなわち、いかにして、まだけっして生じていない当為が存在者の活動を規定し、それの結果が感性界の現象である行為の原因でありうるのか、をわれわれはまったく理解できない。しかし、それ自身理念である客観的根拠が、理性に関して規定的であると見なされるかぎり、感性界に結果をもつ理性の因果性は、自由であるであろう。というのは、その場合には、理性の行為は、主観的制約に依存せず、したがってまた、いかなる時間的制約にも、これらの制約を規定するのに役立つ自然法則にも、依存しないことになるからである。なぜなら、理性の根拠は、時間あるいは場所の状況に影響されることなく、普遍的に、原理から、行為に規則を与えるからである。

私がここで挙げているものは、ただ理解しやすくするための例としてだけであって、われわれの問題に必然的に属するのではない。われわれの問題は、現実の世界において出会われる性質とは独立に、単なる概念から決定されなければならないのである。

ところで、私は、矛盾することなく、次のように言うことができる。理性的存在者のすべての行為は、それらが現象である〔なんらかの経験において出会われる〕かぎり、自然の必然性のもとにある。しかし、まさしく同じ行為が、単に理性的主体とただ理性にしたがって行為するその能力とに関しては、自由である、と。なぜなら、いったい自然の必然性のために何が要求されるだろうか。それは、感性界のいかなる出来事も不変な法則にもとづいて規定されうること、すなわち、現象のなかの原因に関係づけられること以上の何ものでもない。その際に、現象の基礎にある物自体とその因果性とは知られないままである。しかしながら、私は主張する。理性的存在者が、理性から、すなわち自由によって、感性界の結果の原因であるにしても、あるいはこの結果が理性的根拠から規定されないとしても、自然法則はそのまま存続する、と。なぜなら、第一の場合には、行為は格率にしたがって行なわれ、現象における行為の結果は、つねに不変な法則にしたがうであろう。第二の場合、すなわち、行為が理性の原理にしたがって行なわれない場合には、行為は感性の経験的法則に服従する。そして、両方の場合に、結果は不変な法則にしたがって関連し合っている。しかし、われわれは、これ以上のことを自然の必然性のために求めない。それどころか、われわれは、これ以上のことを自然の必然性について知りもしないのである。しかし、第一の場合には、理性はこの自然法則の原因であり、したがって自由であり、第二の場合には、理性はいかなる影響も感性に与えないので、結果は、感性の単なる自然法則にしたがって進行する。しかし、そのために理性そのものが感性によって規定されることはない〔それは不可能である〕。それゆえ、この場合にも、理性は自由である。このように、自由は現象の自然法則を妨げない。このことは、自然法則が、規定的根拠としての物自体と結びつく実践的な理性使用の自由を損わないのと同様である。

　このようにして、実践的自由、すなわち、理性が客観的な規定根拠にしたがって因果性をもつ場合の自由が、この自由の結果であるところの現象のもつ自然必然性を少しも侵害せずに、保全されるのである。まさにこのことが、われわれが先験的自由、およびこの自由が自然必然性と両立しうること〔同じ主体において、ただし、同じ関係で考えられるのではないが〕について言わねばならなかったことの説明のためにも、役立つことができる。そこで、このことについて、考えてみたい。客観的原因に由来する存在者の行為のすべての始まりは、この規定的根拠に関して、つねに第一の始まりである。たとえ、この同じ行為が現象の系列においてはただ従属的な始まりであるにすぎず、この始まりのまえに、行為を規定する原因のひとつの状態が先行しなければならず、この原因の状態そのものも、同様に、それにすぐに先行するほかの原因によって規定されるにしても、やはり、そうなのである。こうして、われわれは、理性的存在者、あるいは、一般に、その因果性が物自体としてのそれらにおいて規定されているかぎりでの存在者について、自然法則と矛盾に陥ることなく、状態の系列を、みずから始める能力を備えていると考えうるのである。というのは、行為が客観的な理性の根拠に対してもつ関係は、いかなる時間的関係でもないからである。ここで因果性を規定するものは、行為に時間的に先行するのではない。なぜなら、そのような規定根拠は、対象が感官に対してもつ関係、したがって現象における原因に対してもつ関係を表わしているのではなく、時間的制約に支配されない、物自体としての規定的原因を表わしているからである。そこで、行為は、理性の因果性に関しては、第一の始まりとして、しかし、それにもかかわらず同時に、現象の系列に関しては、単なる従属的な始まりとして見なされうる。そして、前者の見方からすれば、行為は自由であるとして、後者の見方からすれば、〔行為は単なる現象にすぎないことになるから〕自然の必然性に服従するものとして、矛盾なく見なされうるのである。

第四の二律背反については、それは、第三の二律背反での理性の自己自身との矛盾と類似の仕方で克服される。なぜなら、現象における原因が、物自体と見なされうるかぎりでの現象の原因から区別されさえすれば、両方の命題、すなわち、感性界の原因〔ただし感性界における因果法則と類似の因果法則にしたがう原因〕でその存在がまったく必然的であるような原因は存在しない、という命題と、この世界は〔異なった仕方で、異なった法則にしたがっている〕その原因としての必然的存在者と結びついている、という命題の両方の命題が十分に共存することができるのである。この二つの命題が両立しないというのは、単に現象にだけ妥当するものを物自体にまで押し拡げて、一般に両方をひとつの概念において混合するという、誤解にまったくもとづくのである。

§54

ところで、以上に述べたことが、理性がその原理を感性界に適用するときに巻き込まれるのを知る、二律背反のすべての配列と解決である。自分がこれまでいつも真実と見なしてきたあとで、最近になってはじめて仮象として示されるようになった自然的仮象と、ここで戦わなければならない読者に、たとえこの矛盾の解決がなお十分に満足を与えるはずのものではないにしても、前者〔単なる配列〕だけでも、すでに人間理性についての知識にとって、少なからぬ功績であろう。というのは、ともかく、このことから、次のひとつの帰結が生じるのは必至であるからである。すなわち、感性界の諸対象を事象それ自体と見なして、諸対象が実際にそうであるもの、つまり、単なる現象と見なさないかぎりは、理性が自己自身との対立から抜け出すのは、まったく不可能であるから、読者は、問題を解決するために、われわれのすべてのア・プリオリな認識の演繹と、私がそれに与えたア・プリオリな認識の吟味とに、いま一度、取りかかるよう余儀なくされるということである。今のところ、私はそれ以上のことを求めない。なぜなら、もし読者がこの仕事にあたって、まずはじめに、純粋理性の本性に、十分深く立ち入って考えたならば、それによってのみ理性の対立の解決が可能である概念は、読者にとって熟知されたものとなるであろうからである。そういう事情がなければ、私は、最も注意深い読者からさえ、十分な同意を期待できない。

§55

Ⅲ　神学的理念〔『純粋理性批判』五七一ページ以下（第二版五九九ページ以下）〕

第三の先験的理念は、理性の最も重要な使用に素材を与えるが、しかし、もし単に思弁的に行なわれるならば、過度的な〔超越的な〕、まさにそれによって弁証論的な使用に素材を与える。この第三の理念は、純粋理性の理想である。ここでは、理性は、心理学的および宇宙論的理念の場合のように、経験から始めて、根拠の階層を昇りつめてゆき、できるなら根拠の系列の絶対的完全性へたどりつくように誘われることはなく、むしろ経験とのかかわりをまったく断ち、物一般の絶対的完全性を構成すると思われるものの単なる概念から出発し、したがって最高に完全な原存在という理念によって、それとは異なるすべての物の可能性と、それゆえにまた、その現実性の規定へと下降してゆくのであるから、ここには一つの存在者という単なる仮定があるにすぎない。この存在者は経験の系列において考えられるものではないが、経験の結合と秩序と統一とを理解しやすくして経験をたすけるために考えられたもの、すなわち、理念であり、これを悟性概念から区別することは、前の二つの場合よりも、この場合のほうが容易である。そのため、わわれわれが、われわれの思考の主観的制約を事象そのものの客観的制約と見なし、また、われわれの理性を満足させるための必然的仮定を教義と見なすことから生じる弁証論的仮象は、ここでは容易に提示されることができる。先験的神学の越権については、『純粋理性批判』がこれについて述べていることが理解しやすく、明白で、決定的であるから、私はそれ以上、何も注意する必要はない。

§56　先験的理念のための一般的な注

経験によってわれわれに与えられる諸対象は、さまざまな点で不可解である。そして、自然法則がわれわれを導いてゆく多くの問題は、ある程度まではともかくこの法則にしたがって追究されると、まったく解決されることができなくなる。たとえば、物質が相互に引き合うのは何によるのか、という問題がそうである。しかし、もしわれわれが、自然をことごとく見捨てるならば、あるいは自然の結合を押し進めてゆくうちに、すべての可能的経験を越え出るならば、したがって単なる理念にだけ没頭するならば、そのときには、対象がわれわれにとって不可解であるとか、物の本性がわれわれに解決しがたい課題を提出するとか、言うことはできないのである。なぜなら、そのときに、われわれが問題としてかかわるのは、自然、あるいは一般に与えられた対象ではなくて、ただわれわれの理性にのみその起源をもつ概念、すなわち、単なる思考の産物にすぎないのであり、これに関してそういう概念に起因するすべての課題は、かならず解決され得なければならない。というのは、理性は、それ自身のやり方について、もちろん完全な弁明を与えることができるし、また弁明を与えなければならないからである。[22] 心理学的、宇宙論的、および神学的理念は、まったくの純粋理性概念であり、いかなる経験においても与えられ得ないものであるから、理性がこれらの理念に関してわれわれに提出する問題は、対象によってではなく、理性自身の満足のために、理性の単なる格率によって、提出されるのであり、すべて十分に答えられることができねばならない。そして、このことは、理念が、われわれの悟性使用を、すべてにゆきわたる調和と完全性と綜合的統一とにもたらす原則であること、そして、そのかぎりで、ただ経験について、ただし経験の全体について、妥当することが示されることによって、なされるのである。経験の絶対的全体は不可能ではあるが、それにもかかわらず、原理一般にしたがう認識の全体という理念は、それだけが認識に対して、特殊な仕方の統一、すなわち、体系的統一を調達しうるものであり、もしこの統一がなければ、われわれの認識は、継ぎはぎ細工以外の何ものでもなく、最高目的〔これはつねにすべての目的の体系にほかならない〕のために使用されることはできない。そして、ここで私は理性の実践的目的だけではなく、理性の思弁的使用の最高目的をも意味している。

このように先験的理念は、理性に固有な使命、すなわち、悟性使用の体系的統一の原理としての使命を表現する。しかし、人々が認識の仕方のこの統一を、それが認識の客観に属するかのように見なすならば、すなわち、本来ただ統制的であるものを構成的であると見なして、これらの理念により、知識をすべての可能的経験をはるかに越えて、したがって超越的な仕方で拡張できると思いこむならば、理念は、経験をそれ自身において、できるだけ完全に近いものとするためにだけ、すなわち、経験の進行を経験に属し得ない何ものによっても制限させないためにだけ、役立ちうるのであるから、そのようなことは、われわれの理性とその原則とに固有な使命を判定するにあたっての、単なる誤解であり、そしてまた、一方では、理性の経験における使用を混乱させ、他方で、理性をそれ自身と不和にさせる弁証論である。

結び

純粋理性の限界規定について

§57

われわれが先に与えた、これ以上に明晰なものはない証明からすると、もし、われわれが何か或る対象について、対象の可能的経験に属するよりも以上のことを認識しようと望んだり、あるいは、われわれが可能的経験の対象ではないと想定する何か或る物についてさえも、それ自体に備わっているとおりの性質にもとづいてその物を規定する認識を少しでも要求するならば、それは不合理であろう。なぜなら、時間、空間、および、すべての悟性概念、まして、感性界における経験的直観あるいは知覚によって導き出された概念は、単なる経験を可能にするため以外に使用されないし、また使用されることはできないのだから、われわれは、何によってこのような規定を行なおうというのだろうか。そして、もしわれわれが純粋悟性概念についてさえも、これらから、経験を可能にするという、制約を取り去るならば、純粋悟性概念はまったくいかなる対象も規定しないし、なんらの意味も持たないのである。

しかし、一方で、われわれが、いかなる物自体もまったく認容せず、あるいは、われわれの経験を物についての唯一の可能な認識の仕方であると見なし、したがって空間と時間におけるわれわれの直観を、ただそれだけが可能な直観であると考え、さらに、われわれの論証的悟性を、可能なすべての悟性の原型であると称し、それゆえ、経験の可能性の原理が物自体の普遍的制約であると見なされることを望むならば、不合理はさらにつのるであろう。

もし注意深い批判が、われわれの理性の限界を、理性を経験的に使用するにあたっても、見張らないならば、そして理性の越権を制限しないならば、ヒュームの対話篇（『自然宗教についての対話』、一七七九年刊）がその例として役立ちうるように、理性の使用を、ただ可能的経験にのみ制限する、われわれの原理そのものが超越的になり、われわれの理性の制限を、物自体の可能性の制限であると主張するようになろう。懐疑論は、もともとは、形而上学から、それも、無警察状態の形而上学の弁証論から生じたのである。たしかに懐疑論は、はじめは、ただ理性の経験的使用のためにだけ、これを踏み越えるすべてのものを実質のない虚妄である、と主張したかもしれない。しかし徐々に、人々が経験において使用するのとまさしく同じア・プリオリな原則が、気づかれずに、一見したところ、経験において使用されるのと同等の権利で、経験が到達するよりもさらに以上に向かっていることに気づくようになったために、経験の原則にまでも疑いを向け始めたのである。ところで、この疑いはなんら憂慮すべきものではない。というのは、この疑いについては、常識がいつも十分にみずからの権利を主張するからである。しかしながら、学問においては、なみなみならぬ混乱が持ち上がった。学問は、理性はどの範囲まで信用できるのか、さらにどんな理由から、ただその範囲まで信用でき、それ以上は信用できないか、ということを規定できないのである。しかし、この混乱を是正し、将来ふたたび混乱に陥らないよう予防できるのは、ただわれわれの理性使用の限界規定を、合法的に原則から導き出して、行なうことによってだけである。

われわれが、すべての可能的経験を越え出て、物自体がそうであるかもしれないものについて確定的な概念を与えることはできない、ということは確かである。しかし、われわれは物自体の探究から解放され、その探究をまったく止めてしまうことはできない。なぜなら、経験はけっして完全に理性を満足させはしないからである。問題を解答するにあたって、経験はわれわれを、さらに先へとたどるように指示し、その完全な解明について、われわれを不満足なままに残すのである。だれもが、このことを純粋理性の弁証論から、十分に認めうるのであり、まさしくこの理由から、弁証論は、それなりの主観的根拠をもつのである。われわれが魂の本性について、その主体の明晰な意識と、同時に、その現象は唯物論的には説明され得ないという確信とに達して、しかも、いったい魂とは本来何であるかと問うこともせず、そして、いかなる経験的概念もこのために不十分なときに、たとえわれわれが、その客観的実在性をまったく示すことができないにせよ、ともかく、ただこのためにだけ〔単純な非物質的存在という〕理性概念を想定せずにいることに、だれが耐えうるであろうか。世界の持続と大きさ、自由かあるいは自然必然性か、といった宇宙論的問題において、だれが経験的認識で満足できるだろうか。なぜなら、われわれがどのように行なっても、経験の原則にしたがって与えられた答えはすべて、同じように答えられることを求める、新しい問題をつねに生み、このようにして、すべての自然学的な説明の仕方は、理性を満足させるためには不十分であることが、明白に示されるからである。最後に、ただ経験の原理にしたがって考えられ、想定されうるもののすべてが、ことごとく偶然的で、依存的であるのに、なおそこに留まり続けることの不可能さを、だれが認めないだろうか。超越的理念に迷い込んではならないという、禁止がどれほどあるにしても、経験によって正当化されうるすべての概念を越えて、ひとつの存在者という概念に平安と満足とを求めるよう強《し》いられるのを、だれが感じないだろうか。たしかに、この存在者の理念そのものは、単なる悟性的存在にかかわるので、その可能性は洞察され得ないが、論破もされ得ない。しかし、この理念がなければ、理性は永遠に満足させられないままであるに違いない。

〔延長せる存在において〕限界は、或る一定の場所のそとに見いだされて、その場所を囲む空間を、つねに前提している。制限は、そのようなものを必要とせず、ひとつの量が絶対的な完全性を持たないというかぎりで、その量に加わる単なる否定である。しかし、われわれの理性は、物自体について確定的な概念をけっして持ち得ず、ただ現象に制限されているにしても、いわばみずからの周囲に物自体の認識のための、空間を見るのである。

理性の認識が同質であるかぎりは、認識の特定の限界は考えられ得ない。数学と自然学とにおいて、人間の理性は、なるほど制限を承認するが、いかなる限界も承認しない。すなわち、人間の理性がけっして到達し得ない或るものが、そのそとにあることは承認するが、理性そのものが、その内的な進歩のどこかで完成されるであろう、ということは承認しない。数学における洞察の拡大と、たえず新しい発明の可能性とは、限りなく進む。同じように、続けられた経験とその理性による統一とで、自然の新しい性質、新しい力、そして法則を発見することも、限りなく進む。しかし、それにもかかわらず、ここで制限があるのを見逃してはならない。なぜなら、数学は現象だけにかかわり、感性的直観の対象ではあり得ないもの、たとえば形而上学や道徳の概念のようなものは、まったく数学の領域のそとにあり、そこへは数学は、けっして至ることができないし、また、数学はそれをまったく必要ともしないのである。それゆえこれらの学問（形而上学や道徳）への連続的な進行や接近、そしていわば接点や接線は存在しない。自然学はけっして物の内部を、すなわち、現象ではないがともかく現象の最高の説明根拠となりうるものを、われわれに打ち明けないであろう。しかし、自然学は、その自然学的説明のために、このようなものを必要としないし、それどころか、そういうものが、ほかのところから自然学に提出されるような場合でも〔たとえば非物質的存在の影響〕、自然学は、それをしりぞけて、その説明の進行の中に取り入れず、説明を、つねに感官の対象として経験に属し、経験の法則にしたがってわれわれの現実的な知覚と結合されうるものにだけ、基礎づけなければならないのである。

しかし、形而上学は純粋理性の弁証論的な企てにおいて〔これは、任意に、あるいは気まぐれに始められるのではなく、理性の本性そのものが、そこに追い込むのである〕、われわれを限界へ導く。そして、先験的理念は、人々がそれを回避し得ないということ、それでいて、先験的理念はけっして実現されようとしないということ、まさしくこのことによって、純粋理性の使用の限界を、われわれに現実に示すのに役立つだけではなく、そういう限界を規定する仕方を示すのにも役立つのである。これが、形而上学を自分の愛児として生み出した、われわれの理性のこの自然の素質がもつ目的と効用である。世界における、ほかのいずれの産出とも同じように、この形而上学という愛児の産出は、偶然に帰せられるのではなく、偉大な目的のために賢明に組織されている、根源的な萌芽に帰せられるべきである。なぜなら、形而上学は、その基本性格が、おそらく、ほかのなんらかの学問よりも以上に、自然そのものによって、われわれのうちに置かれている学問であって、それは任意な選択の産物としては、あるいは経験〔形而上学は経験からまったく離れている〕の進展にともなう偶然的拡大としては、まったく見られ得ないからである。

理性の経験的使用、したがって感性界のうちでの使用のためには、悟性のすべての概念と法則とで十分なのであるが、しかし理性自身は、それだけではいかなる満足も見いだされない。というのも、問題がつぎつぎに限りなく現われるために、問題を完全に解決するための希望が、ことごとく理性から取り去られるからである。問題の解決のこうした完成を意図している先験的理念は、理性のそういう課題なのである。ところで、理性がはっきりと知っていることであるが、感性界はこの完成を含むことができず、したがって、感性界を理解するためにだけ役立つすべてのあの概念、つまり空間と時間、およびわれわれが純粋悟性概念という名前で挙げたすべてのものも、同じようにこの完成を含むことができない。感性界は、普遍的法則にしたがって結び合わされた現象の連鎖にほかならず、したがって、それだけでは存立せず、もともと感性界は物自体ではなく、したがって、必然的にこれらの現象の根拠を含むもの、すなわち、ただ現象としてではなく、物自体として知られうる存在に関係している。理性はこの物自体の認識においてのみ、制約されたものからその制約へと進む過程での完全性を求めるその要求が、いずれ満足させられるのを知ることを望みうるのである。

われわれは、前に〔§33、§34〕単なる思考の産物のすべての認識に関して、理性の制限を示した。しかし今は、先験的理念が、それでもなお、必然的にわれわれを思考の産物にまで進ませ、したがって、いわば満たされた空間〔経験〕と空虚な空間〔それについて、われわれが何も知り得ないもの、可想体〕とが接するところまで、われわれを導いてきたので、われわれはまた純粋理性の限界を規定することもできる。というのも、すべての限界には何か肯定的なものがあり〔たとえば、平面は立体的空間の限界であるが、それ自身、たしかに空間であり、平面の限界である線も、空間であり、線の限界である点も、なおやはり空間における場所である〕、これに対して、制限は単なる否定を含むからである。制限を越え出て或るもの〔たとえそれが、それ自体においてどのようにあるかを、われわれはけっして認識しないであろうとしても〕があることに気づいたあとでは、先に挙げた節で示された制限はまだ十分ではない。なぜなら、いま問題となっているのは、われわれが知っているものと、われわれが知らないし、また、けっして知るようにならないであろうものとを結合する場合に、われわれの理性は、どのように振舞うか、ということだからである。ここには、すでに知られたものと、まったく知られていないもの〔これはいつまでも知られないままであろう〕との現実の結合がある。そして、その場合に、知られていないものが、少しでも知られるようにならないとしても——事実、それは望めないであろう——この結合の概念は規定され、明晰にされ得なければならない。

そこで、われわれはひとつの非物質的存在、ひとつの悟性的世界、およびあらゆる存在の最高のもの〔これら三つはすべてヌーメナである〕を考えなければならない。なぜなら、物自体としてのこれらにおいてのみ、理性は、現象をそれと同種の根拠から導出するときには、けっして望み得ない完成と満足とを見いだすからであり、また、現象はともかく事象自体をつねに前提し、人々がそれを、より詳しく知ると知らないとにかかわらず、それについて指示することで、現象は現に現象とは異なる或るもの〔したがって、まったく異種なもの〕と関係しているからである。

　ところでしかし、われわれは、これらの悟性存在を、それ自体であるような姿で、すなわち、確定的にはけっして認識することはできないが、それにもかかわらず、そういう存在を感性界との関係で想定し、理性によって感性界と結び合わさなければならないので、われわれは、少なくとも、そういう悟性存在の感性界に対する関係を表現する概念によってこの結合を考えうるであろう。なぜなら、もしわれわれが、悟性存在を純粋悟性概念だけで考えるなら、それによって現実には確定的な何ものも考えていないのであり、したがって、われわれの概念は意味のないものになり、また、悟性存在を感性界から借りられた性質によって考えるなら、それはもはや悟性存在ではなく、現象のひとつとして考えられており、感性界に属することになるからである。一例として、最高存在の概念を取り上げてみよう。

（最高存在の）理神論的概念はまったく純粋な理性概念であるが、しかし、この概念はただすべての実在性を含むひとつの物を表わすだけで、ただひとつの実在性も規定することができない。なぜなら、これができるためには、感性界から例を借りなければならないであろうが、その場合には、私が問題としてかかわるのは感官の対象だけであり、それとはまったく異種な、けっして感官の対象ではあり得ないものではないであろう。というのも、私が最高の存在に、たとえば悟性を帰属させたとしよう。ところが、私が悟性について持っている概念は、私の悟性であるような悟性、すなわち、感官によって直観が与えられねばならず、そして直観を意識の統一の規則のもとにもたらすことに従事するような、そういう悟性の概念以外のものではない。しかし、その場合には、私の概念の要素はつねに現象のうちにあることになろう。ところが、私は、まさしく現象の不十分さによって、現象を越えて、現象からまったく独立している、あるいはその規定の制約として現象とかかわり合うひとつの存在の概念に向かうように、強要されたのである。しかし、私が純粋悟性をうるために悟性を感性から分離すると、直観のない単なる思考形式だけが残るが、これだけでは、私は規定された何ものも、それゆえ、いかなる対象も、認識できない。このためには、私は対象を直観するような別の悟性を考えなければならないであろうが、しかし、それについて私は少しの概念も持たない。なぜなら、人間の悟性は論証的であり、ただ普遍的な概念によってのみ認識しうるからである。最高存在に意志を帰属させる場合にも、私はまさに同じことに出会う。というのも、私がこの概念をうるのは、ただ私の内的な経験からそれを引き出すことによるが、しかも、その際、われわれがその存在を必要とする対象に私の満足が依存していることから引き出すことによるのであって、したがって感性が基礎にあることになり、このことは、最高存在の純粋概念とまったく矛盾するからである。

ヒュームが、理神論に対して加えた反論は弱いものである。それはいくつかの証明根拠だけに当たり、けっして理神論の主張する命題そのものには当たらない。しかし、最高存在についてのわれわれのそこでは単に超越的な概念を、さらに詳しく規定することによって成立しなければならぬ人格神論に関しては、ヒュームの反論はきわめて強力であり、最高存在の概念がどのように組み立てられるかにしたがって、或る場合には〔実際は、普通のすべての場合に〕反抗できないのである。ヒュームがいつも拠りどころとしたのは、次のことである。すなわち、われわれが存在論的述語〔永遠、遍在、全能〕以外のいかなる述語も帰属させないひとつの原存在という、単なる概念によって、われわれは、現実には、規定された何ものもまったく考えておらず、むしろ、概念を具体的になしうるような性質を付け加えなければならない、ということ、さらに、原存在は原因であると言うだけでは十分でなく、おそらくは悟性と意志とによる原存在の因果性は、いかなる性質のものであるかを言わなければならない、ということである。そして、まえには、ただ理神論の証明根拠を攻撃しただけで、それは特に危険を引き起こすものではなかったが、ここで事がらそのもの、すなわち人格神論への攻撃が始まるのである。ヒュームの危険な議論は、すべて擬人論と関係している。彼は擬人論について、これは人格神論から切り離せず、しかも人格神論を自己矛盾に陥れるものと考える。そして、もし擬人論が取り除かれると、人格神論もまたこれとともに倒れ、あとに残るのは理神論だけであるが、理神論からは何も作られず、われわれにとってなんの役にも立たず、宗教と道徳とのいかなる基礎にもなり得ない、とするのである。もし擬人論が避けられないことが確かであるなら、最高存在者の存在証明がどのようなものであれ、すべて承認されるとしても、矛盾に巻き込まれずに、この存在の概念がわれわれによって規定されることは、けっしてできないであろう。

純粋理性のすべての超越的判断を避けるように、という禁止と、それと対立するように見える命令、内在的〔経験的〕使用の領域のそとにある概念にまで越え出てゆくようにという命令とを結び合わせると、われわれは両方が両立しうること、しかしただまさしく許可された理性使用の限界のうえで両立しうることに気づくようになる。というのは、この限界は、経験の領域にも思考の産物の領域にも、同じように属するからである。そして、われわれは、このことによって同時にあの注目に値する理念がいかにして人間の理性の限界規定にだけ役立つかを教えられる。すなわち、一方では、単なる世界以上に何ものも、われわれによって認識されるものとして残らないようになるほど、経験認識を無制限に拡大しないように教えられ、他方では、経験の限界を越え出て、物自体として経験のそとにある物について、判断しようとしないように教えられるのである。

しかし、われわれの判断を、われわれが世界のうちでだけもち得るすべての認識をこえた概念が示すところの、或る存在者に対して、世界が持つ関係だけに、制限するならば、われわれはこの限界を保っているのである。なぜなら、その場合には、われわれは、それによって経験の対象を考える性質のいかなるものも最高存在のそれ自体に与えず、そのようにして独断的な擬人論を避けているからである。しかし、それにもかかわらず、われわれは最高存在の世界に対する関係にそういう性質を与えて、象徴的な擬人論を認める。しかし、これは実際には単なる言葉にかかわるにすぎず、客観そのものにかかわるのでない。

われわれは世界を最高の悟性および最高の意志の作品であるかのように見なすよう強要されていると、私が言うときに、私が実際に言っていることは、次のようなことにほかならない。すなわち、感性界［あるいは、現象のこの総体の基礎をなす、すべてのもの］が知られないものに対する関係は、時計、船、連隊が、技師、建築家、指揮官に対してもつ関係のようなものである、ということである。したがって、これによって私は、知られないものを、それ自体であるようにではないが、私に対してあるように、すなわち、私がその一部である世界との関係において認識するのである。

§58

そのような認識は、類推にもとづく認識である。そして、この類推は、この言葉がふつう用いられるように、二つの事がらの不完全な類似を意味するのではなく、まったく類似しない事がらのあいだの二つの関係の、完全な類似を意味するのである。[23] この類推によって、たとえ、われわれが、最高存在を端的に、それ自体として規定しうるであろう、すべてのものを取り去っても、われわれにとって十分に規定された最高存在の概念が残るのである。なぜなら、われわれは最高存在を、ともかく世界に関して、したがって、われわれに関して規定しており、それ以上はわれわれには必要でもないからである。自己自身と世界とから素材を借りて最高存在の概念を絶対的に規定しようとする人々に対して、ヒュームが行なう攻撃は、われわれには当たらない。また、ヒュームは、最高存在の概念から客観的な擬人論を取り去れば、何ものもわれわれには残らない、とわれわれを非難することはできないのである。

というのも、はじめに〔ヒュームも彼の（自然宗教についての）『対話』で、クレアンテスに対してフィロという登場人物の言葉を借りて行なっているように〕必然的な仮定として、実体、原因などのまったく存在論的述語によって原存在を考えるところの、原存在の理神論的概念を承認するならば〔われわれは、そうしなければならない。なぜなら、理性は感性界においては、たえず、さらに制約をうけるような諸制約のみに追い立てられて、そうしなければ、いかなる満足もうることができないのである。そしてまた、世界とはまったく区別される存在に感性界から述語を転用する擬人論に陥らずに、われわれは適正にそうすることができる。さきの述語は単なるカテゴリーであり、これらはいかなる規定された概念も与えないが、しかし、まさにそのために、感性の制約に制限された、いかなる存在の概念も与えないからである」、そのときには、世界に関して、この存在に理性による因果性を述語として与え、そのようにして人格神論へ踏み越えるのを何ものも妨げることはできないからである。しかしだからといって、この理性を、存在に付着している性質として、存在そのものに帰属させるよう強要はされないのである。第一のこと（原存在に、理性による因果性を帰すること）については、感性界におけるすべての可能的経験に関して、理性使用をすべての可能的経験について、あますところなくみずからと調和させながら、その最高度にまで押し進める唯一の可能な方法は、われわれ自身が、あらためて最高の理性を、世界におけるすべての結合の原因として想定することである。このような原理は、理性にとってまったく有利であるに違いなく、さらに、理性をその自然的使用のどこにおいても害することはないはずである。しかし、第二に、それによって、理性が、原存在自体にその性質として帰属させられるのではなく、ただ感性界に対する原存在の関係に帰属させられるのであり、したがって、擬人論はまったく避けられるのである。なぜなら、ここではただ、世界のいたるところに見いだされる理性形式の原因だけが考察されるのであり、なるほど最高存在が世界のこの理性形式の根拠を含むかぎりにおいて、理性が最高存在に帰属させられるが、しかし、それはただ類推にしたがって、すなわち、この類推という表現が、世界のすべてのものを最高度に理性的に規定するために、われわれには知られない最高原因が世界に対してもつ関係だけを示すかぎりにおいてであるからである。ところで、このことによって、われわれは理性の性質を、神を考えるために使用しないように、そうではなく、理性の性質によって世界を考えるように、それも、ひとつの原理にしたがって世界について最大の理性使用をなすために必要なやり方で考えるように要求されるのである。このようにして、最高存在が、それ自体においてどういうものであるかは、まったくわれわれにとって探究できないものであり、さらに、一定の仕方で考え得られないものであることを、われわれは承認する。そして、それによって、〔意志による〕作用原因としての理性についてわれわれが持つ概念を、超越的に使用しないように、いつもただ人間の本性から借りられた性質によって神の本性を規定し、粗雑な、あるいは空想的な概念に没頭しないように、われわれは抑止される。また他方で、世界の考察を超自然的説明方法で、神に転用された人間の理性の概念にしたがって被《おお》いつくさないように、そして世界の考察が理性による単なる自然の研究であるべきであり、最高理性から自然現象を向こう見ずに導き出してはならないという、その本来の使命から世界の考察を遠ざけないように、抑止されるのである。われわれの力の弱い概念にとってふさわしい表現は、次のようなものであろう。すなわち、われわれは、世界がその存在と内的規定のうえからいって、最高理性から派生するかのように考え、それによって、一方で、われわれは世界そのものに帰属する性質を認めるが、しかも世界の原因自体の性質をあえて規定しようとはせず、他方で、われわれは最高原因の世界に対する関係のうちにこの性質〔世界における理性形式〕の根拠を置き、この性質を世界が自分だけでもちうるとはみとめない、ということである。

そのようにして、理性の使用を、すべての可能的経験の領域を独断的に越えて押し進めてはならないという、ヒュームの原則と、可能的経験の領域は、理性の眼で見ると（「制限」をもつにしても）それ自身で「限界」をもつとはみとめられないという、ヒュームがまったく気づかなかった別の原則とを結合すると、人格神論に反抗するように見える困難は消滅する。『純粋理性批判』は、この点で、ヒュームが戦った独断論と、彼が独断論に反対して取り入れようとした懐疑論とのあいだの、真の中間の道を示している。この中間の道は、いわば機械的に〔或るものを一方から、そして或るものを他方から〕自分自身で選定するようにすすめ、それによっていかなる人も前よりも良いものを教えられることのないような中間の道ではなく、原理にしたがって厳密に規定されうる中間の道なのである。㉔

§59

私はこの注のはじめで、理性の制限を理性にふさわしい使用について確定するために、限界という比喩を用いた。感性界はただ現象だけを含むが、現象はなお物自体ではない。そこで悟性は、経験の対象を単なる現象として認識する、まさにそのゆえに、物自体〔可想体〕を想定しなければならない。われわれの理性においては、現象と物自体の両方が、ともに包括されている。そこで問われるのは、理性は、いかなるやり方で、これら両方の領域に関して悟性を限界づけるか、ということである。感性界に属するすべてのものを含む経験はみずからを限界づけない。経験はそれぞれの制約されたものから、たえず別の制約されたものへと、達するだけである。経験を限界づけるはずのものは、まったく経験のそとになければならず、そして、これが純粋な悟性存在の領域である。しかし、この悟性存在の本性の規定が問題であるかぎりは、この領域は、われわれにとって空虚な空間であり、そして、そのかぎりで、もし独断的に規定された概念が目指されている場合には、われわれは可能的経験の領域を越えることはできない。しかし、限界そのものは、限界のうちにあるものにも、与えられた総体のそとにある空間にも属する肯定的な或るものであるから、理性が、みずからをこの限界にまで拡大し、しかし、この限界を越え出ようとしないという仕方でのみ関与する現実的な肯定的認識がともかくある。限界を越え出ないのは、理性は、そこにおいて、たしかに物に対する形式を考えうるが、物そのものを考え得ない、空虚な空間を見いだすからである。しかし、経験の領域を、さもなければ、経験にとっては知られない何か或るものによって限界づけることは、ともかく、この立場にある理性に、なお残されている認識であり、この認識によって、理性は、感性界のうちに閉ざされもせず、また、感性界を越えてさまよいもせず、限界の認識にふさわしいように、ただ感性界のそとにあるものと感性界のうちに含まれているものとの関係に、みずからを制限するのである。

自然神学[1]は、人間の理性の限界での、そのような概念である。この限界において、人間の理性は、そのそとに最高存在の理念を〔そして、実践的関係では叡知的世界の理念をも〕求めるよう強制されているのを知るが、しかし、それは、何か或るものを単なる悟性存在に関して、したがって感性界のそとで規定するためではなく、ただ、感性界のうちでの理性自身の使用を、できるだけ大きな〔理論的および実践的〕統一の原理にしたがって導くためである。そして、このために、これらすべての結合の原因としての自立する理性に対する諸原理の関係を用いるように強制されるが、しかし、そのことによって、およそひとつの存在を虚構するように強制されるのではなく、感性界のそとに純粋悟性だけが考える或るものが必然的に見いだされなければならないので、たしかにただ類推によってではあるが、そういう仕方で、この或るものを規定するように強制されるのである。

このようにして、『純粋理性批判』全体の成果である先の命題、すなわち「理性は、そのすべてのア・プリオリな原理によって、われわれにただ可能的経験の対象であるものより以上のことをけっして教えず、そしてまた、これらの対象についても、経験において認識されうるもの以上の何ものも教えないということ」は、そのまま成り立つのである。しかし、こういう制限は、理性がわれわれを経験の客観的限界にまで導くこと、すなわち、それ自身は経験の対象ではないが、すべての経験の最高の根拠でなければならない或るものへの関係にまで導くことを妨げはしない。

もっとも、理性は、われわれにこの或るものについて、それ自体としては何も教えず、可能的経験における理性自身の完全な、最高の目的へ向けられた使用との関係においてだけ教えるのである。しかし、このことは、ここでわれわれが理性的に望みうるすべての効用でもあり、もともと、この効用でもって満足すべきなのである。

§60

このようにして、われわれは、現に人間の理性の自然の素質のうちに、しかも、この素質の養成の本質的な目的を構成するもののうちに与えられているような形而上学を、その主観的可能性にしたがって、詳細にわたって述べてきた。それにもかかわらず、われわれの理性のそういう素質の単に自然的な使用が、もし理性の学問的批判によってのみ可能な訓練が理性を制御し、制限のうちに保たなければ、限度を越えた、一方ではまったく見せかけの推理に、他方ではさらにみずからのうちで相争う弁証論的推理に理性を巻き込ませることに、われわれは気づいた。そのうえ、この詭弁をもてあそぶ形而上学は、自然認識の促進のためには無用であり、それどころか、まったく有害であることにも気づいた。そこで、超越的概念へ向かうわれわれの理性におけるこの素質が目ざしうるような自然の目的を見つけ出すことは、やはりなお探究するに値する課題である。なぜなら、自然のうちにあるすべてのものは、もともと、何か或る有用な意図を目ざしているに違いないからである。

そういう探究は、実際は不確かである。また、私がこれについて述べうることは、自然の第一目的についてのすべてのことと同じように、単なる推測にすぎないことを私は承認する。そして、このことは、この場合にだけは、私に許されるであろう。なぜなら、問題は形而上学的判断の客観的妥当性にかかわるのではなく、この判断への自然の素質にかかわるのであり、したがって、形而上学の体系のそとにあり、人間学に位置するからである。

すべての先験的理念の総体が自然な純粋理性の本来の課題をなすものであり、この課題がこの理性に対して、単なる自然の考察を放棄して、すべての可能的経験を越え出るように、そしてこの努力のうちで形而上学と呼ばれるものを「これが知識であろうと、詭弁であろうと」成り立たせるようにしむけるのであるが、もし私がそういう先験的理念を考察するならば、この自然の素質の目ざすことは、われわれの理解を経験の拘束と単なる自然の考察という制限とから解き放って、いかなる感性も達し得ないが、少なくとも、単に純粋悟性にとっての対象だけを含む領域が、みずからのまえに開示されているのを、われわれにわからせるようにすることであるということに、私が気づくようになると信じる。そうはいっても、われわれが、これらの対象に思弁的にかかわり合うためではない「われわれは、拠《よ》りどころとなりうる基盤を見いださないからである」。そうではなく、実践的原理は、その必然的な期待と希望とのためにそういう場所を見いださなければ、道徳的な意図で、理性がどうしても必要とする普遍性にまで拡がることはできないであろうが、[2]（そういう実践的原理が、少なくとも可能であると見なされるためにである。）

ところで、心理学的理念によっては、私は人間の魂の純粋な、すべての経験的概念を越えた本性を洞察し得ないとしても、ともかく心理学的理念は、少なくとも経験的概念が不十分であることを十分に明らかに示し、さらに、いかなる自然の説明にも役立たず、そのうえ実践的見地において理性を狭める心理学的概念である唯物論から、この心理学的理念が私を連れ去ることに気づく。同様に、宇宙論的理念は、すべての可能的な自然認識が、理性の正当な要求を満足させるためには、明らかに不十分であるということによって、自然を、それだけで、十分であると言いふらそうとする自然主義から、われわれを遠ざけておくのに役立つ。最後に、感性界におけるすべての自然の必然性は、いつも、物がほかの物に依存することを前提し、制約されない必然性は、感性界とは異なる原因の統一においてのみ探し求められなければならないので、自然の必然性はいつも制約されており、一方また、この感性界と異なる原因の因果性は、もしこれが単に自然にすぎないと言うのなら、偶然なものの存在を、その帰結として、理解させることはけっしてできないであろう。そこで、理性は神学的理念によって宿命論から、すなわち、第一原理のない自然そのものの連関における盲目な自然の必然性の宿命論と、この第一原理そのものの因果性における宿命論との両方から、みずからを解き放ち、自由による原因の概念に、したがって最高の知性の概念に導いてゆく。こうして、先験的理念は、われわれを積極的に教えるためにではないが、しかし、唯物論、自然主義、宿命論といった、厚かましい、そして理性の領域を狭める主張を無効にし、それによって、思弁の領域のそとに、道徳的理念のために場所を与えるために役立つのである。そして、このことが、あの自然の素質をかなりの程度、説明するように私には思われる。

単に思弁的な学問が持ちうる実践上の効用は、この学問の限界のそとにあり、したがって、ただ注釈として見なされうるだけであり、すべての注釈と同じように、学問そのものに、その一部として属するのではない。それにもかかわらず、この関係は少なくとも哲学の、特に純粋理性の源泉から汲み取る哲学の限界のうちにある。この源泉において、形而上学での理性の思弁的な使用と道徳での実践的使用とが、必然的に統一を持たなければならない。そこで、自然の素質と見なされる形而上学での、純粋理性の避けがたい弁証論は、単に解消される必要のある仮象としてだけではなく、また自然の配備として、できれば、その目的を明らかにするねうちがあるものである。もっとも、このような仕事は余分の事がらであるから、本来の形而上学に正当に要求されることはできない。

『純粋理性批判』で、六四二ページから六六八ページまで（第二版、六七〇ページから六九六ページまで「純粋理性の理念の統制的使用について」）続く問題の解決は、第二の、しかし形而上学の内容と、もっと密接に関係する注釈と見なされなければならないであろう。というのは、そこでは自然の秩序を、あるいはむしろ自然の秩序の法則を経験によって探し求めなければならぬ悟性を、ア・プリオリに規定する、理性の或る原理[3]が述べられているからである。これらの原理は、悟性のように可能的経験の原理とは見なされ得ないところの、単なる理性から生じるにもかかわらず、経験に関して構成的で立法的であるように見える。ところで、理性の原理と経験とのこの一致が、以下のことにもとづくのかどうかという問題、すなわち、自然が、現象そのものあるいは現象の源泉である感性そのものに、依存しているのではなくて、ただ感性の悟性に対する関係において見いだされるように、〔ひとつの体系における〕ひとつの全可能的経験のための悟性使用の、あらゆるところにゆきわたる統一は、理性との関係でもってのみ、この悟性に帰属することができ、したがって経験もまた間接に理性の立法のもとに立つということ、このことにもとづいているかどうかという問題は、理性の本性を、形而上学での理性使用のそとにおいても、さらに自然史一般を体系的にするための普遍的原理においても、追跡しようとする人々によって、もっと考えられてもよいであろう。というのは、『純粋理性批判』そのもので、私はこの課題を重要であるとしてたしかに紹介したが、しかしその解決を試みなかったからである[25]。

こうして、その使用が現実に、少なくとも帰結において与えられているものから、その可能性の根拠へとさかのぼることによる、私自身が提示した、いかにして一般に形而上学は可能かという、主要問題の分析的な解決を、私は終える。

序説の一般的問題の解決

いかにして学問としての形而上学は可能か

形而上学は、理性の自然の素質としては現実にあるが、しかし、ただそれ自身としては〔第三の主要問題の分析的解決が証明したように〕弁証論的で、人を欺くものである。したがって、この素質としての形而上学から原則を取り出そうとすること、そしてこの原則の使用にあたって、たしかに自然的ではあるが、にもかかわらず偽りの仮象に従うことは、けっして学問を生み出すことはできず、むだな弁証論的技術を生み出しうるだけである。こういう技術では、或る学派が他の学派にまさることはありうるにしても、しかし、いかなる学派も正当で持続的な賛成を獲得することはできない。

ところで、学問としての形而上学が、人を欺く説得ではなく、洞察と確信とを要求しうるためには、理性そのものの批判が、次のようなものを、すなわち、ア・プリオリな概念のすべての在庫、これらの概念の、感性、悟性、理性という、異なった源泉にしたがっての区分、さらには、これらの概念の完全な表、これらすべての概念およびそれらから推論されうるすべての概念の分析、それにつづいて特にこれらの概念の演繹によるア・プリオリな綜合的認識の可能性、これらの概念を使用するにあたっての諸原則、最後にこの使用の限界をも、しかもこれらすべてを、完全な体系において提出しなければならないのである。したがって、『純粋理性批判』が、そして、実際これだけが、学問としての形而上学を成立させうる、よく吟味され、確証された、あますところのない計画を、それどころか、この計画を実現するすべての手段をも含んでおり、ほかの方法と手段とによっては、学問としての形而上学は不可能なのである。したがって、ここで問われるのは、いかにしてこの仕事は可能かということではなく、ただ、いかにしてこの仕事を進め、そして明敏な人々がこれまでの間違った、不毛な事がらの取り扱いから、誤りのない取り扱いへ転じさせられるか、いかにして彼らとの協力が最も適切に共通の目的へ向かわされうるか、ということである。

これだけのことは確かである。すなわち、いったん『純粋理性批判』を味わった人は、彼が以前、自分の理性が何か或るものを欲しがり、その理性が自分を楽しますのにもっとよいものを見いだし得なかったために、やむをえず甘んじていた、すべての独断的なむだ話を永久に嫌うであろう、ということである。『純粋理性批判』が普通の学校形而上学に対する関係は、化学が錬金術に対する関係、あるいは天文学が予言をこととする占星術に対する関係とまさしく同じである。私は保証するが、『純粋理性批判』の諸原則を、たとえこの『序説』においてであっても、熟考し理解した人なら、だれでも、あの古い詭弁的な、見かけだけの学問にふたたび戻らないであろう。むしろ、彼は或る喜びをもって、いま、たしかに彼の手のうちにあり、これ以上の予備の発見を必要としない形而上学を望み見るであろう。そして、この形而上学が、はじめて理性に永続する満足を与えうるのである。というのは、それが、すなわち、それ以上変化する必要もなく、また新しい発見によって増加することもできない完成と持続的な状態に形而上学がもたらされうるということが、すべての可能な学問のうちで、形而上学だけが安心して期待しうる長所であるからである。なぜなら、理性は、ここでは、その認識の源泉を諸対象とそれらの直観において持つのではなく〔それらによって、理性が、さらに多くのことを教えられることはできない〕、理性自身のうちに持ち、そして、もし、理性がその能力の根本法則を完全に、すべての誤解に対してはっきりと提示するならば、純粋理性がア・プリオリに認識しうる何ものも残らず、それどころか、純粋理性が正当な理由で問いうる何ものも残らないのである。このように規定された、完結した知識への確かな見通しは、すべての効用〔これについては、私はあとでさらに語るであろう〕を除外しても、特殊な魅力をそれ自身に備えているのである。

すべての偽りの技術、すべての空虚な知恵は或る期間存続するだけである。それらは、結局みずからを破滅させる。それらの最高の開花は、同時に、それらが没落する時点である。形而上学に関しても、この時がいま到来していることを証明するのは、ほかのさまざまな学問が情熱を傾けて追究されているにもかかわらず、学識のあるすべての人々のあいだで形而上学が陥っている状態である。大学の研究の古くからの制度は、なお形而上学の影を宿しており、ただ一つの学問アカデミーはいまなお時折り賞を出して、形而上学の分野で、なんらかの試論を作らせようとしている。しかし、形而上学はもはや確実な学問のうちには数えられず、そして才能豊かな人を偉大なる形而上学者と呼ぼうとするならば、この人は、好意からの、しかしほとんどだれからも羨まれることのないこの賛辞を、どのように受け取るであろうかを、人々は自分で判断してみればよい。

しかし、たとえすべての独断的形而上学の崩壊の時が疑いもなく到来しているにしても、理性の徹底的で完成された批判によって形而上学の再生の時が、すでに現われていると言いうるためには、まだ多くのことが欠けているのである。或る傾向からそれと対立する傾向への移行はすべて、いずれともつかぬ状態を通過する。そして、この時点は、著者にとっては、最も危険な時点であるが、学問にとっては、しかし最も好都合な時点であるように私には思われる。というのは、以前の結合を完全に分離することによって党派根性が消えているときには、人々の気持は、ほかの計画にもとづく結合のための提案に次第に耳を傾けてゆくために最良の状態にあるからである。

私はこの『序説』について、それが『純粋理性批判』の領域での探究をおそらく活発にし、思弁的部門では養分が不足しているように見える哲学の一般的精神に、新しい、多くを約束する話題を提供するよう望んでいると私が言うならば、私が『純粋理性批判』のなかで通って行ったいばらの道に立腹し、厭気がさした人々はだれでも、私はいったいこの望みをどこに基礎づけようとするのか、と問うであろうことを、私はすでにまえもって思い描くことができる。私は、必然性の抗しがたい法則に、と答える。

人間の精神がいつか形而上学的探究をことごとく放棄するであろう、という見込みはない。それは、不純な空気を吸わないように、われわれがむしろ呼吸をまったく停止するであろうということが望めないのと同じことである。したがって、形而上学はつねに世界のうちにあるであろう。さらに、すべての人々のうちに、特に、深く考える人間のうちにあるであろう。そして、公けの尺度が欠けているときには、だれでも自分自身の仕方で形而上学を裁断するであろう。ところで、これまで形而上学と称されてきたものは、吟味する精神を満足させ得ない。しかし形而上学をまったく断念することも不可能である。そこで、結局、純粋理性そのものの批判が試みられねばならない。あるいは、もしそれが現にあるのなら、調べられ、一般の吟味にかけられねばならない。なぜなら、そうでなければ、単なる知識欲以上の何ものかである、この切迫した要求に対処するいかなる手段もないからである。

『純粋理性批判』を知ってからは、私は形而上学的な内容の著作を読み終わると、その概念の規定、多様さと整然さ、そして軽快な記述によって、私を楽しませ、啓発してくれたとしても、この著者はいったい形而上学を一歩でも進歩させたのか、と問わざるを得ないのである。私は、その著作がほかの観点で私の役に立ち、いつも心の能力の啓発のために貢献してくれた学者たちに、許しを求めたいと思う。なぜなら、私は彼らの論文においても、私の取るに足らない論文〔自愛心からこれが優れているように見えるのではあるが〕においても、それらによって形而上学という学問が少しでも進歩させられたことを見いだし得なかったことを認めるが、このことは、形而上学という学問はまだ存在していないし、また断片的に集められうるものでもなく、この学問の萌芽は『純粋理性批判』のなかで十分に、まえもって形成されねばならない、という当然の理由によるからである。しかし、誤解をすべて避けるために、まえに述べたことのうちから次のことは十分、思い起こさねばならない。すなわち、われわれの概念の分析的な取り扱いは、なるほど悟性にとってまさしく多くの点で役立ちはするが、しかし、〔形而上学という〕学問は、それによって、少しも進歩させられはしない、ということである。なぜなら、概念のそういう分析は、それから学問がはじめて組み立てられるはずの素材にすぎないからである。実体と偶有性の概念を、どんなにでも見事に分析し、規定することもできよう。それは、将来のなんらかの使用のための準備としては、なかなかよい。しかし、私が、現にあるすべてのもののうちで、実体は持続し、偶有性だけが変化する、ということを証明できないのならば、そのような分析をどんなに試みても、学問は少しも進歩させられないのである。ところで、形而上学は、いま述べた命題も、充足理由律[4]も、まして、もっと複合された命題、たとえば、心理学や宇宙論に属する命題も、一般に、いかなる綜合的命題も、これまでア・プリオリに妥当するものとして証明することができなかった。したがって、そういう分析をどんなに試みても、何も達成されないし、何も生み出されないし、促進されもしないのである。そして、この学問ははなはだしい混乱と騒音を引き起こしたあとで、相変わらずアリストテレスの時代にそれがあったのと同じところにあるのである。それにしても、せめて綜合的認識のための手掛りでも見いだされていたなら、この学問のための準備は疑いもなく、もっとよく行なわれていたであろう。

もしこのために、だれかが感情を害するなら、その人は形而上学に属する綜合的命題をひとつでも挙げて、この命題を確実な原理から厳密になすといった仕方でア・プリオリに証明すると申し出さえすれば、こうした非難を容易に無効にすることができる。というのは、彼がこうしたことを成し遂げた場合にだけ、たとえこの命題がほかの仕方で普通の経験によって十分に確証されていたとしても、彼が実際にこの学問を進歩させたことを私は承認するであろうからである。いかなる要求も私がいま述べたことよりも穏やかで正当なものはあり得ない。そして、私の要求が成し遂げられない場合「これは間違いなく、確かに生じる」には、学問としての形而上学はこれまでまったく存在しなかった、という判定よりも正しいものはないのである。

この挑戦に応じる場合に、私は二つのことだけは拒絶しなければならない。すなわち、第一に、蓋然性と推測の戯れであり、これは幾何学と同じように形而上学にもふさわしくない。第二に、いわゆる常識という魔法の杖による決定であり、これはすべての人の心を打つのではなく、個人的な性質を規準とするものである。

というのも、前者に関しては、形而上学、すなわち、純粋理性による哲学において、判断を蓋然性と推測とに基礎づけようとすること以上に、不合理なことは、何も見いだされないからである。ア・プリオリに認識されるべきすべてのものは、まさにそのことによって、明証必然的に確実であると称される。したがってまた、そのように証明されなければならないのである。同じように、幾何学あるいは算数を推測に基礎づけるなど、できるはずがない。というのも、算数の蓋然性の計算について言うと、これは蓋然的な判断を含むのではなく、与えられた同種の条件のもとで或る事例の可能性の度合いについての、まったく確実な判断を含んでいるのであり、たとえ、それぞれの個々の偶然については、規則が十分に規定されないとしても、可能なすべての事例の総和においては、これらの判断は、まったく誤りなく、規則にしたがって当てはまらねばならないのである。ただ経験的な自然学においてだけ〔帰納と類推とによる〕推測が許されるが、それも、私が想定するものの可能性は、少なくとも、十分に確かでなければならぬ、という仕方においてである。

概念や原則について、これらが経験に関して妥当するといわれるかぎりにおいてではなく、経験の制約のそとでも妥当すると主張されるかぎりにおいて問題とされるときに、常識を引き合いに出すことは、おそらく事情をさらに悪くするであろう。というのも、いったい常識とは何か。それは、正しく判断するかぎりでの普通の悟性である。それでは、普通の悟性とは何か。それは、規則を抽象的に認識する能力である思弁的悟性と違って、規則を具体的に認識し、使用する能力である。こうして、普通の悟性は、生じるすべてのものは、その原因によって規定される、という規則を、かろうじて理解するであろうが、しかし普遍的に洞察することは、けっしてできないのである。そこで、普通の悟性は経験からの実例を要求する。そしてそのことは、窓ガラスが割れたり、家具がなくなったりしたときに普通の悟性がいつも考えていたこと以外の何も意味しないことを聞き知る場合に、普通の悟性は、原則を理解し、認めるのである。そのようにして、普通の悟性はその規則［これらの規則は、実際は、ア・プリオリに普通の悟性に内在しているのではあるが］が、経験において確かめられているのを見ることができる範囲以上のいかなる使用も持たないのである。したがって、規則をア・プリオリに、経験から独立に洞察することは、思弁的悟性にふさわしいのであり、普通の悟性の視野のまったくそとにある。しかし、もちろん形而上学が問題とするのは、ア・プリオリな仕方での認識だけである。そして、このことについて、いかなる判断もなし得ず、——われわれが困惑していて、いくら考えてみても、どこに助言と救いとを探してよいのかわからない場合を除いては——われわれがいつも軽視しているだけのあの証人に訴えるということは、たしかに常識の悪いしるしである。

常識のこういう間違った友人たち〔彼らは常識を時には高く称讃するが、しかし普通はさげすむ〕がよく用いる逃げ道は、彼らが次のように言うことである。結局は直接に確実であり、いかなる証明も必要としないだけではなく、いかなる弁明も与える必要のまったくないような、いくつかの命題がともかくなければならない、なぜなら、そうでなければ、われわれは判断の根拠について終りに到達することはないであろうから、ということである。しかし、こういうことを言う権限を証明するために挙げることのできるのは〔矛盾律のほかには、ただし矛盾律は綜合的判断の真理を示すのに十分ではないが〕、彼らが直接に常識に与えうる疑われることのないものとしては、数学的な命題、たとえば二の二倍は四になる、とか、二つの点のあいだにはひとつの直線があるだけである、などという命題のほかには、けっしてないのである。しかし、これらは形而上学の判断とは、天地の相違のある判断である。というのは、数学においては、私が可能であると概念によって考えるすべてのものを、私の思考そのものによって作り出す〔構成する〕ことができるからである。私は、ひとつの二に、ほかの二を、次第に付け加えていって、私自身で四という数を作る。あるいは、ひとつの点からほかの点へ、あらゆる種類の線を思考のなかで引き、しかもそれらの〔等しい部分も、等しくない部分も〕すべての部分がたがいに類似するような線を、ただひとつだけ引くことができるのである。しかし、私は、私の思考力のすべてをもってしても、ひとつの物の概念から、これとその存在が必然的に結び付いている何かほかの物の概念を取り出すことはできず、経験に助言を求めなければならないのである。たとえ私の悟性が、ア・プリオリに〔しかしつねに可能的経験との関係でだけ〕そのような結合〔因果性〕の概念を私に与えるにしても、私は、その概念を、数学の概念のように、直観においてア・プリオリに示すことはできず、したがって、この可能性をア・プリオリに明示することはできないのであり、この結合の概念は、これを適用する原則とともに、——形而上学において求められるように——ア・プリオリに妥当すべきであるなら、つねにそれらの可能性の弁明と演繹とを必要とするのである。なぜなら、そうでなければ、この概念がどこまで妥当するのか、すなわち、ただ経験においてだけか、それとも経験のそとでも使用されうるのか、ということが知られないからである。そのようにして、純粋理性の思弁的な学問としての形而上学においては、けっして常識を引き合いに出すことはできない。しかし、形而上学を放棄するように、そしてつねに知識であるよりほかないすべての純粋で思弁的な認識を、したがってまた、形而上学そのものとそれが教えるところとを〔なんらかの事情で〕断念するように強制され、理性的信仰だけがわれわれに可能であり、われわれの必要を満たすのに十分であると〔おそらく、知識そのものよりも為になると〕認められるようなときには、常識に訴えてもかまわない。というのは、その場合には、事態はまったく変わるからである。形而上学は、全体としてだけではなく、その部分においても学問でなければならない。そうでなければ、形而上学は何ものでもない。なぜなら、純粋理性の思弁として、形而上学は普遍的な洞察を離れては、どこにも立場がないからである。しかし、形而上学のそとでは、蓋然性と常識とは、十分に有益に、正当に使用されうる。しかし、まったく固有の原則にしたがって、使用されるのであり、これらの原則の重点は、つねに実践的なものへの関係にかかっているのである。

これが、私が学問としての形而上学の可能性のために、要求してもよいと見なすことなのである。

付録

学問としての形而上学を実現するために生じうることについて

人々がこれまで進んできたすべての道は、学問としての形而上学を実現するという、この目的に達しなかった。事実また純粋理性の批判が先行しなければ、この目的は、おそらくけっして達せられないであろう。そこで、いまこれについて現に提出されている試みを、厳密な注意深い吟味にゆだねるように求めても、不公平ではないと思われる。もっとも、形而上学に対するすべての要求をまったく放棄するほうが、もっと得策であると見なされないかぎりにおいてであって、このほうが得策であると見なされる場合には、人々がこの決意にどこまでも忠実でありさえすれば、それに対して異議を唱えることは何もできないのである。もし人々が物事の経過を、それがいかにあるべきか、という仕方でではなく、実際にいかにあるか、という仕方で捕えるならば、二種類の判断がある。すなわち、ひとつは探究に先行する判断であり、われわれの場合には、読者が純粋理性の批判［これは、まずはじめに、形而上学の可能性を探究しなければならない］について彼の形而上学の立場から下す判断である。それから、探究のあとにくる別の判断があり、ここでは読者は、彼が以前に受け入れてきた形而上学とかなり激しく離反するかもしれない、批判的探究からの帰結をしばらく無視することができ、まずはじめに、これらの帰結がそこから導き出されるであろう根拠を吟味する。もし普通の形而上学が述べることが〔たとえば幾何学のように〕決定的に確実であるのなら、第一の判断の仕方が妥当であろう。というのは、或る原則からの帰結が、決定した真理と対立するなら、それらの原則は誤りであり、それ以上、いかなる探究も行なわれなくてもしりぞけられうるからである。しかし、形而上学は、議論の余地のない、確実な〔綜合的〕命題の在庫を持ち合わせておらず、おそらく、形而上学の命題の多くは、それらのうちの最良の命題と同じくもっともらしく見えはするが、しかし帰結においてはたがいに対立しており、それに、一般に形而上学に固有の〔綜合的〕命題の真理性の確実な規準は形而上学においてはまったく見いだされることができない。事情がこうであるならば、第一の種類の判断はあり得ない。むしろ、『純粋理性批判』の原則の探究が、それの価値、あるいは無価値について、とやかく判断するよりまえに、先行しなければならないのである。

『純粋理性批判』について、その探究に先行して下された、判断の見本

一七八二年一月十九日のゲッチンゲン学報の付録の第三部四〇ページ以下に、そのような判断

が見いだされる。

自分の著作の対象に精通しており、その取り扱いに、まったく自分自身の考察をあてようと熱心であった著者が、もし、著作の価値もしくは無価値が本来それにもとづいている動機を探知するのに十分なほど鋭敏であり、言葉にこだわらずに本題に向かい、著者が出発点とした原理だけをより分けて吟味する、そういう批評家の手にかかると、その判断の厳しさは、たしかに著者にとっては気に入らないであろうが、読者はその場合に得るところがあるから、それに対して無頓着である。それに著者自身にしても、専門家によって早く吟味されたあとで自分の論文を訂正し、あるいは解明し、そのようにして、根本においては自分が正しいと信じるならば、自分の著作に、結局は不利益になりうるであろう、つまずきの石を遅くならぬうちに除去する機会を手に入れることに満足できるのである。

私の批評家については、私はまったく違った状況にある。私の批評家は、私がたずさわった〔成功したか、成功しなかったかは、ともかくとして〕探究において、本来何が問題であったかをまったく洞察していないように見える。ところで、それは、広汎な著書を考え通すのに辛抱が欠けているためか、あるいは、とっくの昔にすべてが片付いていると信じこんでいる学問をおびやかす改革に対する不愉快な気分からなのか、あるいは、このように推定するのを私は好まないが、実際に理解力が狭く限られていて、学校形而上学を越え出て考えることがけっしてできないためなのか、要するに、彼は、その前提を知らなければ何も考えることのできない長い命題の系列を、性急に通りぬけ、あちこちに非難を撒き散らしている。読者はその非難の根拠を見ることも、非難が向けられているはずの命題を理解することもできず、したがって私の批評家は読者への報告の役に立ち得ないし、専門家の判断に影響をあたえて私を少しでも不利にすることもできない。そこで、もしこの批評が、『序説』の読者をいくつかの場合に誤解から守りうるいくつかの解明を行なうきっかけを私にあたえなかったならば、私はこのような批評をまったく無視していたであろう。

ところが批評家は、自分自身が何か或る特殊な探究に煩わされる必要もなく、著者に不利な仕方で最も容易に著作の全体を提示することができる視点を捕えるために、「この著作は先験的［あるいは、彼が言い変えるとおりに表現すると、より高い］[26]観念論の体系である」と主張することから始めて、またそれで終わっているのである。

この行を見たとき、どういう批評がそこに現われるかを、私はすぐに知った。すなわち、幾何学について何かを聞いたことも見たこともけっしてない人が、ユークリッドの書物を見つけて、これについての彼の意見を述べるよう求められたとすると、ざっと目を通し、多くの図形に出会ったあとで、おそらく「この本は図形を描くための体系的指導書であり、著者は、はっきりしない、理解しにくい規則を作るために、特殊な言葉を使用している。しかし、結局は、この規則では、信用できる自然な目測によってだれでも成し遂げうること以上の何も達成できない」などと言うのと、おおよそ同じようなものであろう、ということである。

しかしながら、ともかく、私の体系の精神をなすものではないとはいえ、私の著作の全体にゆきわたっている観念論がどのようなものであるかを見てみよう。

エレア学派からバークリ司祭にいたるまで、あらゆる純正な観念論者の命題は、「感官と経験とによるすべての認識は、まったく仮象以外のものではなく、ただ純粋な悟性と理性との観念のうちにのみ真理はある」という方式のうちに含まれている。

私の観念論をあますところなく支配し、規定している原則は、これに対して、「単なる純粋悟性、あるいは純粋理性による物の認識は、すべてまったく仮象以外のものではなく、ただ経験のうちにのみ真理はある」ということである。

しかし、これは、あの本来の観念論のまさに反対である。それでは、私はいかにしてこの観念論という表現を、まったく対立する意図のために用いるようになったのか。いかにして批評家は、いたるところで、この表現を見るようになったのか。

この困難の解決は、もし人々がそう望みさえしたら、まったく容易に著作の文脈から理解し得たであろうと思われる或るものにもとづいている。空間と時間は、それらが自己のうちに含んでいるすべてのものとともに、物、あるいは物の性質自体ではなく、ただこれらの現象に属するだけである。この点までは私はあの観念論者たちと同じ信条にもとづいている。しかし、彼らは、特に彼らのうちでもバークリは、空間を単なる経験的表象と見なし、そしてこの表象は空間のうちにある現象と同じように、空間のすべての規定とともに、ただ経験あるいは知覚によってのみわれわれに知られるとした。これに対して、私がはじめて示したのは、空間は〔そしてまた、バークリが注意を払わなかった時間も〕、そのすべての規定とともにア・プリオリにわれわれによって認識されうる、ということである。なぜなら、空間も時間もわれわれの感性の純粋形式として、すべての知覚あるいは経験よりもまえに、われわれに内在し、感性のすべての直観を、したがってまた、すべての現象を可能にするからである。ここから、真理は、その規準である普遍的で必然的な法則にもとづくので、バークリでは、経験は真理のいかなる規準も持ち得ないということが帰結として生じる。なぜなら、〔彼によって〕経験における現象の根拠にア・プリオリに何も置かれなかったからである。そこで、このことから現象はまったくの仮象以外の何ものでもないということが帰結したのである。これに対して、私の場合には、空間と時間は〔純粋悟性概念と結合して〕すべての可能的経験にア・プリオリにその法則を指示する。このことは同時に、経験において、真理を仮象から区別する確実な規準を与えるのである。[27]

　私のいわゆる〔正確にいえば「批判的」な〕観念論は、そのようにして、まったく独特の種類のものである。すなわち、それは普通の観念論をくつがえし、すべてのア・プリオリな認識が、幾何学の認識さえもが、これによって、はじめて客観的実在性を獲得するようなものである。この客観的実在性は私が証明した空間と時間の観念性がなければ、どんなに熱心な実在論者によってもまったく主張され得なかったであろう。そういう事情なので、私は、すべての誤解を防ぐために、私のこの概念を別の仕方で名づけることができれば、と望んでいる。しかし、これをまったく変えることはできそうにもない。したがって、私がすでに以前に挙げたように、これからも形式的、より適切には批判的観念論と名づけて、バークリの独断的観念論およびデカルトの懐疑的観念論から区別するのを許してもらいたい。

私は、この本の批評のうちに、これ以上何か注目するに値するものを見いださない。この批評の著者は、始めから終りまで、おおまかに判断しており、それは巧妙に選ばれたやり方である。なぜなら、その場合には彼自身の知識あるいは無知は見抜かれないからである。細部にまでゆきとどいた、ただ一つの判断でも、これが当然主要問題に関するものであれば、おそらく私の誤りをか、あるいは、おそらくこの種の探究についての批評家の洞察の程度をあばいたであろう。新聞の時評を通じてだけ書物について理解するのに慣れている読者から、本そのものを読む意欲を早く取り去るために考え出された、けっして悪くない策略は、証明根拠と説明との連関から引きはなされると、〔特にすべての学校形而上学の考えに反するゆえに〕必然的に不合理に聞こえるにちがいない多くの命題を、いっきに続けざまに述べたてて、読者の忍耐を嫌悪にまで追い込み、それから、確立した仮象は真理であるという気のきいた命題を私に教えたあとで、いったい何のために普通採用されている用語に対して争うのか、何のために、何ゆえ、観念論に区別をつけるのか、という露骨でしかも父親らしい訓戒で締めくくるのである。まえには、私の著作の固有性はすべて形而上学の異端であると言いながら、最後にはただ言葉を新しくしただけであるときめつけるこの判断は、私の不当な判定者が、私の著作の固有性をごくわずかでも理解していないし、さらには、彼自身をも正しく理解していなかったことを、はっきりと示している。[28]

それにもかかわらず、批評家はもっと重要で優れた洞察に気づきながら、それを隠しているにちがいない人のように語るのである。というのも、形而上学について、最近そういう調子を正当化しうるような何ものかがあるのを私は知らないからである。しかし、彼が自分の発見を社会に公表しないというのは、まったく正しくない行ないである。なぜなら、ひさしい以前から、形而上学の部門で立派な著述が書かれているのに、学問がそれによってわずかでも進歩したのを見いださない人々が、私のほかにも疑いもなく大勢いるからである。そのほかに、定義を鋭くしたり、不十分な論証に新しく支柱を用意したり、形而上学という継ぎはぎ細工に新しい布切れか、変わった裁断を与えたりすることは、今でもよく見掛けられることである。世界が求めているのは、そういうことではない。形而上学的な主張に世界は飽きはてている。そして形而上学という、この学問の可能性と、その確実性が由来する源泉とをぜひ研究してほしいと思っているし、純粋理性の弁証論的仮象を真理から区別する確実な規準をもちたいと願っている。これに対して私の批評家はその鍵を持っているにちがいない。そうでなければ、彼はあのような高慢な調子で語ることは、けっしてなかったはずである。

しかし、私は彼の心には、けっしてこういう学問の要求はおそらく浮かんでこなかったのではないか、という疑いに陥るのである。というのは、そうでなければ、彼らは、自分の批評をこの問題に向けたはずであり、このような重要な問題についての試みが、たとえ失敗であったとしても、彼の尊敬をかち得たはずだからである。そうであれば、われわれはふたたび良き友人である。彼は納得できるように自分の形而上学に深く立ち入って考えてみるとよい。それをだれも妨げはしないはずである。しかし、彼は形而上学の範囲のそとにあるものについては、すなわち理性のうちにある形而上学の源泉については、判断することはできないのである。しかし、私の抱いた疑惑が根拠のないものではないことを証明するものとして、私は、次のことを挙げる。すなわち、形而上学の運命がまったくその解決に依存し、そして、私の『純粋理性批判』〔ここでは私の『序説』と同じように〕が、まったくそれに帰着する本来の課題である、ア・プリオリな綜合認識の可能性について、彼は一言も述べなかったということである。彼が突き当たり、最後までかかずらっていた観念論は、あの課題を解決するためのひとつの方法として学説に取り入れられているだけである〔もっとも、観念論はそれと異なる根拠からもまた確証される〕。だから、彼はあの課題が、私が〔いまはこの『序説』においても同じように〕それに与えた重要性を持たないのか、あるいは、あの課題が私の現象の概念ではまったく解決され得ないのか、あるいは、別の仕方でもっと確実に解決されうるのか、を示さなければならなかったであろう。しかし、私は批評のうちに、それについていかなる言葉も見いださないのである。このようにして、批評家は私の著作について、そして、おそらくまた形而上学そのものの精神と本質について、何も理解していないのである。もっとも、私はそう見なしたいのだが、もし、批評家が性急であるために、多くの障害をきり抜けることの困難によって憤激し、このことが彼の眼のまえにある著作へ不利益となる影響を及ぼし、そのことがその著作の特質を彼に識別できぬようにしたのでなければ、のことである。

或る学術雑誌がその寄稿者を行き届いた選択と慎重さとで探し出しても、以前にほかの領域で得た威信を、同じように形而上学の領域でも確保できるためには、なおきわめて多くのことが欠けている。形而上学と異なる学問と知識とは、ともかくそれみずからの尺度を持っている。数学はその尺度をみずからのうちに、歴史と神学とは世俗的書物あるいは聖書のうちに、自然学と薬物学とは数学と経験のうちに、法律学は法典のうちに、さらに趣味の問題は古代の先例のうちに持っている。しかし、形而上学と呼ばれるものの判定には、まずその尺度が見いだされなければならない「私はこの尺度と、それの使用とを規定しようと試みたのである」。ところで、この種の著作について判定されなければならない場合に、この尺度が作り出されるまで、何がなされうるであろうか。それらの著作が独断的な種類のものなら、人々は好きなように判定してもよい。しかし、だれにせよ、他人に対して長いあいだ勝利者ではないであろう。ほかの人がふたたび彼に報復するはずである。しかし、著作が批判的な種類のものであり、しかも、ほかの著作に関してではなく、理性そのものに関して批判的であり、したがって判定の尺度が想定され得ず、はじめて求められるのなら、異論や非難が認められるにしても、しかし、その場合に、寛容が基礎に置かれねばならない。なぜなら、必要は共通であり、求められる洞察の欠如は、裁判官が決定を下すような態度を許さないからである。

しかし、同時にこのような私の弁護を、哲学する一般の人々の関心と結び合わせるために、私は、形而上学のすべての探究が共通の目的に向けられる仕方について決定的であるような試みを提出する。これは、以前によく数学者たちが競争して自分の方法の長所を決定するために行なったものにほかならない。すなわち、それは、私の批評家に対して、彼が主張する何かひとつの真に形而上学的な、すなわち、綜合的でしかもア・プリオリに概念から認識される原則を、やむをえなければ、たとえば実体の持続性の原則、あるいは世界の出来事のその原因による必然的規定の原則のような、最も欠かせない原則の何かひとつを、自分の仕方で、当然ではあるが、ア・プリオリな根拠によって証明するよう要求することである。もし批評家がこのことをなし得ないならば〔沈黙は、しかし告白である〕、彼は、もしこの種の命題の明証必然的な確実性がなければ形而上学はまったく成りたたないのだから、この種の命題の可能性あるいは不可能性が、すべての事がらに先立って、まず『純粋理性批判』において決定されねばならないことを承認しなければならない。したがって、彼は私の『純粋理性批判』の原則が正しいものであることを承認するか、あるいはそれらの原則が妥当しないことを証明する義務があるのである。しかし、どれほど批評家がこれまで自分の原則の確実性に安心して頼っていたとしても、それでもなお、その厳密な見本が問題となると、彼はそれを持って思い切って登場しうるような原則を、ひとつとして形而上学の領域全体のうちに見いだし得ないであろうことは、私にはすでにわかっているので、私は人々が競争するときに期待しうる最も有利な条件を彼に許可しよう。すなわち、私は証明の責任を彼から取り去って、それを私に課そう。

すなわち、彼はこの『序説』、そして私の『純粋理性批判』四二六ページから四六一ページまでに（「純粋理性の二律背反」の箇所、第二版、四五四ページから四八九ページまでに）つねに二つずつの相互に対立し、しかしいずれも必然的に形而上学に所属し、形而上学はそれらを承認するか、あるいは論破するかしなければならない〔それらの命題のひとつとして哲学者のだれかにより、その時代に承認されなかったものはないのであるが〕八箇の命題を見いだす。ところで、彼はこの八箇の命題からひとつを自由に選び出し、私は彼に証明を免除するから、証明せずにその命題を承認させよう。しかし、ただひとつだけである〔というのは、時間の浪費は、彼にも私にも役立たないからである〕。それから、その命題の反対命題についての私の証明を自由に攻撃させよう。ところで、もし私が、それにもかかわらず、反対命題の証明を救うことができ、そのような仕方で、いずれの独断的形而上学も必然的に承認しなければならない原則にもとづいて、彼が採用した命題の反対命題をも、まったく同じように明らかに証明することができるならば、それによって形而上学には、形而上学の出生地にまで、すなわち純粋理性そのものにまでさかのぼらなければ解明されず、まして排除され得ない遺伝的欠陥があることが決定されるのである。だから、私の『純粋理性批判』が採用されるか、あるいは、そのかわりに、もっと信用できるものが置かれねばならない。それゆえ『純粋理性批判』は少なくとも研究されねばならない。これが、いま私が要求する、ただひとつのことである。これに対して、もし私が私の証明を救うことができないとすれば、ア・プリオリな綜合命題は独断的原則によって私の反対者のがわに確立しているのである。それゆえ、普通の形而上学を私が告発するのは不公平であり、また私は私の『純粋理性批判』への彼の非難を正当と認めることを申し出よう〔もっとも、いつになっても、こういう結果にはなり得ないであろう〕。しかし、こういうことをやるためには、ぜひ匿名は止める必要があるように私には思われる。なぜなら、さもなければ、或るひとつの問題のかわりに、匿名でしかも出る幕でない反対者たちから、もっと多くの問題で敬意を表されるか、あるいは攻め立てられるかするのを、いかにして防ぐことができるのか、私には見きわめがつかないからである。

判断を下しうるように、それに先立って『純粋理性批判』を探究することの提案

私はまた、学会がかなり長いあいだ、私の『純粋理性批判』に対して沈黙を保ち敬意を示してくれたことを感謝せざるを得ない。というのは、沈黙を保つことは判断を延期することを示すものであり、したがって、すべての通常の道を放棄して、人々がすぐには順応できない新しい道を取るこの著作には、人間の認識の重要な、しかし今は死に絶えている部門に新しい生命と豊かさを与えうる何かがおそらくあるかもしれないという、いくらかの推測を示すものであり、したがって性急な判断を下してまだ傷つきやすい継ぎ枝を折り取り、壊してしまわないように、との注意深さを示すものであるからである。こうした理由から遅らされていた判断の見本を、私はほんのいま、ゴータ学報（一七八二年八月二十四日発行）で眼にするのである。読者のだれもが、この判断の深さを〔私のここでの疑わしくみえる賛辞を考慮しなくても〕、私の著作の第一の原理に属する部分の理解しやすく、偽りのない紹介からおのずと気づくであろう。

そして、（『純粋理性批判』という）広大な建物を全体についてすぐに判定するには、軽率な評価では不可能であるから、建物の基礎について一部分ずつ吟味し、その際、ここにある『序説』を、折りにふれて著作自体と対照しうる全般的な見取り図として使用するように、私は提案したいの

である。虚栄から人々は普通、自分の著作のすべてに重要性を与えるものであるが、もし、この私の要求がそういう重要性の自負以外のものを基礎とするのでないなら、この要求は途方もないものであり、不興をかって拒否されてしかるべきである。ところがしかし、思弁的哲学全体は、まさにまったく消え失せようとする状況にあるのである。もっとも、人間理性は思弁哲学に、けっして消えることのない愛着をもって心を寄せており、今は、絶えず失望させられて来たという理由だけで、無関心な態度に変わろうと試みているが、それは無益なのである。

思考をこととするわれわれの時代では、称讃に値する多くの人々が、いつもますますみずからを啓蒙してゆく理性の共同の関心に協力するためのよい機会を、もしそれによって目的が達せられるという、いくらかの望みが示されさえすれば、利用しないでおくなどと推測することはできないのである。数学、自然学、法律、芸術、さらには道徳なども、心をまだ十分には満たさない。いつもなお、心には、まったく純粋で思弁的な理性のために設定された空間が残ったままである。そして、この心の空虚は、われわれを冗談とか遊びごととか夢想のうちに、うわべだけの仕事と慰めとを求めさせるようにするが、しかし根本においては、それは理性の面倒な呼びかけを消すために、ただ気晴しを求めさせるだけのことである。理性が自分の使命にしたがって求めるのは、理性自身を満足させるようなものであり、それと異なる目的のために、あるいは傾向がもつ関心のためにかかずらうことではない。そこで、独立して存在する理性の範囲だけにかかわり合う考察は、この範囲において、ほかのすべての知識とさらに目的とが継ぎ合わされ、一つの全体に結合されねばならないという、まさにそれゆえに、だれにせよ自分の概念をそのように拡張しようと試みたことのある人にとっては、私がそれなりの理由で推測したように、大きな魅力をもつのである。そして、その考察は、ほかのどの理論的知識よりも大きな魅力をもち、人々はほかの知識をそういう考察と容易には交換しないであろうと私は言ってもよいと思う。

しかし、私が研究の計画と手引きとのために推挙するのは、この『序説』であって、著作(『純粋理性批判』)そのものではない。なぜなら、私はこの著作に、その内容と配列と叙述の仕方と、そしてどの文章を書く場合にも、まえもって細心に熟考し、吟味するために、それらの文章についやした注意深さとに、今でもなお、まったく満足してはいるが〔というのは、ただ全体についてだけでなく、ときには、ただひとつの文章についても、その源泉に関して十分に満足するようになるためには、数年を必要としたからである〕、しかし、原理論のいくつかの章の、たとえば悟性概念の演繹、あるいは純粋理性の誤謬推理の叙述に、完全に満足しているわけではないからである。なぜなら、これらの章には或る冗長さがあり、それが明快さを妨げているからであり、人々は、それらの章のかわりに、ここで『序説』がそれらについて述べていることを、吟味の基礎としてよいのである。

持続力と辛抱強い勤勉さとが要求されるものでは、ドイツ人はほかの国民より成功しうると、ドイツ人は称讃される。この意見が根拠あるものなら、すべての思考する人間がひとしく関心をもっているが、これまでにまだ達成されておらず、しかし、効果的な結果についてはほとんど疑われ得ないこの仕事を完成させて、あの好ましい意見を実証する機会が、いまここに示されている。この仕事がかかわる学問は、一度にその全体が完全になり、そして、学問がそれ以上わずかでも進歩させられることはないし、のちの発見によって増大されることも変更されることもあり得ないような持続的状態にもたらされうるという、特殊な種類のものであるから、特にそうである〔あちらこちらをさらに明快にして仕上げることとか、さまざまな意図で加えられた効用とかを、私はここでは考慮に入れない〕。これはほかのいかなる学問も持たず、また、持ち得ない長所である。なぜなら、いかなる学問も、このように完全に分離され、ほかの学問から独立で混じり合わない認識能力に、関係しないからである。今の時期は、私のこの要求に都合の悪いものではないように思われる。ドイツでは、人々は、いわゆる実用的学問のほかに、単なる遊びではなく、それによって同時に永続的な目的が達成される仕事となるように、何に従事することができるのかを、ほとんど知らないからである。

いかにして学者の努力を、このような目的に統合させることができるか、そのための方法を考え出すことは、他人に任せなければならない。とにかく、私の考えは、だれか或る人に対して私の主張にそのまま従うよう強要したり、あるいは、人がそうすることをむなしく期待して自分を慰めたりすることではない。そうではなく、攻撃、やり直し、制限、あるいはまた確認、補足、拡大などが、その場合に当然、起こってもよいと思う。もし物事が根底から探究されさえすれば、それによって、ひとつの学説が、私のではないにしても、成立しないなどということは、今はもはやあり得ないことである。その学説は、子孫への遺産となりうるし、子孫はそれに対して当然感謝しなければならないのである。

まずはじめに『純粋理性批判』の原則を人々が正しく捉えていさえすれば、それらの原則にしたがってどのような形而上学が期待されうるか、さらに、形而上学はまやかしの羽根飾りをそれから取り去ることによって、みじめで小さな容姿におとしめられて現われることはけっしてなく、ほかの点に関して、いかに豊かに、端正に飾られて現われうるかをここで示すのは、あまりにくどすぎるであろう。しかし、このような改革がもたらす、ほかの大きな効用は、すぐに明らかに認められる。普通の形而上学は、純粋悟性の原理的な概念を、分析して明白にし、解明して規定的なものにするために、これらの概念を探し出すことによって、ともかくすでに効用を生み出している。それによって普通の形而上学は、理性がそのあとでみずからどこに向かおうとするにしても、理性のための教化となった。しかし、これが普通の形而上学が行なった役に立つことのすべてである。というのも、形而上学はこの功績を次のことによってふたたび無効にしたからである。すなわち、形而上学は無謀な主張によってうぬぼれに、巧妙な逃げ口上と弁解とによって詭弁に、最も困難な課題をほんのわずかな学校で得た知識で乗り越えようとする軽率さによって浅薄さに、好意を示したのである。この浅薄さは、それが一方では学問の言葉から何かを、他方では通俗さから何かを受け入れるという選択を行なえば行なうほど人を引きつけるが、すべての人にとってすべてであろうとしてしかし実際はまったく何ものでもないのである。これに反して、批判によってわれわれの判断に尺度が与えられる。この尺度によって知識の見かけの知識から確実に区別されうる。そして、批判が形而上学において完全に遂行されるならば、それは次のような思考法を、つまり、その有益な影響は、あとで、ほかのすべての理性使用にまで及び、そして、はじめて真の哲学的精神を呼び起こす思考法を、基礎づけるのである。さらにまた、批判が神学を独断的思弁の判断から独立させ、まさにそれによって、独断的立場の反対者のすべての攻撃に対して神学をまったく安全にするというような、批判が神学へ与える奉仕もたしかに少なく評価されてはならない。普通の形而上学は、神学に多くの援助を与える約束をしておきながら、あとになってこの約束を実現することはできなかったし、なおそのうえ、普通の形而上学は思弁的独断論の助力を呼び集めて、自分自身に対する敵を武装すること以外は何もしなかったのである。夢想は、啓蒙された時代では、学校形而上学のうしろに隠れてでなければ現われることはできず、そしてこの庇護のもとで、いわば理性でもって狂ったことをいうこともあえてなしうるが、批判的哲学は、この夢想の最後の隠れ家からそれを追い払うのである。そして、形而上学の教師にとって何にもまして重要なのは、彼が述べることは結局は学問であること、それによって共同体に真実の利益が与えられることを、いつか一般の同意を得て言いうることである。

〔1〕農夫は川が流れつきるのを待つ。しかし川は滑りゆき、とこしえに流れゆく。ホラチウス。

〔2〕それにもかかわらず、ヒュームは、まさしくこのような破壊的な哲学そのものを形而上学と名づけて、これに高い価値を与えた。彼は「形而上学と道徳とは学問の最も重要な部門である。数学と自然学はそれらの半分の価値もない」と言っている〔『試論』第四部、独訳二一四ページ〕。しかし、ここでこの鋭敏な人は、人類を困惑させるきわめて多くの限りなく続く係争を収めるために、思弁的理性の誇大な要求の緩和がもたらすであろう消極的な効用だけを見た。だが、そのために理性から最も重要な希望が取り去られるときにそれから生じる積極的な損失を彼は見過ごした。理性はこの希望をもとにしてのみ、意志にそのすべての努力の最高の目標を掲げることができるのである。

〔3〕認識が次第に進歩するにつれて、学問の幼年期から使われてすでに古典的になった或る表現が、のちに不十分でうまく当てはまらなくなっているのがわかり、そしてもっと新しく、より適当な用法が古い用法と混同されるなんらかの危険に陥るだろうということを避けるのは難しい。分析的方法は、綜合的方法と対置されるかぎりでは、分析的命題の総体とまったく別のものである。分析的方法が意味しているのは、ただ求められるものから、それがすでに与えられているかのように見なして出発して、そのもとでのみ可能であるような制約にさかのぼることである。この教授法では、数学的分析がその例を示しているように、しばしば綜合的命題だけを使う。そこで、この教授法は、綜合的もしくは前進的方法から区別して背進的教授法と呼んだほうが、もっとよいかもしれない。なお、分析論と

いう名称は論理学の一つの主要部門としても現われ、ここでは、真理の論理学であり、弁証論と対置される。そのさい、前者に属する認識が分析的か綜合的かについては特に注意をはらわない。

〔4〕『批判』七一三ページ（第二版七四一ページ）参照。

〔5〕これらの例が、悟性概念を付け加えても、いつかは経験判断になりうるような知覚判断を示していないことを私はすすんで認める。なぜなら、これらの例は感情だけに関係し、感情はだれにとっても単に主観的として知られ、それゆえ、けっして客観に属させられ得ないのであり、したがって、これらの例はけっして客観的となり得ないからである。私はとりあえず、ただ主観的に妥当し、必然的普遍妥当性およびそれによる客観への関係のためのいかなる根拠も含まないような判断の例を与えたいと思っただけのことである。悟性概念が付け加えられることによって経験判断となるような知覚判断の例は次の注に現われる。

〔6〕もっと理解しやすい例を挙げるために、次のような判断を取り上げてみよ。太陽が石を照らすと、石は暖かくなる。この判断は単なる知覚判断であって、私がこのことをしばしば知覚したとしても、また他の人々もしばしば知覚したとしても、この判断はけっして必然性を含んでいない。それはただ知覚が通常そのように結合されているということにすぎない。しかし私が、太陽が石を暖める、と言うならば、知覚以上になお原因という悟性概念が付け加わり、それが暖かさという概念を日照という概念と必然的に結合する。そしてこの綜合的判断は必然的に普遍妥当的に、したがって客観的になり、知覚から経験に変ずるのである。

〔7〕論理学で特称的と名づけられている判断を、私は、むしろ、複称的と名づけられて欲しいと思う。なぜなら、特称的という表現はすでに判断が全称的ではないという考えを含んでいるからである。し

かし、私が〔単称判断〕における単一性から始めて総体性へと進むとき、私はまだ総体性とのいかなる関係も混ぜることはできない。私は数多性を総体性なしに考えるだけであって、総体性の例外を考えるのではない。このことは論理的契機を純粋悟性概念の土台としようとする際に必要であるが、論理的使用ではそのままにしておいてもよい。

〔8〕しかし、経験判断は知覚の綜合において必然性を含むべきであるというこの命題は、経験はア・ポステリオリな認識としては単に偶然な判断のみを与えうるという、先にいくども私が教え込んだ命題といかにして調和するだろうか。私が、経験が何かを私に教えるというとき、私は経験のなかにある知覚だけをいつも思っている。たとえば、太陽による石の照射にはいつも暖かさが継起する、という場合である。それゆえ、経験命題は、そのかぎりつねに偶然的である。この加熱が必然的に太陽の照射から結果することは、たしかに〔原因の概念にしたがって〕経験判断に含まれてはいるが、しかし、そのことを私は経験によって学ぶのではなく、逆に、経験は知覚への〔原因という〕悟性概念の付加によってはじめて作り出される。知覚がいかにしてこのような付加を得るのかについては『純粋理性批判』の先験的判断力についての章一三七ページ以下（第二版一七六ページ以下）を参照されたい。

〔9〕以下に続くこれら三つの節は、もし『批判』が原則について述べたことを手掛かりにしなければ、十分に理解されるのは困難であろう。といっても、これらの節は原則の一般的なことを概観し、主要な点に注意を払うのを容易にする、という効用をもちうる。

〔10〕暖かさ、明るさなどは、小さな空間においても大きな空間におけるのと〔度のうえでは〕同じ大きさである。同様に、内的表象、痛み、一般に意識は、持続する時間が長くても短くても、度のうえでは、大小はない。したがってこの場合に、量は一点、一瞬間においても、さらに大きな空間あるいは

時間においても同じ大きさである。それゆえ、度は量である。もっとも直観においてではなく、単なる感覚に関してであり、いいかえると、直観の基礎の量である。そして、度は、ただ1から0への関係によってのみ、つまり、度のおのおのは無限の中間の度を通って消滅まで減少し、あるいはゼロから増加の無限の契機を通って一定の感覚まで或る時間に増大しうるということによってのみ、量として計られうるのである〔質の量は度である〕。

〔11〕〔普通、言われるような〕知的な世界なのではない。悟性による認識が知的なのであり、そういう認識はわれわれの感性界にもかかわるからである。そうではなく、まったく悟性によってのみ表象され得て、われわれの感性的直観のいかなるものにもかかわり得ないかぎり、その対象は叡知的と呼ばれる。しかし、いずれの対象にも、なんらかの可能な直観が対応しなければならないので、直接に物を直観する悟性が考えられねばならないであろうが、そういう悟性については、したがってまた、それがかかわるはずの悟性体については、われわれは少しもわからないのである。

〔12〕クルージウスだけは中間の途を知っていた。すなわち、誤ることも欺くこともできない霊が、われわれにこれら自然法則を原初的に植えつけたのだ、というのである。しかし、この人自身の体系がその少なからぬ例を与えているように、偽りの原則がしばしば混り込むので、本物の起源を本物でないものから区別する、確かな基準が欠けている場合には、何を真理の霊がわれわれに注ぎ込み、何を偽りの父が注ぎ込んだのか、けっして確実には知られ得ないために、そういう原則の使用はきわめて疑わしく思われる。

〔13〕1、実体、2、性質、3、量、4、関係、5、能動、6、受動、7、時、8、場所、9、状態、10、把持（原文の用語はhabitus）。

〔14〕反対、より前、同時、運動、所有（原文の用語は habere）。

〔15〕先に提示されたカテゴリーの表について、いろいろと適切な注意をすることができる。たとえば、1、第三のカテゴリーは第一と第二のカテゴリーが一つの概念に結合されて生じる。2、量と質のカテゴリーでは、相関あるいは対立がなくても、単一性から総体性への進み、あるいは、或るものから無への進み〔このためには質のカテゴリーは、実在性、制限性、完全な否定性、というふうに並ばねばならない〕が行なわれるが、これに対して関係と様相のカテゴリーは、これら相関と対立とを伴っている。3、論理的な関係で定言判断が他のすべての判断の基礎にあるのと同様に、実体のカテゴリーは現実的な物についてのすべての概念の基礎にある。4、判断において様態がいかなる特殊な述語でもないのと同様に、様態の概念も物にいかなる規定も付け加えない、など。こうした考察にはすべて大きな効用がある。さらに、もし、どれか適切な存在論〔たとえば、バウムガルテンのそれ〕からかなり完全に取り出せる賓位語をすべて数え上げて、それらをカテゴリーのもとに分類して整理すれば、ただしその際、これらの概念をできるだけ完全に分析することを怠ってはならないが、その場合には、形而上学のまったく分析的な部門が生じるであろう。この部門は、またいかなる綜合的命題も含まないで、第二の部門〔綜合的部門〕に先行することができ、そして、その規定性と完全性によって、ただ効用を含むだけでなく、そこでの体系的なもののために、さらにまた或る美しさを含むであろう。

〔16〕一つの学問へ導く課題が人間理性の本性によってだれに対しても提示され、そのためにまた、その課題について、誤っているにせよ、多くの試みがつねに避けられ得ないことがはっきりすれば、その学問は少なくとも人間の観念において現実にあるのだ、と言えるのなら、形而上学は主観的に〔しか

も必然的に〕現実にあるとやはり言われねばならないであろう。それゆえ、いかにして形而上学は〔客観的に〕可能か、とわれわれが問うのは正当なのである。

〔17〕選言的判断では、われわれは、すべての可能性を或る一つの概念に関して分割されたものとして見る。物一般のすべてにわたる規定という、存在論的原理〔すべての可能な、対立する述語のうちの一つが、それぞれの物に帰属するという原理〕は、同時にすべての選言的判断の原理であり、すべての可能性の総括を基礎におき、それぞれの物一般の可能性は、この総括において規定されうると見なされている。このことは先の命題、すなわち、選言的推理における理性の働きは、形式からみて、すべての実在性――それは相互に対立するすべての述語の積極的なものを含む――の総括という理念を成り立たせる働きと同一である、という命題の簡単な説明として役立つのである。

〔18〕かりに統覚の表象、「私」が、それによって何かが考えられるような概念であるとすると、それはまた、他の物の述語として使用されうるか、あるいは、そういう述語をみずからのうちに含むことになろう。ところが、「私」というのは、存在の感情以上の何ものでもなく、少しの概念も含まないのであり、すべての思考作用がそれと関係〔偶有関係〕をもつものの表象にすぎない。

〔19〕形而上学者たちが、実体の持続性の原則について、その証明をかつて試みようともしないで、いつも、ごくなおざりに、すり抜けているのは、実際、きわめて注目すべきことである。こうなるのは、疑いもなく、彼らが実体の概念をとりあげるとすぐに、自分らがすべての証明根拠からまったく見放されているのを見たからである。この前提がなければ経験におけるいかなる知覚の結合も可能でないことを、十分よく知った常識は、この欠陥を、要請によって補った。常識は、経験そのものからこの原則を引き出すことは、けっしてできないからである。なぜなら、一方で、経験は物質〔実体〕のす

べての変化と分解とを調べて元素がつねに減少せずに存続することを見いだすまでにはいたり得ないからであり、他方で、原則はいつもア・プリオリな原理のしるしである必然性を含んでいるからである。ところが、形而上学者たちは、自信をもってこの原則を実体としての魂の概念に適用し、人間の死後における魂の存続の必然性を推理した〔特に意識の不可分性から推論された、この実体の単純性が、分解による消滅に対して実体を安全にしたからである〕。かりに彼らがこの原則の真の源泉を見いだしたならば、もっとも、このことは、彼らがいつも始めたがるのよりも、はるかに深い探究を必要としたが、そのときには、この実体の持続性の法則は、ただ経験のためにのみあり、したがって経験において認識され、ほかの物と結合されるはずであるかぎりでの物にのみ妥当しうるが、けっして、すべての可能的経験を顧慮しないで物に妥当し得ないし、それゆえ、死後の魂にも妥当し得ないことが、彼らにわかったであろう。

〔20〕そこで、私は、批判的な読者が、主としてこの二律背反にかかわりあうことを望む。なぜなら、物おじせずに越権を行なう理性を驚かせて、どうしても自己吟味せずにはおれないようにするために、自然そのものがこの二律背反を提起したように思われるからである。私は、私が定立と反定立とに対して与えたそれぞれの証明を弁明し、それによって、理性の避け得ない二律背反の確かさを明らかにする責務を引き受けようと思う。ところで、もし読者が、この奇異な現象によって、この場合にその基礎となっている前提を吟味しようと引き返すようになるならば、私とともに、純粋理性のすべての認識の第一の基礎を、さらに深く研究しなければならぬと感じるであろう。

〔21〕自由の理念は、まったく、原因としての知的なものの、結果としての現象に対する関係において、生じるのである。それゆえ、物質がそれによって空間を満たす物質の絶えまのない作用に関して、た

とえこの物質の作用が内的原理から起こるとしても、われわれは、物質に自由を帰属させることはできない。同じように、純粋な悟性存在、たとえば神について、その行為が内在的であるかぎり、われわれは、自由の概念がふさわしいと考えることはできない。なぜなら、神の行為は、外部から規定する原因からは独立であるが、それにもかかわらず、神の永遠の理性、したがって神的本性によって規定されているからである。或る行為によって或るものが始まるはずである場合にだけ、そして、結果が時間系列において、したがって、感性界において出会われるはずである場合にだけ〔たとえば、世界の始まり〕、次の問題が起こる。それは、原因の因果作用そのものもまた始まらなければならないのかどうか、あるいは、原因の因果作用そのものが始まらなくても、原因は、結果を起こすことができるのかどうか、という問題である。第一の場合には、この因果作用の概念は、自然の必然性の概念であり、第二の場合には、自由の概念である。私が、自由とは出来事をみずから始める能力である、と言明したときに、私が形而上学の問題である概念を厳密に言い当てていることを、読者は以上のことから見て取るであろう。

〔22〕そこで、プラトネル氏（一七四四〜一八一八）は彼の『哲学的格言集』で明敏さを示して、七二八節、七二九節で次のように言っている。「もし理性が規準であるならば、人間の理性にとって不可解な概念は不可能である。――現実的なものにおいてのみ不可解ということは起こる。ここで不可解ということが生じるのは、獲得された観念が不十分であるからである」――すなわち、自然においては、われわれにとって多くの不可解なことがある〔たとえば生殖力〕、しかし、われわれがさらに高く上昇し、自然さえも越えてゆくならば、われわれにとって、ふたたび、すべては理解できるようになる、と主張するならば、それはただ逆説的に聞こえるだけで、それはそうとして、なんら異常なことでは

ない。なぜなら、自然を越えてゆくならば、われわれは、われわれに与えられうる諸対象をことごとく打ち捨てて、ただ理念だけにかかわることになり、そして、理念においては、理性が理念によって、悟性の経験における使用のために悟性に指示する法則を——この法則は理性自身の産物であるから——われわれはまったく十分に理解できるのである。

〔23〕たとえば、人間の行為の法律上の関係と運動力の力学的関係とのあいだには類推がある。すなわち、同じ条件のもとでは同じことを私に対して行なう権利を、他人に与えなければ、私は他人に対してけっして、そのことを行なうことはできないが、同じように、いかなる物体も、ほかの物体に同じ量の反対運動を引き起こさずに、その運動力で、ほかの物体に作用することはできない。この場合、権利と運動力とは、まったく類似のものではない。しかし、それらの関係には完全な類似がある。そこで、このような類推によって、私は、私にとって絶対に知られないものの関係概念を与えることができる。たとえば、子供の幸福の促進＝aが、両親の愛＝bに対して関係するのと同じように、人類の幸福＝cは、神における知られないもの＝xに対して関係する。そして、この知られないものを、愛とわれわれは呼ぶ。それは、知られないものが、なんらかの人間的傾向と少しでも類似するかのようにではなく、それが世界に対してもつ関係を、世界の物が、たがいにもつ関係に類似させて定立しうるからである。しかし、関係概念は、ここでは単なるカテゴリー、すなわち、感性となんらかかわりのない原因の概念である。

〔24〕私は言うであろう、最高原因という因果性が世界に対するのは、人間の理性がそれの作品に対するのと同じである、と。この場合、最高原因の本性そのものは、私には知られないままである。私は、ただ私に知られている最高原因の結果〔世界秩序〕とその合理性とを、私に知られている人間の理性

の結果と比較して、最高原因を理性と名づけるだけである。だからといって、私が人間について、この理性という言葉で理解しているのと同じものを、あるいは、そのほか、私に知られている何かを、最高原因にその性質として帰属させるのではない。

〔25〕純粋理性の本性についての探究を、完全なものとなしうるようなものは、それがどんなに深く隠されていようと、何ものもおろそかにしないというのが、『純粋理性批判』を通じて、私がたえず持ち続けた心がまえであった。さらにどのような研究がなされうるかを、『批判』が各人に示しさえすれば、そのあとで、人々が探究をどこまで進めても、それは各人の勝手である。というのは、それを示すことこそ、理性の全領域を測量し、そのあとはこれからの開拓とその任意な分配を他人に任せようとする人に、当然期待されうることであるからである。上のふたつの注釈もまた、この測量に属するが、これらは退屈なものであるために、愛好者にはほとんどすすめられず、したがって、ただ専門家のためにのみ述べられたものである。

〔26〕けっしてより高い、ではない。高い塔とそれに似た形而上学の偉大な人々、このふたつのものの周囲には普通、多くの風がある。しかし、これらは私にとってふさわしいものではない。私の場所は経験の肥沃な低地である。そして、私がいくどもその意味を示したのに、批評家にはけっして理解されなかった〔彼はすべてをそれほど皮相に見ているのである〕先験的という言葉は、すべての経験を越えている或るものを意味するのでなく、経験に先行する〔ア・プリオリ〕とはいえ、ただ経験認識を可能にすること以上の何ものもしないように定められている或るものを意味するのである。もしこれらの概念が経験を越えているなら、そのときにはそれらの使用は超越的といわれ、内在的、すなわち経験に制限された使用と区別される。この種の誤解はすべて著作のなかで十分予防されている。ただ

批評家だけが、誤解することによって自分の利益を見いだすのである。

〔27〕本来の観念論は、つねに夢想的な意図を持ち、そして、それと異なったものを持つことはできない。しかし、私の観念論は、まったく経験の対象についてのわれわれのア・プリオリな認識の可能性を理解するためのものであり、このことは、これまでまだ解決されていないし、それどころか、かつて提出されたこともなかった問題である。ところで、私の観念論によって、夢想的観念論はすべて崩壊する。これは〔すでにプラトンにも見て取れるように〕われわれのア・プリオリな認識〔幾何学の認識さえ〕から、感官の直観とは異なる〔すなわち知的〕直観を推論するものであった。なぜなら、人々は感官もまたア・プリオリに直観するはずであることに思いつかなかったからである。

〔28〕批評家は、多くの場合に彼自身の影と戦っている。私が経験の真理を夢と対比させるときに問題とするのは、有名なヴォルフ哲学の客観的に見なされた夢だけであることを彼は考えていない。この夢は単に形式的であり、そのさい、睡眠と目覚めとの区別はまったく考えられておらず、そして、先験的哲学では考えられ得ないものである。そのうえ、批評家は、私のカテゴリーの演繹と悟性の原則の表とを、「観念論的な仕方で表現された、一般によく知られた論理学と存在論の原則」と名づける。これ以上みじめで、歴史的にも不正確な判断がけっして下され得ないことを確信するためには、読者はそれらについて、この『序説』を吟味するだけでよい。

(1) 啓示神学に対して、一般には、キリスト教における神の啓示を根拠としないで、理性的な世界の知識と人間についての知識とをもとにして神の存在と本質とを考察する神学をさす。

(2) 原文では文章が不完全であり、したがって、さまざまな補足もしくは改訂が行なわれているが、ここでは、エルトマンにしたがって、以下の言葉を補足した。

（3）これらは、一、上位の類における多様なものの同種性の原理、二、下位の種における同種なものの多様性の原理、三、すべての概念の類似性の法則、である。

（4）ライプニッツにおいて、現実存在の規定としての「事実の真理」の規準になるものであり、数学や論理学におけるような「理性の真理」の規準である矛盾律と区別される。形式的には「あらゆる真理は、その主語において述語を含む」ということであるが、この場合、主語は現実存在であり、無限の理由の系列によってのみ、特定の述語と結びつきうることが意味されている。

人倫の形而上学の基礎づけ

野田又夫訳

凡例

一、テキストには哲学文庫版（I. Kant, *Grundlegung zur Metaphysik der Sitten*, hrg. K. Vorländer, Philosophische Bibliothek Bd. 41, 3. Aufl, 1965）を用いた。ただし、次の三箇所では、訳者自身の考えでパラグラフを切って訳した。三一〇ページ第四、三一四ページ第一、三一五ページ第一の各パラグラフ。

二、記号の使用法は、本文中の〔〕は原文の（）に対応する。小文字を（）で囲んだ部分は訳者の割り注であるが、本文と同じ大きさの文字を（）で囲んである時は、本文のその部分が挿入的であって、文意が（）を越えてつながることを示す、訳者の追加記号である。原文のイタリック体には傍点を付した。注のうち、番号を〔〕で囲んだものは原注、（）で囲んだものは訳注である。

三、翻訳では、篠田英雄訳（岩波文庫）、深作守文訳（理想社カント全集第七巻）および H. G. Paton, *The Moral Law*, Hutchinson University Library. を参照して益をうけた。感謝の意を表する。

目次

序言

古代ギリシャの哲学は、三つの学問に分かたれていた。すなわち、自然学・論理学・倫理学である。この分類は、ことがらの本質にぴったり合っており、それをいっそう申し分ないものにしようとするには、そこへただ分類の原理をつけ加えるだけでよい。これは、分類に洩《も》れがないことを確かめるためでもあり、また、さらに細かな分割が必要となるときそれを正しくなしうるためでもある。

あらゆる理性認識は、実質的であって一つの対象に向かうものであるか、または、形式的であって諸対象の区別にはかかわらず、ただ、悟性と理性とのもつ形式そのものと思考の普遍的規則の全体とを問題とするものであるか、である。形式的哲学は、論理学と呼ばれる。実質的哲学、すなわち、定まった対象と、それら対象を支配する法則とをとりあつかう哲学は、さらに二分される。というのは、法則は、自然の法則であるか、自由の法則であるかだから。そこで自然の法則の学は、自然学と呼ばれ、自由の法則の学は、倫理学と呼ばれる。前者はまた、自然論とも呼ばれ、後者は、人倫論とも呼ばれる。

論理学は、経験的部門をもつことができない。この場合経験的部門とは、思考の一般的必然的法則が経験に由来する根拠にもとづく、と説くような部門のことである。こういう経験的部門をもつとすると、論理学は論理学ではなくなるであろう。すなわち、論理学は、悟性あるいは理性に対する基準——あらゆる思考において受けいれられかつ明示されねばならないところの規準——ではなくなるであろう。ところでこれとは反対に、自然哲学も、道徳哲学も、それぞれ経験的部門をもつことができる。なぜなら、自然哲学は、経験の対象としての自然に対して法則を規定しなければならないし、道徳哲学は、自然によって影響される限りでの人間意志に対して法則を規定しなければならないからである。そして、自然の法則は、それに従ってすべてが生起する法則であり、道徳の法則は、それに従ってすべてが生起すべき法則であって、これには、或る事が生起すべくしてしばしば生起しない場合の条件の考慮も加えられるのである。

さて、経験を基礎として成り立つところの哲学をすべて、経験的哲学と呼ぶことができ、ただア・プリオリな原理のみにもとづいてその説をのべるところの哲学を、純粋哲学と呼ぶことができる。純粋哲学は、単に形式的であるとき、論理学と呼ばれるが、特に、悟性の一定の対象にのみ向けられるときは、形而上学と呼ばれる。

理性-感性から区別され、感性的所与を総合的に統一して概念を構成し、対象を認識する能力かくて、二つの形而上学の理念が生ずる。一つは、自然の形而上学であり、一つは人倫の形而上学である。そこで、自然学は、経験的部門とともにまた、合理的部門をももつことになる。倫理学も同様である。もっともこの場合は、経験的部門は、特に実践的人間学と呼び、合理的部門は、本来の意味での道徳学と呼ぶことができるであろう。

物を作る仕事のすべて、すなわち職人仕事や技芸のすべては、労働の分担によって利するところがあった。すなわち、一人がすべてをするのではなく、めいめいが、ある一定の労働――他の労働とは、やり方がはっきり区別されるところの一定の労働――に専心することによって、それをこの上なく完全に、かつ著しく容易に、成し遂げることができるのである。多くの労働がこのように区別され分担されず、めいめいがなんでもやらねばならない場合には、その仕事はまだきわめて未開の状態にあるのである。そこで、純粋哲学が、そのすべての部分において、それぞれに特に適した人を要するのではないかと問うこと、したがって、公衆の好みに応じて、経験的なものを合理的なものと、自分にもよくわからぬ割合でごたまぜにして売っている連中、しかもそういう自分を自立的思想家と呼び、合理的部門のみを整える他の人々をば空論家と呼ぶ連中に対して、同時に二つの違った仕事――やり方が非常に違っていておのおの特別な才能を必要とすると思われ、その二つを一人で兼ねようとすればなまかじりの学者になってしまうような二つの仕事――をしないように警告を与えることが、学問という仕事の全体のために、よいのではなかろうか、と問うことは、それだけで考慮に値する問題であろうと思われるのであるが、しかしここで私が問題とするのは、ただ次のことだけなのである。すなわち、学問の経験的部門を合理的部門から、あらゆる場合に注意深く分離し、本来の〔経験的な〕自然学の前に自然の形而上学を置き、また、実践的人間学の前に人倫の形而上学を置くことが、学問の本性の要求するところではないか、ということである。というのは、これら二つの形而上学は、純粋理性が、両方の場合に、どれだけのことを成しうるか、および、いかなる源泉から純粋理性はこれらア・プリオリな教説を汲みとってくるのか、を知るために、あらゆる経験的なるものから注意深く浄《きょ》められねばならないであろうからである。そして人倫の形而上学に関してこの仕事が、すべての道徳論者たち〔それはまことに大勢いる〕によって成されようと、あるいは、特にこの仕事に使命を感ずる少数の人々のみによって成されようと、どちらになってもかまわないのである。

さて、私がここで特にめざすところは道徳哲学であるから、私は上の問題を、ただ次の点に限って考えることにする。すなわち、単に経験的であって人間学に属するすべてのことがらから、完全に浄められた純粋な道徳哲学を、一度作り出すことが、この上なく必要だと考えられないかということである。というのは、そういう純粋な道徳哲学が存在しなければならないということは、義務と道徳法則とについての常識からでも明らかだからである。次のことは、だれでもがきっと認めるであろう。すなわち、一つの法則が、道徳的なもの、いいかえれば、責務の根拠とみとめられるもの、たるべきであるならば、必ず絶対的な必然性を帯びねばならないということ。「嘘をついてはならぬ」という命令は、単に人間にあてはまるだけで他の理性的存在者はそれに無関係である、といったものではないということ、そして他のすべての真実な道徳法則もそうであるということ。それゆえ責務の根拠は、この場合、人間性とか、人間がおかれている世界の状況とかのうちに求めらるべきではなく、ア・プリオリに純粋理性の概念のうちにのみ、求めらるべきであること。単なる経験の諸原理にもとづくところの他のすべての規定は、たとえ、それがきわめてわずかな部分でのみ、おそらくその動機のひとつにおいてのみ、経験的根拠にもとづいているだけであって、ある意味で一般性をもった規定であるとしても、実践的規則と呼ぶことはできるが道徳的法則とは決して呼ぶことができないということ。

それゆえすべての実践的認識のうちで、道徳的諸法則とそれの諸原理とは、何か経験的なものを含む他のすべての認識から、本質的に区別されるのみならず、道徳哲学の全体は、全くその純粋な（経験的要素を含まぬ）部門に基礎をおいており、人間に適用されても、人間についての知識〔人間学〕から何ものをも借りることなく、理性的存在者である限りでの人間に、ア・プリオリな法則を課するのである。ただし法則は、もちろんさらに経験によって鋭くされた判断力をも必要とするのであって、これは、法則がどういう場合に適用しうるかを識別するためであり、また、法則を人間の意志に受けいれさせ、かつそれの実行を促すためでもある。というのは、人間の意志は、それ自身きわめて多くの傾向の影響を受けており、純粋な実践理性の理念をめざすことはたしかにできるにしても、この理念をその生き方のうちに具体的に働かせることは、そうたやすく果たしえないからである。

それゆえ、人倫の形而上学がどうしても必要であるのは、われわれの理性の中にア・プリオリに存する実践的原則の源泉を探ろうとする理論的研究の動機からばかりでなく、人間の行状そのものが、上にいったような、それの正しい判定のための手引きであり最高の規範であるものをもたない場合には、いろいろな腐敗におちいりやすいからである。というのは、道徳的に善であるといわれるものにあっては、それが法則に合致しているだけでは十分でなく、さらにそれは道徳法則のためにおこなわれるのでなくてはならない。もしそうでなければ、法則との合致は、きわめて偶然的な不確かなものにすぎない。なぜなら、不道徳な理由でも、ときどきは法則に合致した行為を生むであろうからである。もっとも、多くは法則に反した行為を生むであろうが。ところで、純粋な真実な形での道徳法則〔純粋かつ真実ということが実践においては最も大切なのである〕は、純粋な哲学のうちにしか求められず、したがって何よりもまず純粋な哲学〔形而上学〕がなければならない。これがなければ道徳哲学というものはそもそもありえないのである。のみならずさらに、この純粋な原理を経験的原理と混ずる哲学は、哲学という名に値しない〔何となれば常識がごちゃまぜに把握していることを独立な学問の形で示すという点でこそ、哲学は常識と区別されるのだから」。まして、それは道徳哲学の名には値しない。なぜなら、それは、純粋なものと経験的なものとの混ぜあわせによって、人間の行状の純粋性をさえもそこなうことになり、したがって道徳哲学自身の目的に反したことをすることになるのだからである。

しかし、ここに要求されているものは、有名なヴォルフがその道徳哲学の序論としたもの、すなわちかれが一般実践哲学と名づけたものとして、すでに存在しており、したがっていま必ずしも全く新たな領域を開く必要はないのだ、などと考えないようにしてほしい。ヴォルフの序論は、一般実践哲学であるといわれるまさにそのゆえに、それは何か特殊な種類の意志、例えば、いかなる経験的動機もなしに全くア・プリオリな原理によって限定され、したがって純粋な意志と呼びうるような意志、を考察することなく、ただ意志作用一般と、そういう一般的な意味での意志作用に属するあらゆる働きと条件とを考察したのである。したがって「一般実践哲学」は「人倫の形而上学」とは区別される。(それは、一般論理学が、超越論的哲学から区別されるのに似ている。一般論理学は、思考一般の働きと規則とを述べ、超越論的哲学は、純粋な思考、すなわち対象を全くア・プリオリに認識するところの思考、の特殊な働きと規則とを述べるのである。)というのは、人倫の形而上学は、可能な純粋な意志の理念と原理とを探究しようとするものであって、人間的意志一般の働きや条件——これらは大部分心理学から得られる——を探究しようとするものではないからである。そして一般実践哲学において〔それの権限に全く反してではあるが」、道徳法則や義務についてもまた述べられているということは、私の主張に対する反論とはならない。なぜなら一般実践哲学を論ずる人々は、次の点においてもまた、その学問の主旨に忠実だからである。すなわち彼らは、全くア・プリオリにただ理性によってのみ示され本来の意味で道徳的であるところの動機を、経験的動機すなわち悟性がただ多くの経験の比較を通じて一般概念へ高めるところの動機から区別せず、これら二種の動機の源泉の違いをかえりみることなく、〔すべての動機を同質とみつつ〕それらをただその複合の程度の大小に従ってのみ考察し、そうすることによって、彼らなりの責務の概念を作りあげている。この責務の概念は、もちろん決して道徳的な概念とはいえないが、しかしあらゆる実践的概念の起源に関し、それら概念がア・プリオリに生ずるものであるかあるいは単にア・ポステリオリに生ずるものであるかを全く区別しない哲学が、示しうるせいいっぱいのものなのである。

私は「人倫の形而上学」を後に世に問うつもりであるが、さしあたりまずこの「基礎づけ」を公けにする。もともと「人倫の形而上学の基礎」とは、「純粋実践理性批判」にほかならず、それは（自然の）形而上学の基礎が、すでに公けにした「純粋理論理性批判」にほかならないのと同様なのである。しかしながら、まず第一に、実践理性批判は、理論理性批判ほどひどく必要ではないのである。なぜなら人間理性が、理論的なかつ純粋な使用において実に多くの矛盾にみまわれるのとは反対に、道徳については、常識によってでも高度の正しさと的確さとに達しうるのであるから。第二に、純粋実践理性批判は次の条件を満たさねばならないと私は考える。すなわちそれが完全なものとなるためには、元来実践理性も理論理性も結局は同一の理性にほかならず、ただ適用においてのみ区別されねばならぬだけなのだから、実践理性が、理論理性と共通の原理によって統一されていることをもまた、示すことができなければならない、ということである。けれども、今ここで私は、議論をそのように完備した姿で示すことはできない。それを企てれば、当面の問題とは全く違った種類の考察を導き入れることになり、読者の頭を混乱させることにならざるをえないからである。そういうわけで私は、ここでは「純粋実践理性批判」という名のかわりに「人倫の形而上学の基礎づけ（「基礎」そのものでなく「基礎への序論」という意味で「基礎づけ」という）という名を用いることにしたのである。

ところで、第三に「人倫の形而上学」は、その名はいかにもいかめしいにもかかわらず、通俗性と常識への適合性とを多分にもちうるものなのであるから、私は、ここに示す基礎への序論（人倫の形而上学の基礎への序論すなわち「基礎づけ」）を「人倫の形而上学」の本論から切り離し、この序論では避けることのできないむずかしい議論を、後に出版するもっとわかりやすい本論に、もうつけ加えなくても済むようにすることが有益だと考える。

さて、この基礎づけの仕事は、道徳の最高の原理を探究し確定することだけである。そしてこの仕事だけで、それなりにひとまとまりの仕事なのであり、他のあらゆる道徳研究から切り離しうる仕事なのである。この重要な、しかしいまだかつて十分に論ぜられなかった主要問題、についての私の主張は、その最高原理を人倫の形而上学の全体系に適用してみれば大いに明らかになるであろうし、その原理がいたるところで示す有効性によって、大きな確証を得るであろう。けれども私は、こういう利益をあきらめねばならなかった。のみならず、そういう利益は結局のところ、公衆一般に役に立つというよりもむしろ私自身に都合がよいというにとどまるであろう。なぜなら、ひとつの原理が、使用しやすいこと、また有効にみえるということは、その原理の正しさへの全く確かな証明を与えるのではなく、むしろ原理を、それの結果を全く顧慮せずそれ自身において、できる限り厳格に吟味し評価しようとはしない、という一種の不公平な態度を生み出すからである。

この本での叙述の方法としては、私に最も適切だと思われるものを採用した。すなわちそれは、通常の認識（常識）からそれの最高の原理の確定へと分析的に進み、そしてこの原理の吟味とそれの源泉とから、再びその原理の使用がなされるところの通常の認識へ、総合的に戻ってゆくという方法である。そこで、章の区分は次のようになった。

(1)第一章　通常の道徳的理性認識から哲学的な道徳的理性認識への移り行き。
(2)第二章　通俗的道徳哲学から人倫の形而上学への移り行き。
(3)第三章　人倫の形而上学から純粋実践理性批判への最後の一歩。

（1）以下二節でカントは「人倫の形而上学」の「基礎」（Grundlage）と「基礎づけ」（Grundlegung）とを区別している。「基礎」は「実践理性批判」である。ところで「実践理性批判」は実践理性と理論理性との統一をも考えねばならないが、こういう理性の体系的統一の問題に触れずに道徳の基礎論だけに問題を限るものが「基礎づけ」（基礎への序論）である。だから「基礎づけ」は「基礎」（「実践理性批判」）への序論であるが、「人倫の形而上学」に対してはやはりその基礎を論ずるものなのだから、「人倫の形而上学」よりもむずかしい論議をふくんでいるものなのである。

第一章　通常の道徳的理性認識から哲学的な道徳的理性認識への移り行き

われわれが無制限に善とみとめうるものとしては、この世界の内にもまた外にも、ただ善なる意志しか考えられない。理解力や機知や判断力やその他いろいろに呼ばれるところの精神の才能、および勇気や果断や根気強さなどという、気質のもつ特質は、確かに多くの点で善なるものであり望ましいものである。しかしそれらは、またきわめて悪いもの有害なものにもなりうる。すなわち、それら自然の賜物を使用する任務をもつ意志――したがって意志の固有の性質は（才能や気質と区別して）性格と呼ばれる――が、善でない場合である。自然の賜物のみならず次のような幸運の賜物についても全く同じことが言える。すなわち、権力や富や名誉さらには健康、また無事達者で自分の境遇に満足していることすなわち幸福と呼ばれるもの、これらは、もし善なる意志がそこに加わって、それら幸運の賜物が心に及ぼす影響を正し、したがってその人の行為の原理全体を正して社会的に有益なものにするのでなければ、人を得意にならせ、したがってまたしばしば高慢にならせる。また言うまでもないことであるが、理性的で公平な観察者は、一人の人間がずっと幸福に暮す有様を見る場合でも、その人が純粋かつ善なる意志のもつ美点を少しも具えておらぬならば、決して愉快を感じることができないであろう。したがって、善なる意志は、人間が幸福であるに値するためにも、不可欠な条件をなしているとみえるのである。

いくつかの性質は、この善なる意志そのものを力づけて善なる意志の仕事を大いに容易にすることさえもできるが、しかしそれにもかかわらず、内的な無条件な価値を決してもたず、善なる意志をどこまでも前提するのである。善なる意志は、そのような性質に対して当然人々が抱くところの尊重の念に制限を加え、そのような性質を絶対的に善なるものと認めることを許さない。たとえば、感動や欲情の抑制、自制、冷静な考慮は、さまざまな点で善であるのみならず、人格の内的価値の一部を形成するようにさえみえる。しかしながら、これらの性質を無制限に善であると言うことはとてもできないことである〔それらは古人の無条件の讃美を得たにせよ〕。というのは、善なる意志の原理を欠くならば、それらの性質はきわめて悪なるものとなりうるからであって、一人の悪者の冷静さは、彼が冷静でない場合よりも彼をはるかに危険なものたらしめるのみならず、また直接にわれわれの眼にいっそう厭うべきものとうつるのである。

善なる意志は、それが引き起こし成し遂げることによってでなく、またそれが或るめざされた目的の達成に有用であることによってでもなく、ただ、その意志作用のみによって善なのである。

いいかえれば、それ自体において善なのである。そしてその意志の働きで得られる、どれか一つの傾向の満足、否、場合によっては一切の傾向を合わせたものの満足よりも、善なる意志そのものは、比較にならぬほど高い価値をもつと認むべきなのである。特に運命に恵まれなかったり、冷淡な自然がわずかしか必要物を与えてくれなかったりしたために、この善なる意志がその意図を実現する能力を全く欠いているとしても、したがってこの意志がその最大の努力にもかかわらず何事をも成し遂げず、残るものはただ善なる意志のみである〔もちろんこの意志は決して単なる希望ではなく、用いうるあらゆる手段をすべて用いようとするものなのである〕としても、善なる意志は、みずからの中に全価値をもつものとして、一つの宝石のように、それだけで光り輝く。それが他のもののために役立つとか役立たないとかいうことは、この価値を増すことも減らすこともできない。それが何かに役立つということは、いわば宝石のはめこまれる台のようなものであって、宝石を通常の取引において扱いやすくするのに役立ち、あるいはまだ十分に目の利かない人の注意をひくのに役立つであろうが、目の利く人にその宝石をよりよく思わせたり、その宝石の価値を決定したりすることには役立たない。

しかしながら、単なる意志が、それの評価にあたってその有用性の考慮と全く無関係に絶対的価値をもつ、というこの考えには、何か異様な感じを与える点があるので、常識までがそれに同意を示しているにもかかわらず、やはり次のような疑いをおこさざるをえない。すなわち、この考えの基礎には単に奔放な空想がひそんでいるだけかも知れず、自然がわれわれの意志に対してその支配者として理性を加えた意図が誤り解せられているかも知れない、という疑いである。そこでわれわれはそういう点について上の考えを吟味してみよう。

有機組織をもつ存在、すなわち生きるという目的にかなった組織をもっている存在の、生まれつきの体制については、われわれはその原理として次のことを想定する。すなわち、有機体のうちでは、或る目的を実現するための道具は、すべてその目的にとって最もふさわしく最も適切なものであるということである。ところで理性と意志とを持つ存在者においてそれの生存と快適な生とが、つまり幸福が、自然の本来めざした目的であるのならば、自然は、この目的の遂行者としてその生物の理性を選ぶことにより、みずからの目的の実現手段に関して大きな誤りを犯していることになるであろう。なぜなら、その生物が幸福をめざしてなすべきあらゆる行為と、ふるまいの規則全体とは、理性によってよりも本能によって、はるかに正確にその生物に指示され、幸福というその目的もはるかに確実に達成されうるであろうからである。そしてさらに理性が本能に加えてこの恵まれた生物に賦与されているとすると、その理性がその生物に役立つのは、ただみずからに生まれつき与えられている立派な体制を眺め、それに感嘆し、それを喜び、それが与えられたことをめぐみ深い原因に対して感謝する、ということのためのみでなければならず、みずからの欲求能力を理性の弱いあやふやな導きに従わせて自然の意図の実現に下手な手出しをするためであってはならないであろう。つまり自然は、理性が実践的使用にまで乗り出し、その弱い洞察力をもって幸福と幸福への手段との設計を自分で考え出すというような出すぎたことをせぬように、あらかじめ用心したであろう。すなわち自然は、目的の選択のみならず、それの実現手段の選択をもみずから引き受け、賢明な配慮をもって両者を本能のみにゆだねたであろう。

開発された理性が、生活と幸福との享受をめざしてはたらけばはたらくほど、ますます人間は真の満足から遠ざかる、ということは実際よくあることである。そのため多くの人々において、特に理性の使用に関して最も経験を積んだ人々において、彼らが時たま率直に告白することだが、或る程度の理性不信（ミソロギー）すなわち理性に対する敵意が生まれる。なぜなら彼らは、通常の贅沢品をつくる技術の発明から得る利益のみならず、さらにもろもろの学問〔これも彼らには結局知性の贅沢品だと思われる〕から得る利益をも、すべて勘定した後、やはり事実上幸福を増すよりもいっそう多くの苦労を背負いこんだだけであることを見出し、その結果最後には、単なる本能に導かれるほうが多くてみずからの行動に理性の力の多く及ぶことを許さないところの、彼らよりも平凡なタイプの人々を、軽蔑するよりむしろうらやむのだからである。しかしわれわれは、さらに次のことをも認めねばならない。すなわち理性が生の幸福と満足とに関してわれわれに与えるといわれる利益に対する大げさな称讃を大いに抑え、それどころかまったく無価値だとさえきめつける人々のそのような判断も、そのことを怨んで神の世界支配の善意に対する感謝を拒んでいるのではないということ。そのような判断の基礎には、彼らの生存が、別のもっと価値ある目的をもち、理性は幸福にではなくてそういう目的にこそ向けられているのであり、最高の条件としてのそういう目的に、人間の私的な目的は多くの場合場所を譲らざるをえないのだ、という考えがひそんでいること。

理性は意志を、その対象に関して、したがってわれわれのすべての欲望〔これが多様であるのは幾分理性自身のせいである〕の満足に関して、しっかり導くことが十分にはできず、そういう目的のためなら生まれつきの本能のほうがはるかに確実な導き手となったであろうと思われるが、それにもかかわらずわれわれには理性が実践的能力として、いいかえれば意志を動かす力をもつものとして、賦与されているのである。そこで、自然がいろいろな素質を分配するのにいつも合目的的な（むだのない）やり方をしたのであるならば、理性の真の任務は、他の目的のために手段として善なる意志でなくそれ自体において善なる意志を、生み出すことであるに相違ない。そういう自体的に善なる意志を生むためにこそ理性が絶対に必要なものだったのである。このような意志は、それゆえ、唯一の全き善ではありえないが、しかし最高の善でなければならず、他のすべての善に対する条件、幸福の追求さえもの条件、でなければならない。ここにおいて、われわれのみとめる次の事実を、自然が賢明であるという考えと十分に一致させることができる。すなわち、第一の無条件的な目的のために必要であるところの理性の開発が、第二の、常に条件づけられた目的の実現、すなわち幸福の実現を、少なくともこの世では、いろいろ制限し、それを全く無にしてしまうことすらありうる、という事実である。そしてこのような幸福の制限において自然はその目的に反するやり方をしているのではない。なぜなら理性は、その最高の実践的任務を善なる意志の確立にありとみとめ、この目的の達成において独特な満足をもつことができる、すなわち理性のみが定めうる或る一つの目的の実現から生ずる満足をもつことができるからである。たとえこのことが、傾向のめざすいろいろな目的に対する多くの妨害を、必然的に伴うとしても。

それ自体において尊ぶべく他の目的に仕えることなしに善であるところの意志、という概念は、生まれついた健全な悟性にすでに宿っていて、あとから教えられるというよりはむしろ啓発されるだけでよいのであり、それは、われわれの行為の全体的価値の評価においていつでも上位にあって他のすべての概念の条件を成すものであるが、この概念の内容を明らかにするために、われわれはここで義務の概念をとりあげよう。義務の概念は、善なる意志の概念を、ある主観的な制限と障害とのもとにおいてではあるが、含んでおり、しかもこれら制限や障害は、善なる意志の概念をおおい隠したり目立たぬものにするどころか、むしろ対照によってきわだたせ、いよいよ明らかに現われしめるのである。

ここで私ははじめから義務に反するものとみとめられる行為をすべて問題にしないでおく——

こういう行為もなんらかの点で有用であるかも知れないが。というのは、こういう行為は義務に反しているのであるから、それが義務にもとづいて(義務を動機として)行なわれたかどうかということは、問題にもならないからである。さらに私は事実上義務に合致する行為でも、次のような行為は問題にせずにおく。すなわち人々がその行為に直接にむかう心の傾向をもつのでないが、しかし或る他の傾向が間接に彼らを促すがゆえに、実行するような行為である。こういう行為を問題にしないわけは、その義務に合致した行為が、義務にもとづいてなされたかあるいは利己的な意図によってなされたかは、たやすく見分けがつくからである。この見分けがはるかにむずかしいのは、行為が義務に合致しているとともに、行為主体がその上その行為への直接な傾向をもっている場合である。たとえば、小売り商人が不慣れな買い手に高い値段をふきかけないとすれば、それは確かに義務に合致した行為である。そして売買が盛んに行なわれる場合には抜け目ない商人でもそういうことはせず、決まった一般的な価格をすべての人に示し、その商人のところでは子供でも他の人々と同じく立派に買物ができるようにするのである。そこでこの場合、商人は客に対して正直にふるまっているわけである。しかしだからといって商人が、義務にもとづき正直の原則にもとづいてそうしたのだと、とても信ずるわけにはいかない。実際、彼の利益がそのことを要求したのである。そして、商人がさらに客に対して直接的な心の傾向をもち、いわば愛のゆえに客の誰に対しても値段の甲乙をつけないのだ、と考えることは、この場合不可能である。それゆえこの行為は義務にもとづいたものでなく、直接的な傾向にもとづいたものでもなく、ただ利己的な目的のためになされたのである。

上の場合とは反対に、自分の生命を維持することは、義務であって、しかもその上各人はそれへの直接的な心の傾向をもっている。けれどもだからといって、大多数の人間が生命の維持のためにしばしば細心すぎる配慮をすることは、内的な価値をもつわけではなく、またそういう格率が道徳的な内容をもつわけではない。彼らがその生命を維持することは、義務に合致しているが義務にもとづいているのではないのである。これに反し、いやな出来事や望みのない悲しみが或る人から、生きたいという心を全く奪い去ってしまったとき、この不幸な人が、しっかりした心をもって、自分の運命に臆したり落胆したりするどころかむしろそれに憤慨し、死を願いながらも生命を維持し、しかもその際生命を愛するのでなく、したがって心の傾向や恐れからでなく、義務にもとづいて生命を維持する場合、この場合にはこの人の格率は道徳的内容をもつのである。

できるだけ他人に親切を尽くすことは義務である。そしてさらに、世の中には同情心に富んだ人々が多くいて、そういう人々は虚栄心や利己心などという他の動機なしに、喜びを周囲の人々に行き渡らせることに内的な楽しみを感じ、自分のせいで他人が満足をうることをこの上なく喜ぶことができる。けれども、私は言う。この場合そのような行為はいかにも義務に合致した愛すべき行為ではあるが、しかし真の道徳的価値をもたず、他のさまざまな心の傾向と同類である、と。例えば名誉を求める傾向が、実際に公衆のためになりかつ義務にかない、したがって名誉に値するようなことがらと、うまく一致する場合、称讃と励ましとを受ける値うちはあるが、尊重を受ける値うちはないのと同様である。というのは、こういう格率には、傾向にもとづいてではなく義務にもとづいてそういう行為を行なうという、道徳的内容が欠けているからである。そこで、仮に上の博愛家の心が、彼自身の悲しみによって曇らされ、その悲しみは他人の運命に対するあらゆる同情を消してしまったとしよう。彼は、他の困っている人々に親切を尽くす能力は依然としてもっているが、自分自身の困窮で心が一杯であるため他人の困窮は彼の心を動かさないとしよう。このように、もはやいかなる心の傾向も彼を促さなくなった場合にも、やはり彼はそのようなひどい無感覚の状態からみずから抜け出し、いかなる傾向もなしにただ義務のみにもとづいて親切な行為をするとした場合、その行為ははじめて真実な道徳的な価値をもつのである。さらにまた、ある人が生まれつき同情心乏しく「ほかの点では立派な人でありながら」気質の上では他人の苦しみに対して冷たく無関心であるとしよう。そしてその理由は、その人が自分自身の苦しみをも辛抱強くもちこたえる力を生まれつき特にめぐまれていて、そのためそういう生まれつきが他のすべての人にも具わっていると思いこみ、さらにはそれを当然のこととして他人にも要求するからであるとしよう。このような人を「これは実際自然の生んだ最悪の産物では決してない」、自然は特に博愛家に育ててあげなかったとしても、そういう人は、やさしい気質の人のもつ価値よりもはるかに高い価値をみずからに与える可能性を、やはりみずからの内に見出さないであろうか。確かにそういう可能性はある。そういう人が傾向にもとづかず義務にもとづいて他人に親切を尽くすという場合、まさにそこに、性格の価値というものが、はじめて生ずるのであり、これこそ道徳的価値であり、すべてを超える最高の価値なのである。

みずからの幸福を確保することは〔少なくとも間接的には〕義務である。というのは、多くの心配につきまとわれ、満たされぬ数々の欲求に囲まれて、みずからの境遇に対する満足を欠いていることは、義務の違反への大きな誘惑となりやすいからである。しかしこの場合、義務のことなど顧みずとも、あらゆる人間はもともとすでに、幸福を求める極めて強くかつ内に根ざした傾向をもっているのである。なぜなら、まさにこの幸福の理念がすべての傾向を一つの全体にしめくくっているのだからである。しかし幸福の処方は多くの場合いくつかの傾向を大いに制限するものなのであり、しかもそのようにしても人間は、幸福と呼ばれるところの、あらゆる傾向の満足の総体について、はっきりした確かな概念をつくりあげることができないのである。それゆえ、ただ一つの傾向でもその約束する満足が何であり満足が得られる時はいつであるかがはっきりしている場合は、（幸福という、多くの傾向の集まりについての）あやふやな理念よりも強い力をもつことがあるのは、怪しむに足りない。たとえば、痛風で足の動かない人が、自分の食べたいものを食べ、せめて今できるだけ楽しもう、とするのは怪しむに足りない。なぜなら、この場合彼は、すべてを考慮した末、健康のうちにありと言われる幸福への、おそらく彼にはもう満たされぬであろう期待によって、少なくとも現在の瞬間の享楽を失うことがないようにした、のだからである。しかしながら、このように幸福を求める一般的な傾向が、彼の意志を決定せず、健康というものが、少なくとも彼の考慮にはそれほど必然的に属さない場合ですらも、やはり他のすべての場合におけると同様に、みずからの幸福を増すことにつとめるべきであり、しかも傾向にもとづいてでなく義務にもとづいてつとめるべきであるという法則は、依然として残っている。そして彼がこの法則に従う場合に、彼の行為は、はじめて真の道徳的価値をもつのである。

「われわれの隣人を、いな敵をさえも、愛せよ」と命ずる聖書のことばもまた、明らかに同様な意味に理解すべきである。というのは、傾向としての愛は命令されることはできないからである。義務そのものから他人に親切をつくすこと、たとえそれを促す傾向が存在せぬのみか、もちまえの抑えがたい嫌悪が反対する場合にもやはり他人に親切をつくすことは、実践的愛であって感情的愛でなく、意志のうちなる愛であって感覚の性癖のうちなる愛でなく、行為の原理のうちにある愛であって、われを忘れた同情のうちにある愛ではない。こういう実践的な愛のみが命令されうるのである。

第二の命題[1]は次のものである。すなわち、義務にもとづく行為の道徳的価値は、その行為によって実現さるべき意図のうちにあるのでなく、その行為の決意ののっとる格率のうちにあり、したがって行為の価値は、行為の対象が実現されるか否かに依存せず、むしろ欲求能力の向から一切の対象に無頓着に一定の行為をなすように促すところの、意志作用の原理（意志の根本動機）にのみ依存するのである。われわれがさまざまな行為においてめざすさまざまな意図やそれらの行為の結果——意志の目的や動機となる限りでの——が、無条件な道徳的な価値を行為に決して与ええないということは、いままで述べたことからすでに明らかである。ではそのような価値は、それが或る結果を望む限りでの意志に存しないとすれば、いったい何に存しうるのか。そういう価値は、行為によって実現されうる目的とは無関係に、意志の原理のうちに存するよりほかはない。すなわち、意志は、それの、ア・プリオリな原理——これは形式的である——とそれのア・ポステリオリな動機——これは実質的である——との間に、いわば分れ道に立っているのであり、しかも意志はどちらかによって限定されねばならないのだから、行為が義務にもとづいてなされるべきなら、その意志は、意志作用一般の形式的原理によって限定されねばならないことになる。なぜなら、義務にもとづく行為の場合、意志はいかなる実質的原理の支配をも受けつけないはずだからである。

上の第一・第二の命題からの帰結としての第三命題を私は次のようにいいあらわしうると思う。すなわち、義務とは法則に対する尊敬にもとづく行為のもつ必然性である、と。私の企てる行為の結果としての対象に対して私は傾向（好み）をもつことはできるが、決して尊敬をもつことはできぬ。その理由はまさに、対象が、意志のひきおこした結果であって、意志の働きそのものではない、という点にある。同様にまた私は傾向一般に対して、それが私のもつ傾向であろうと他人のもつ傾向であろうと、尊敬をもつことはできない。私にできることはせいぜいのところ、私の傾向を是認し、他人の傾向を時には私みずからが愛するということ、すなわち他人の傾向を私自身のために好都合なものとみること、である。私の意志の根拠であって決して私の意志の結果ではないもの、私の傾向にかなうものでなく私の傾向を圧倒するもの、少なくとも（行為の）選択に際し傾向の考慮を全く排除するもの、したがって単なる法則そのもののみが、尊敬の対象となり、したがって命令となりうるのである。ところで、義務にもとづく行為は、傾向の影響と意志のあらゆる対象とを切りすてねばならないから、意志を限定しうるものとしては、客観的には法則しかなく、主観的にはこの実践的法則への純粋な尊敬、したがって私のすべての傾向を打ち破ってでもそういう法則に従おうという格率[1]しかないのである。

それゆえ、行為の道徳的価値は、その行為から期待される結果にあるのでなく、したがってまた、この期待された結果から動機を得る必要のあるような、行為の原理にあるのでもない。なぜなら、これらすべての結果〔みずからの状態の快さ、さらに他人の幸福の促進〕は、他の原因によってもまた実現されうるものであり、そのために理性的存在者の意志を必ずしも必要としないが、しかしただこの意志のうちにのみ、最高かつ無条件な善が見出されうるのだからである。それゆえ、法則の表象そのもの――これはもちろんただ理性的存在者のうちにのみ生じうる――が、意志の限定根拠となり、望まれた結果が意志の限定根拠となるのでない限りにおいて、ほかならぬそういう法則の表象こそ、われわれが道徳的と名づけるすぐれた善を形づくるのであり、この善は法則の表象に従って行為する人格そのものの中にすでに存在し、その行為の結果からはじめて与えられうるようなものではないのである。[2]

　意志が絶対的に無制限に善いといわれうるためには、法則の表象が、そこから期待される結果を顧みることなしに、意志を限定せねばならない、といわれるとき、その法則とはいったいいかなる法則なのであるか。何らかの法則に従うことから意志に生じうる結果としての衝動のすべてを、私は意志から取り除いたのであるから、意志の原理として働きうるものとしては、ただ行為一般の普遍的法則性のみしか残っていない。すなわち、私がことを行なうに当たっては必ず、私はまた私の格率が普遍的法則となることを意志しうるのでもなければならないということである。かくてこの場合、単なる法則性一般が〔一定の行為だけに適用されるような法則を前提することなしに〕、意志に対して原理となっており、かつ義務というものが空しい妄想や空想的な概念でないとすれば、当然そうならねばならない。そしてこのことは常識の下す実践的判断とも完全に一致しており、常識は上の原理を常に念頭においているのである。

　問題は例えば次のようであるとしよう。私が困っているときには、守るつもりなしに約束をしてもよいか。この場合問題の意味を区別して、いつわりの約束をすることが、利口であるかと問うている場合と、それが義務にかなっているかと問うている場合とを分かつことはたやすい。ところでまず第一の場合は、たしかにしばしば出現しうる。そしてこのとき私が気付くのは、困っているときはいつわりの約束をしてもよいという口実によって、現在の困惑をきりぬけるだけでは十分でなく、次のことどもを十分考慮しておかねばならない、ということである。すなわち、今まぬがれる不都合よりもはるかに大きな不都合が、そういう嘘から私に生じて来ないかどうか。またいろいろな結果を予見することは、私のみずから許す抜け目なさにもかかわらず容易ではなく、したがって一旦失われた信用は、現在避けようと考えている害悪のすべてよりも、私にとって後にはるかに不利となるかも知れないこと。だからいまの場合むしろ普遍的な格率に従って行ない、約束をするときは必ずそれを守るつもりでするという習慣をつけるほうが、利口な行為ではないかということ。しかしながら、ここで直ちに明らかに見てとれることは、そういう格率がやはりただ結果についての懸念にのみもとづいて立てられていることである。ところで義務にもとづいて正直であることは、不利な結果の懸念にもとづいて正直であることとは、実際全くちがったことである。すなわち、前の場合には行為の概念自体がすでに私に対する法則を含んでいるにひきかえ、後の場合には、私の行為にどういう結果が伴うであろうかと、まず別のところを見まわさねばならないのである。というのは、逆に私が義務の原理に背くならそのことが悪いということは全く確実であるにひきかえ、私が利口にふるまうべしという格率に背いても、そのほうが私にとって非常に好都合な結果になることもたしかにしばしばあるからである——もっともその格率を守るほうがもちろんいっそう安全ではあるけれども。しかしながら、いつわりの約束をすることが義務にかなうかどうかという問題の解答についてこの上なく手短な、しかしまちがいのないやり方で明らかに知るために、私はこう自問する。私は私の格率〔いつわりの約束により困惑を脱するがよいという格率〕がひとつの一般的法則として〔私にとっても他人にとっても〕妥当するという場合に、それで実際満足できるであろうかと。そしてすべての人は、困惑に陥ったとき、そしてほかのやり方ではそれを脱しえないときには、いつわりの約束をしてよろしい、と私はみずからに言うことができるであろうかと。そこで私は直ちに気付く、私は嘘をつくことを意志することはできるが、嘘をつくようにとの普遍的法則を意志することは全くできないことを。というのは、そういう法則に従えば、そもそも約束というものが存在しなくなるからである。なぜなら、私の未来の行為に関して私の意志を他人に申し立てることが無益であって、他人はそういう私の申し立てを信用しないか、あるいは早まって信用したとしても必ず私に対して同じ仕打ちでしかえしをするかであり、したがって私の格率は、一般的法則とされるや否や、自己自身を破壊せざるをえないからである。

それゆえ、私の意志の働きが、道徳的に善であるために私は何をなすべきかを知るには、私は遠くから探りを入れる洞察力などを必要としない。世間に関して未経験で世間に起こるすべての出来事に対処する能力をもたずとも、私はただ次のように自問すればよい、すなわち、汝は汝の格率が普遍的法則となることをもまた欲しうるか、と。それを欲しえない場合、その格率は斥くべきである。そしてこのことは、その格率から汝または他の人に生ずる不利のゆえにではなく、その格率が、可能な普遍的立法の中へ原理として容れられないゆえにである。普遍的立法に対しては、理性は直接な尊敬を私に強いるのであり、そういう尊敬が何にもとづくかを〔それを哲学者は探究するであろうが〕私は今はまだ洞察するに至らないけれども、少なくとも次のことだけは理解する。すなわち、傾向がよしとするものの価値のすべてをはるかに凌ぐところの価値の感受ということが確かにあること、および実践的法則に対する純粋な尊敬にもとづく私の行為のもつ必然性こそ、義務を形づくるところのものであり、義務は、すべてにまさる価値をもつところの、それ自身において善なる意志の条件であるゆえに、あらゆる他の動機は義務に場所を譲らざるをえないということ、である。

かくて、われわれは通常の人間理性のもつ道徳的認識を考察してその原理に到達したわけである。この原理を通常の人間理性は、普遍的形式において抽象的に考えているのではもちろんないが、しかし事実上常に念頭においており、その判断の規準として用いているのである。それゆえ、ここで次のことを示そうと思えば容易にできるであろう。すなわち、通常の人間理性はこの羅針盤を手に持って、それが現実に出会うすべての場合に、何が善で何が悪であるか、何が義務にかない何が義務に反するかを、区別するすべをまことによく心得ており、その際こちらから通常の人間理性に何か新たなことを少しも教える必要はなく、ソクラテスが昔したように、理性をして理性自身の原理に注意させるだけでよいということ。したがってまた人は正直で善良であるために、それどころか賢明で有徳であるために、何をなすべきかを知るのに、学問も哲学も全く必要とせぬということ。もっとも、人間の誰もがなさねばならぬこと、したがってまた、知らねばならぬこと、についての知識は、誰でも、いかに平凡な人間でも、心得ているであろうということは、はじめから十分推察しうることがらであろう。けれどもここでわれわれは、通常の人間悟性において実践的判断能力が理論的判断能力よりもはるかにすぐれてさえもいることを見て、感嘆を禁じえないのである。理論的判断能力の領域においては、通常の理性は、経験法則と感性知覚とを離れることをあえてすれば、全くの不可能事や自己矛盾に陥り、少なくとも不確実と不明瞭と不安定との入りまじった混乱状態に陥るのだが、これにひきかえ実践的領域では、通常の悟性が実践的法則からあらゆる感覚的動機を排除するときにこそはじめて、判断力は立派に働き始めるのである。そしてさらに、この通常の悟性は精緻な推理までなしうるようになる。すなわち何が正しいと認められるべきかについて、通常の悟性がみずからの良心やその他の要求をもちだして議論を始めようとする場合とか、また（他に示すためでなく）みずから学ぶためにさまざまな行為の価値を正直に判定しようとする場合とかである。そして後の場合には、大したことだが、通常の悟性は、哲学者と全く同様に正しい理解に到達できるという抱負をもつことができるのであり、それどころか、この点では哲学者自身よりも確かだとさえいいうるほどなのである。なぜなら哲学者も、通常の悟性のもつ原理よりほかに何ももちえないのであるが、哲学者のほうは自分の判断を、この問題に属さない無縁な考慮によってややもすれば混乱させ、正しい方向からそれさせる恐れがあるからである。それゆえ、道徳の個々の問題については、通常の人間悟性だけで十分だと考え、哲学をもち出すのはたかだか道徳の体系をいっそう完備したわかりやすい形で、かつ道徳の規則を実用のために〔さらに多く論議のために〕便利な形で、示すためだけに限り、実践的見地で通常の人間悟性をその幸福な素朴さから離れさせ哲学により探究と知識獲得との新たな道に向かわせようなどとすることはやめたほうがよいのではないかと思われる。

無垢の状態というものは立派なものである。しかし他方また大変残念なことに、それは保存されがたく誘惑されやすいのである。それゆえ知恵そのものも――これはふつう知識よりも実行に存するのであるが――やはり学問的知識を必要とする。ただしこれは、学問から何かを（新たに）学ぶためではなく、知恵がその規定を人々に理解されやすくし長く守られるようにするためである。人間は、極めて尊いものとして理性が提示する義務の諸命令に、対抗する強い力を、心の中に感じている。すなわちその力はさまざまな欲望や傾向から来るものであって、それらの十分な満足が、幸福という名で総称されているのである。さて理性が諸法則を命ずる場合、さまざまな傾向に対して何も約束せず、容赦せず、したがってかのやかましくかつもっともらしい要求〔これはいくら命令してもやめさせることはできない〕を、いわばおしのけ無視するのである。しかしこのことからひとつの自然な弁証論が生まれる。すなわち、かの厳格な義務の法則に反対する議論をかまえ、義務の法則の妥当性を、少なくともその純粋さと厳格さを、疑いのうちに引き入れ、できるなら法則をわれわれの希望と傾向とにもっとかなったものにつくり直そうとする態度が生まれる。もちろんこれは義務の規則を根底からだめにすることであり、その尊厳を全く失わせることであって、通常の実践的理性でさえ、結局は是認しえないことなのである。

それゆえ、通常の人間理性は、何か理論的思考の要求によってでなく〔こういう要求は通常の人間理性には、それが健全な理性であることに満足している限り、決して起こらない〕実践的理由そのものにより強いられて、みずからの領域を越えて実践哲学の領域に一歩を踏みこまざるをえなくなり、この領域の中で自然的理性は欲望や傾向にもとづく諸格率に対抗して、みずからの原理の源泉と原理の正しい規定とについて、知見と明確な方針とを得ようとすることになる。それは、自然的理性が、義務と欲望との両方の要求から生ずる困惑をきりぬけ、みずからのおちいりやすい曖昧な考えにより真の道徳的原則をすべて失ってしまうという危険を冒さないようにするためである。それゆえ通常の実践理性においても、それが開発を受けると、知らず知らずにひとつの弁証論が発生し、この弁証論のゆえに自然的理性は哲学に助けを求めざるをえなくなるのであって、このことは理性の理論的使用において起こるところと同じである。そこで自然的実践理性も、理論的理性と同様、われわれの理性の完全な批判においてしか安定した状態に至りえないであろう。

〔1〕格率（Maxime）とは、意志作用の主観的原理である。その客観的原理は実践的法則（Gesetz）である。〔ただし、この客観的原理（すなわち法則）は、あらゆる理性的存在者において、理性が欲求能力を完全に支配するという仮定のもとでは、そのまま主観的な実践的原理（すなわち格率）として働きうるであろう。〕

〔2〕私が、理性の概念によって問題にはっきりした解決を与えないで、尊敬という語を盾にとって不明瞭な感情のうちに逃げこもうとしているだけだ、と非難する人があるかも知れない。しかしながら、尊敬は、一つの感情ではあるにせよ、外からの影響によって受動的に受けとられた感情ではなく、理性概念によって自主的に生み出された感情であり、したがって結局傾向（好み）や恐れに帰するところの受動的感情のすべてとは、質的に異なるものである。直接に私に課せられた法則として或ることを私がみとめるとき、私はそれを尊敬をもってみとめるのである。そこで尊敬とはただ、私の意志が、私の感覚への外的影響を介することなしに、ひとつの法則に服従することとの意識、を意味する。法則による意志の直接な限定とこの限定の意識とが、尊敬といわれるのであり、したがって尊敬は、法則が主体に及ぼす結果であって法則の原因ではないとみとめられる。もともと尊敬は、私の自己愛を打ち破るところの価値の表示である。それゆえそこにあるのは傾向の対象とも恐れの対象とも見なされ

ず、しかし同時に両者に似た点をもつものなのである。ゆえに尊敬の対象は法則のみであり、それは、われわれがわれわれ自身に対して、しかもそれ自体において必然的なものとして、課するところの法則なのである。そこで第一に、法則としては、われわれは自己愛を無視してそれに服従する。しかし第二に、われわれ自身が自身に課したものとしては、それはわれわれの意志の一つの結果である。それは第一の点では恐れに似た点をもち、第二の点では傾向に似た点をもつ。ところで、人格に対する尊敬はすべて、もともとその人格が例示している法則〔たとえば誠実の法則など〕に対する尊敬である。さらに、われわれはわれわれの才能を伸ばすことをも義務と見なすから、才能に富んだ人格をもまた、いわば一つの法則〔「修練によってそういう人格に似たものに成れ」という法則〕の例とみとめる。そこで才能ある人に対する尊敬というものも生ずるのである。いわゆる関心も、それが道徳的なものである限りすべて、法則に対する尊敬のみにもとづくのである。

（1） この「第二の命題」に対する「第一の命題」は、おそらく、二四六ページ以下の、「義務に合致した行為」と「義務にもとづく行為」とを区別すべしという主張を指すのであろう。

第二章　通俗的道徳哲学から人倫の形而上学への移り行き

これまでわれわれは義務の概念を実践理性の通常の使用からとり出したのであったが、だからといって、われわれが義務の概念をひとつの経験概念として論じたのだと結論してはならない。むしろ、人間のふるまいについて、ひとびとの経験するところを顧みるとき、次のような、われわれにももっともと思われる苦情にしばしば出会うのである。すなわち、純粋に義務にもとづいて行為する心術の、確かな実例を示すことができないではないか、という苦情であり、また、義務の命ずるところにかなった行ないは少なからずあるにしても、それらが真に義務にもとづいて行なわれ、したがって道徳的価値をもつものであるかどうか、やはり疑わしい、という苦情である。それゆえ、そういう心術が、人間の行為において現実に見出されることは全くないと考え、すべてをさまざまな程度の洗練を加えた自己愛のせいに帰し、しかしそれだからといって道徳の概念の正しさを疑うことはなく、むしろ心から残念がりながら、人間本性の弱さと不純さとに言及した哲学者が、いつの時代にも存在したのである。彼らのいうところでは、人間本性は、そのようにけだかい理念をみずからののっとるべき規範と認めうるほどには高貴なのであるが、その規範を実行するにはあまりにも弱く、本来人間性に法則を与えるためにあるところの理性を、ただもろもろの傾向の好むところを——個々別々にか、あるいはせいぜい相互にもっともよく調和しうるように——配慮するのに用いるのみなのである。

実際、ともかくも義務にかなっているひとつの行為の格率が、全く道徳的根拠と義務の表象とにのみもとづいていた、という場合をただのひとつでも、経験によって完全に確実につきとめることは全く不可能なのである。というのは、われわれがどんなに厳格に自己吟味を行なっても、ある善い行為とそれに伴う大きな犠牲との動機となりえたほどに有力な根拠は、義務という道徳的根拠以外に全く見当たらない、というような場合がときどきはたしかにあるけれども、だからといって、自愛にもとづく隠れた衝動がかの（義務の）理念の単なる見せかけのもとに意志の本当の限定原因となることは実際なかったのだと、確実に結論するわけにはいかない。われわれはそういう自愛の衝動の代りに、もっと高尚な動機を自分のものであるかのようにいつわってみずから慰めたがるのであるが、実を言えばどんなに厳格な吟味によっても、隠れた動機の底まで見通すことは決してできないのである。なぜなら道徳的価値が問題である場合、目に見える行為が大切なのでなく、その行為の、目に見えない内的原理が大切なのだからである。

一切の道徳は人間の想像が自惚によって無理につくり出した妄想にすぎぬと嘲る人々に対し、義務の概念が〔ほかのすべての概念も同様だとわれわれは気楽に思いこみがちであるが〕全く経験からとり出されて来るよりほかなかったということを認容することによって、われわれは彼らに、全く彼らの望みどおりの加勢をしてやっているのである。というのはそうすることによって、彼らのために確かな勝利を用意しているのだからである。私は人類愛の心から、われわれのたいていの行為はやはり義務にかなっている、と認めたいと思う。しかしそれらの行為が躍起になって求めるところをよく見ると、どこでも行き当たるのはかわいい自己というものであり、これがいつも目立つものであって、行為の意図はこれにもとづいており、しばしば自己否定を必要とするところの、義務のきびしい命令にもとづいているのではない。そこで〔とりわけ年をとって、判断力が経験により賢くなり鋭い観察をするようになると〕いったいこの世に本当の徳などというものが見出されるのかとときどき疑うようになるには、わざわざ徳の敵視者になる必要はなく、ただ善に対する希望がいかに熱烈でもそれを直ちに現実の善とは思いこまない冷静な観察者でさえあれば十分なのである。そしてこの点において、義務についてのわれわれの理念の全面的崩壊を防ぎ、義務の法則に対する正当な尊敬を心の中にもち続けさせるものとしては、次の明確な信念しかないのである。すなわち、そういう純粋な源泉から生ずる行為が現実には一度も存在しなかったとしても、ここではあれこれのことが実際に行なわれるかどうかは全く問題ではないのであって、あらゆる現象から独立に理性みずからが何を行なうべきかを命令するのであり、したがって、この世でおそらくいままでまだ一度も実例が与えられなかった行為、すべてを経験にもとづける人々ならばそれの可能性をさえ大いに疑うであろうような行為が、それにもかかわらず理性によって容赦なく命令されているのだ、という信念であり、また、たとえば友人関係における純粋な誠実ということは、たとえいままで誠実な友人というものが一度も存在しなかったとしても、やはり少しの割引きもなしにすべての人に要求されうるのであって、そのわけは、この誠実の義務がおよそ義務として、ア・プリオリな根拠によって意志を限定する理性の理念のうちに、あらゆる経験に先んじて存するからだ、という信念である。

　さらにまた、われわれが道徳の概念に対して、真理性を、すなわち何らかの可能な対象への関係を、全く拒もうとするのでなければ、われわれは、道徳法則がきわめてひろい意味をもち、単に人間に妥当するのみでなく、あらゆる理性的存在者一般に対し、しかも単に偶然的条件のもとで例外をもゆるしてではなくて全く必然的に、妥当せねばならぬ、ということを拒むわけにはゆかないのである。そこでこのことを、上述の議論に加えて考えるならば、いかなる経験も、そのような必然的法則がおよそ可能だということだけでもわれわれに考えつかせるはずがないことは明らかである。なぜなら、おそらく人間性のもつ偶然的条件のもとにのみ妥当することがらを、あらゆる理性的存在者に対する一般的規範として無制限な尊敬の対象とすることが、いかなる権利をもってわれわれにできるのか。また、もしわれわれの意志を限定する法則が単に経験的なものであって、全くア・プリオリに純粋なかつ実践的な理性から生まれたものでないのならば、そういう法則を、理性的存在者一般の意志を限定する法則――そしてそういうものとしてのみわれわれ人間の法則でもあるもの――とみとめることが、どうしてゆるされるのか。

さらにまた、われわれが道徳をさまざまな実例からとり出して来ようとでもするなら、道徳に対して、この上なく不利な解釈を与えることになるであろう。というのは、道徳の実例として示される一々の実例自身が、原型となりうる実例すなわち模範であるにふさわしいものであるかどうかは、あらかじめ道徳の原理によって判定されねばならないのであって、実例がみずから独立に、道徳の概念を与えることなど決してできないのだからである。福音書の聖者（イエス）でさえ、われわれが彼を聖者とみとめる前に、まず、道徳的完全性についてのわれわれの理想と比較されねばならないのである。事実、彼は自分自身についてこういっている、「なぜ〔あなた方の見るところの〕わたしをよい者というのか。〔あなた方の見ない〕神ひとりのほかによい者〔善の原型〕はいない」[1]。それでは最高の善としての神の概念をわれわれはどこから得ているのか。道徳的完全性について理性がア・プリオリに構想し、自由意志の概念と不可分に結合するところの、理念のみからである。（何らかの実例の）模倣ということは道徳の領域では全くありえない。実例はただ励ましのために役立つだけである。いいかえれば実例は、法則の命ずるところが実行可能であることを、疑う余地なく明らかにし、実践的規則がより一般的な形でいあらわすところを直観的に示すけれども、理性の中に存する真の原型をなおざりにして実例のほうを範とすることを決して許さないのである。

かくて道徳の真実な最高原理は必ずあらゆる経験から独立にただ純粋理性にのみもとづかねばならないとするならば、通俗的認識とははっきり区別された哲学的認識を求める限り、これらの概念——これらの概念とそれに所属する諸原理とはア・プリオリに確立している——を一般的に〔抽象的に〕のべるべきか否かを、わざわざ問う必要もなく、当然そうすべきだと私は思う。けれどもわれわれのこの時代ではそう問うことが実際必要なのかも知れない。なぜなら、すべての経験的なものから分離された純粋な理性認識すなわち人倫の形而上学と、通俗的実践哲学との、いずれを好むかについて、投票を集めるとすれば、どちらが優位を得るかは直ちに推定できるであろうからである。

通俗概念へのこのような下降は、純粋理性の原理への上昇がまず行なわれて申し分なく達成された後であれば、実際きわめて讃むべきことである。いいかえれば、道徳論をまず形而上学によって基礎づけ、かくて道徳論を確立した上で、それに通俗性を与えて人々に近づきやすくすることは、結構なことなのである。しかし原則の正しさの一切がかかっている最初の研究においてすでに通俗性をすすんで心がけようとすることはきわめて不当である。ひとが根本的な知見をすべて断念するなら、誰にもわかるようにのべることは全く造作なくできるのだから、はじめから通俗性を心がけるやり方は、真の哲学的通俗性というきわめてまれな長所をみずからのものだと主張することは決してできない。のみならず、そういうやり方は、寄せ集めの観察となまはんかな議論の原理との、厭なごた混ぜを生み出すのであり、これは確かに日常のおしゃべりに大いに役立つものを含むから、浅い考えの人々には喜ばれるが、物のわかった人々はそれに困惑し、不満ながらどうしてよいかわからずにそれから目をそむけてしまうのである。これにひきかえ、まやかしを十分見ぬいている哲学者たちは、見せかけの通俗性をしばらく離れてまずはっきりした知見を得た後にはじめて正しい意味で通俗的であることができるのだ、と人々に呼びかけるのだが、これに耳をかす者はほとんどないのである。

そのような現代の好みに合った道徳論の書物に目をやると、すぐに目につくのは、あるいは人間本性の特殊規定であり〔時には理性的本性一般の理念もまた見出される〕、あるいは完全性、あるいは幸福であり、ここでは道徳感情、かしこでは神への恐れがあり、これを少々あれを少々というように奇妙な混合をなしている。しかしその際誰も思い及ばないことは、いったい人間本性についての知識〔これをわれわれはただ経験からのみ得ることができる〕の中に、道徳の原理を求めてよいのかどうか、と問うことであり、さらに、それがゆるされず、道徳の原理は全くア・プリオリに、一切の経験的なものからはなれてただ純粋理性概念の中にのみ見出さるべきであって、その他の場所にはそのほんのわずかな部分も見出されえないのであるならば、この道徳の原理の研究を、純粋実践哲学または〔いまきわめて評判の悪い名（すなわち形而上学）を当ててよいなら〕人倫の形而上学①として、むしろ全く他からきりはなし、これをそれだけで十分完備した形に仕上げようとめざすことであり、その際、通俗性を望む公衆をなだめてこの企ての完成する時まで待たせることである。

そういう全く孤立した「人倫の形而上学」——人間学や神学や自然学や超自然学と混ざることなく、まして「隠された性質」〔これは（「超自然的」の反対の）「自然より低い」hypophysisch という語でよぶことができよう〕とも混ざるところのない——は、義務についての理論的な確固たる認識のすべてに不可欠な基礎であるのみならず、義務の規則を実際に実現するためのきわめて重要な要求事項である。というのは、義務および一般に道徳法則についての純粋な、経験的刺戟の外からの付け加えを混じえない表象は、人々の心に対し、理性のみを通じて〔理性はこのときはじめて自分が自分だけで実践的でありうることに気付く〕、経験的領域からとり集めうるあらゆる他の動機②よりも、はるかにつよい影響力をもつので、理性はみずからの尊厳を意識して経験的動機を軽んじ、次第にそれを支配することができるようになるのである。これにひきかえ、感情や傾向から成る動機と理性概念とから合成されている、混合的な道徳論は、心をさまざまな動機——原理の下に立たず、全く時たまには善に導きうるがまたしばしば悪にも導きうるところの諸動機——の間に動揺させることにならざるを得ないのである。

上述から以下のことが明らかになる。すなわち、あらゆる道徳的概念は全くア・プリオリに理性の中にその在り場所と生まれた場所とをもっており、しかもこのことは、全く普通な人間理性においても、最高度に理論的な理性においても、同様であること。道徳的概念は経験的な、したがって偶然的な認識からは決してとり出され得ないこと。それら概念の生まれの純粋さの中に、それらがわれわれの最高の実践的原理となるという尊厳性が存すること。それらの概念に経験的なものを付け加えるたびに、それだけそれらの真実な力と、行為の無制限な価値とが、失われるということ。それら概念と法則とを純粋理性からとり出し、他のものを混じえずそれだけを述べ、さらにはこの実践的な純粋な理性認識全体の範囲を、いいかえれば純粋実践理性の全能力を、確定することは、単に理論的に考えることのみが問題である場合に、理論的見地においてこの上なく必要なことと認められねばならないのみならず、実践的にもまた最大の重要性をもっていること。しかし純粋実践理性の全能力を確定するに当たっては、諸原理を人間理性の特殊な本性に依存させるという、理論哲学では許され、時には必要でさえあるやり方をしてはならず、もともと道徳法則はあらゆる理性的存在者に妥当すべきであるがゆえに、法則を理性的存在者一般の普遍的概念からのみ導き出すべきであり、このようにして全道徳論——それを人間に適用するためには人間学を必要とする——をまず人間学から独立に、純粋哲学すなわち形而上学として、完備した形で論述すべきであること〔そのような完備した形での論述は、このような全く独立した認識については十分できることなのである〕。そしてその際、十分に心得ておるべきは、道徳の形而上学をもつことなしには、義務にかなっているすべてのことがらにおいて、義務のふくむ真に道徳的な要素を、理論的判定のために正確に定めようとしてもだめであることはいうまでもなく、単に通常の実践的使用においても、特に道徳的教育にとっても、道徳を真実な原理の上に確立し、それによって純粋な道徳的心情を生み出し最高善への志向を心に植えつけることが、不可能であるということ。

しかしこのような研究において、すでに第一章でなされたように通常の道徳的判断〔それはここでは大いに尊重すべきものなのである〕から哲学的判断へ進むばかりでなく、さらに、実例をたよりに手さぐりで達しうるところ以上には進めない通俗的哲学から、形而上学〔これはもはや経験的なものによって引きとめられることがなく、しかも道徳的理性認識の全体を吟味せねばならないゆえに結局は、もはや実例では示されえない理念にまで進む〕へと、自然な段階を経て進むためには、われわれは実践的理性能力を、それの一般的限定規則からはじめて、それが義務の概念を生み出すところまで追跡し、判明に記述せねばならない。

自然のすべての物は法則に従って働く。ただ理性的存在者のみが、法則の表象に従って、すなわち原理に従って、行為する能力をもつ。いいかえれば意志をもつ。ところで法則から行為を導き出すためには理性が要求されるゆえ、意志とは実践理性にほかならない。ところでもし理性が意志を必然的に限定するのならば、そういう存在者の行為は、客観的に必然的とみとめられるとともにまた主観的に必然的でもある。すなわち意志は、理性が傾向からは独立に、実践的に必然的とみとめるものすなわち善とみとめるものをのみ選ぶ能力である。しかしもし理性がそれだけでは意志を十分に限定せず、意志は理性以外になお主観的条件〔一定の動機〕にも従っており、かつこの主観的条件は必ずしも客観的条件と一致しないとすれば、すなわち一言でいって、意志はそれ自身では必ずしも全面的に理性に従わないとすれば〔人間ではまさにそうである〕、客観的に必然的とみとめられる行為が、主観的には偶然的であることになり、客観的法則に従ってそういう意志を限定することは強制である。すなわち必ずしも善いとはいえぬ意志に対して客観的法則がもつ関係は、或る理性的存在者の意志の限定が、理性の示すもろもろの根拠によってなされるが、しかしこの意志は本性上必ずしもそれらの根拠に従順でない、という場合に見られる。

或る客観的原理が意志を強制するものである限りにおいて、そういう原理の表象は、〔理性の〕命令（Gebot）と呼ばれ、命令の言語的形式は命法（Imperativ）と呼ばれる。

あらゆる命法は「べし」（当為、Sollen）という形でいいあらわされる。「べし」という表現は、理性の客観的法則によっては必ずしも限定されないような主観的性質をもつ意志に対して、理性の客観的法則の有する関係〔強制〕を示す。命法は、何かをなしまたはなさないことが善であると告げるが、しかしそれを告げる相手は、或ることをなすことが善であると示されても必ずしもそれをなさぬような意志なのである。ところで、実践的に善なるものとは、理性の表象を介し、したがって主観的原因からでなく客観的に、すなわち理性的存在者である限りの理性的存在者のすべてに妥当する根拠にもとづいて、意志を限定するもののことである。実践的に善なるものは快いものとは異なる。快いものとは、ただ感覚を介し、この人またはかの人の感覚能力に対して妥当するにすぎない主観的原因にもとづいてのみ、意志に影響を及ぼすものであって、すべての人に妥当する理性原理として意志に影響を及ぼすものではないのである。(3)

それゆえ、もし完全に善なる意志があるならば、それは、やはり客観的法則〔善の法則〕のもとに立つであろうが、合法則的な行為をするように法則によって強制されるとは考えられない。なぜなら完全に善なる意志はおのずからにその主観的性質に従って、ただ善の表象によってのみ限定されうるのであるから。したがって神的意志には、そして一般に聖なる意志には、命法というものは適用されない。当為(「……すべし」)はここでは場ちがいなのである。なぜなら意志作用(「……せんと欲する」)がすでにおのずからに法則に必然的に一致するのだからである。そこで命法とは、意志作用の客観的法則一般が、どれかの理性的存在者の意志たとえば人間の意志の、主観的不完全性に対してもつ関係、をいいあらわす言語形式なのである。

さてすべての命法は、仮言的に命令するか、定言的に命令するかである。仮言的命法は、ある可能な行為が、みずからの意志する〔あるいは意志する可能性のある〕何か他のものに到達するための手段としてもつところの実践的必然性、を提示する。そこで定言的命法のほうは、ひとつの行為を、他の目的への関係なしにそれだけで、客観的=必然的として提示する命法だということになるであろう。

すべての実践的法則は、ひとつの可能な行為を、善として、したがって理性により実践的に限定可能な主体にとって必然的なものとして、示すのであるから、あらゆる命法は、何らかの意味で善である意志がもつ原理に照らして必然的であるところの行為の限定をいいあらわす言語的形式なのである。ところでその行為が、単に何か他のもののために手段として善なのであるならば、その命法は仮言的である。その行為が、それ自身において善である、と考えられ、したがって、本性上理性に従うところの意志においてそういう意志の原理として必然的である、と考えられるならば、その命法は定言的である。

それゆえ命法は、私のなしうるどの行為が善であるかを告げるのであり、実践的規則を意志に対して提示するのであるが、その意志は、ひとつの行為が善であるからといって直ちにそれを実行するとは限らない意志である。そしてこれは、一つには主体がその行為の善であることを必ず知っているとはいえないゆえであり、また一つにはたとえ主体がそのことを知っていても、その主体の格率が実践理性の客観的原理に反したものでありうるゆえである。

それゆえ仮言的命法は、行為が、可能的または現実的な何らかの意図のために善であること、をのみ示すのである。そしてそれが可能的意図に関する第一の場合、命法は蓋然的な実践的原理であり、現実的意図に関する第二の場合、それは実然的な実践的原理である。しかし定言的命法は、行為を、何らかの意図へ関係させることなしに、すなわち何か他の目的がなくとも、それだけで客観的必然的である、と告げるものであって、必然的な実践的原理とみとめられる。

何ごとかが或る理性的存在者の力によって可能でありさえすれば、そのことはまた或る意志にとっての可能な目標でありうる、と考えてさしつかえない。したがって、実現すべき可能な目標に到るために必要であると考えられる限りでの行為については、その原理（目標への志向）は事実上無限に多くあることになる。すべての学問は何らかの実践的部門をもっていて、この部門は、第一には何らかの目的がわれわれにとって可能であることを示すところのもろもろの課題と、第二にはその目的がいかにして達せられるかを示すもろもろの命法とから成っている。このような命法は、それゆえ一般に熟練の命法と呼ぶことができる。目的が理性的で善であるかどうかは、ここでは全く問題にならず、目的を達するために何をなさねばならぬかということのみが問題なのである。医者が手をつくして相手を健康にするために要する処方と、毒殺者が相手を確実に殺すための処方とは、いずれも彼らの意図を完全に実現するに役立つという限りにおいては等しい価値をもつ。われわれが幼い時には、どういう目的が一生のうちにわれわれに生じて来るかをまだ知らないから、親たちは、子供にまことにさまざまなことを学ばせようと、ことさらに努め、あらゆる種類の任意な目的を達するための手段の使用に熟練するように配慮する。これら目的のどれについても、それが未来に実際子供の意図するところとなりうるのかどうか、親たちははっきり知ることはできないが、しかし子供が実際その目的をめざすということもやはり可能なのである。そして手段の使用に関する親たちのこのような心遣いはまことに大きいから、彼らはそのほうに気をとられて、子供が目的とするかも知れない事物の価値についての判断力を養ってやり、正しい方向に向けてやることを、怠ってしまうのが常である。

しかしながら、あらゆる理性的存在者〔ただし命法が適用される依存的な存在者〕において現実にありと前提しうるひとつの目的がある。したがって理性的存在者が単にもちうるのでなく、彼らは一人のこらず一種の自然必然性によって現にもっているときめてかかって間違いないひとつの意図がある。それは幸福を求める意図である。幸福を促進するための手段として或る行為が実践的に必然であることを示す仮言的命法は、実然的である。われわれはこのような命法を、或る不確かな、単に可能な意図に属するものというだけではなくて、人間の本質に属する意図であるがゆえにすべての人において見出されると確かにア・プリオリにきめてかかってよいところの意図に属するものといってよい。ところで自己の最大の幸福への手段の選択における熟練を、最もせまい意味で利口[4]と呼ぶことができる。そこで自己の幸福への手段の選択に関する命法すなわち利口の規則は、依然として仮言的である。行為は絶対的に命令されるのでなく、ほかの意図への手段として命ぜられるのだからである。

最後に、或る行動によって達せらるべき何かほかの意図を条件として前提することなしに、その行動を直接に命令するところの、命法が存在する。この命法は定言的である。それは行為の実質や行為がもたらす結果にはかかわりをもたず、行為の形式と行為そのものを生む原理とにかかわる。そしてその行為の本質的な善は、心術のうちにあり、結果がどうあろうとかまわない。この命法は道徳の命法と呼ばれてよいであろう。

この三つの原理に従っての意志作用は、それぞれにおける意志の強制の仕方のちがいによって、はっきり区別される。このちがいをさらに目立ったものにするためには、三つの原理を順々に次のように呼べば最も適切であろう。すなわちそれらは、熟練の規則(Regeln)あるいは利口の助言(Ratschläge)あるいは道徳の命令(Gebote)〔法則(Gesetze)〕である、と。というのは、まず法則のみが無条件的なしかも客観的な、したがって一般的に妥当する必然性の概念を、みずからに具えており、かつ命令とは服従されねばならぬ法則、すなわち傾向に反対してさえも従われねばならぬ法則なのである。次に助言は必然性をふくんではいるが、その必然性は、この人またはあの人がこのものまたはあのものをみずからの幸福に必要と考えるかどうかという、単に主観的偶然的な条件のもとで妥当しうるにすぎない。これに反し定言的命法はいかなる条件によっても制約されないものであって、実践的にではあるが絶対的に必然的なものとして、全く適切に「命令」と呼んでよいものなのである。ところでわれわれは第一の命法をまた技術的（technisch）〔技術（Kunst）に属する〕命法と呼び、第二の命法を実際的[5]（pragmatisch）〔福祉のための〕命法と呼び、第三の命法を道徳的（moralisch）〔自由な行動一般にすなわち人倫に属する〕命法と呼ぶことができるであろう。

そこで、これらすべての命法はいかにして可能であるか、という問いが生ずる。この問いは、命法が命ずるところの行為の実現がいかに考えられうるかを知ろうとするものではなく、課題の中で命法が表現している、意志の強制という点のみをとりあげ、この強制がいかに考えられうるかを知ろうとするのである。さて熟練の命法がいかにして可能であるかについては、特に立ち入って論ずる必要はない。目的を欲する者は、〔彼の行為に理性が決定的な影響力をもっている限り〕その目的にとって必要不可欠であってしかも彼の左右しうるところの、手段をもまた、欲する。この命題は、意志の働きに関する限り、分析的命題である。なぜなら、私のつくり出す結果としての或る目標を私が意志することの中には、能動的原因としての私がもつ原因性すなわち手段の使用ということがすでに考えられており、この命法は、「目的を意志すること」という概念の中から、この目的を実現するに必要な行為の概念をそっくりとり出して来るのだからである〔ひとつの目的をたててそれへの手段を定めるためには、たしかに綜合的命題[2]が必要であるが、この綜合的命題は、目標を実現するための根拠を示すものであって、意志の作用を実現するための根拠を示すものではない」。一つの線分を確実な原理に従って二等分するためには、線分の両端を中心として相交わる二つの円弧を描かねばならないことは、数学がもちろん綜合的命題によってのみ示すところである。しかしながら、そういう行為〔円弧を描くという行為〕によってのみ上述の結果が実現されうることを私が知っていると前提すれば、「その結果の全体を欲する私はそのために必要な行為をも欲する」という命題は、分析的命題である。なぜなら、或ることを私によって或る仕方で可能となる結果であると考えることは、私を、その仕方でその結果をめざして行為するものであると考えることと、全く同じだからである。

次に利口の命法はといえば、これは、幸福についてはっきりした概念を示すことができさえすれば、熟練の命法と全く一致し、全く同様に分析的であろう。なぜなら、熟練の命法についていわれたと全く同じくこの利口の命法についても、「目的を欲する者は、それへの唯一の手段であって自分の左右しうるものをもまた〔理性に従って必然的に〕欲する」といいうるであろうからである。しかしながら、不幸なことに、幸福の概念はきわめてはっきりしない概念であって、そのため、誰でも幸福を手に入れたいとは望むが、自分が本当に何を望み欲しているのかを、はっきりと首尾一貫した仕方でいうことは、いつまでたってもできないのである。このことの理由は、幸福の概念に属するすべての要素がどれも経験的なものすなわち経験から借りて来られねばならぬものであり、しかもそれにもかかわらず幸福の理念のためには、ひとつの絶対的全体、すなわち私の現在ならびに未来の各状態における快適の最大量、を考えることが必要である、というところにある。ところで、いかに洞察に富みまた同時に能力に富んでいても畢竟は有限な存在者である人間にとって、自分がこの点について本当に何を欲するかについて、はっきりした概念をみずから作りあげることは不可能である。彼が富を欲するとせよ。するとそのためにどれほど多くの心労と嫉視と迫害とをわが身に蒙らないであろうか。彼が多くの認識と知見とを欲するとせよ。するとおそらく彼はそれだけ鋭い眼をもつことになり、現在は彼の眼から隠されていてしかもとても避けられないような悪を、それだけ恐るべきものと見ることになり、またいまでもすでに相当手を焼かせる種々な欲望の上にさらに多くの欲望を上積みすることになるであろう。彼が長生きを欲するとせよ。その長い生が長い不幸とならないことを誰が保証するか。彼がせめて健康を欲するとせよ。無制限な健康が彼を陥らせたであろう放蕩を、身体の不快がいかにしばしば防いだことであろう。その他同様なことは多い。つまり、彼はみずからを真に幸福にするものが何であるかを、何らかの原則に従って十分確実につきとめることができない。そうするためには全知が必要であろうから。それゆえわれわれは、幸福になるために、はっきりした原理に従って行為するということはできず、経験的な助言たとえば食養生や節約や礼儀や控え目などについての助言に従って行為することができる。経験の教えるところでは、これらのことがらが、快適な状態の平均値を最もよく増加させるからである。このことの帰結として、利口の命法は、正確にいえば、命令することができない、いいかえれば行為を実践的に必然的なものとして客観的に示すことができない、ということになる。利口の命法は、理性の命令〔praecepta〕であるよりもむしろ理性の勧告〔consilia〕であると考うべきであることになる。さらに、いかなる行為が理性的存在者の幸福を促進するであろうかを、確実に一般的に定めよ、という課題は、全く解決不可能であり、したがってこの課題に対応する命法、すなわちわれわれを幸福にするところのことを厳格な意味で命令するところの命法は、不可能であることになる。なぜなら幸福とは理性の理想でなくて想像力の理想であって、さまざまな経験的根拠にもとづくにすぎぬものであり、こういう経験的根拠によって、多くの結果の事実上無限な系列の全体（幸福）を達成するであろうようなひとつの行為が、決定されるなどということは、期待しても無駄なのである。しかしながら、この利口の命法は、幸福への手段が確実に提示されうると仮定するならば、分析的=実践的な命題となるであろう。というのは、利口の命法と熟練の命法とのちがいは、後者においては目的が単に可能的であるに対し、前者においては目的が（幸福として）現に与えられている、ということにすぎないのであり、かつ両者とも、われわれがすでに目的として意志していると前提することがらへの手段のみを命令するのであるから、このように目的を意志する者に対して手段を意志することを命ずるところの命法は、いずれの場合においても、分析的である。したがってこのような命法（利口の命法）の可能性に関しても問題はないのである。

これに反して、道徳の命法がいかにして可能であるかは、明らかに、解決を要する唯一の問題である。なぜなら、道徳の命法は決して仮言的ではなく、それが客観的に提示する必然性は、仮言的命法の場合のように、何らかの前提に支えられるわけにはゆかないからである。しかしこの場合常に忘れてならないことは、いったいそのような命法が存在するのかどうかと、何らかの実例によって、したがって経験的に、決定しようとすべきではなく、むしろ、定言的命法のように見えるすべての実例が、実は隠れた仮言的命法ではないかと用心すべきだ、ということである。たとえば、「いつわりの約束をしてはならぬ」といわれ、しかもそういう約束をせぬことの必然性は、何か他の害悪を避けるための単なる助言——約束のいつわりであることが暴露して、信用を失うことになるといけないから、君はいつわりの約束をすべきでない、というようなもの——ではなく、いつわりの約束をするようなことはそれ自身において悪なるものと見られねばならず、したがってこの禁止の命法は定言的である、とみとめられているとしよう。われわれはしかし、この場合いかなる実例についても、意志が他の動機なしに法則によってのみ限定せられていることを、たとえそう見えはしても、確実に示すことはできないのである。なぜなら恥辱に対する恐れとか、またおそらくはほかの危険に対する懸念とかが、暗々裡に意志に影響していることが、やはりありうるからである。経験の教えるところはわれわれがひとつの原因をただ知覚しないということだけである場合に、そういう経験をもとにしてその原因の非存在を証明することなど誰にできようか。こういう場合にはいわゆる道徳的命法は、たとえ定言的かつ無条件なものに見えはしても、実は、われわれの注意をわれわれ自身の利益に向けさせ、自身の利益を大切にせよと教えるところの、実際的指図にすぎないであろう。

それゆえ定言的命法の可能性の探究は、全くア・プリオリになされねばならない。それの現実性が経験において与えられ、したがってそれの確立の可能性はもはや問題でなくてただそれの説明の可能性のみが問題である、というような都合のよい事情は、ここでは与えられていないからである。しかしながら次のことだけははじめから明らかである、すなわち、定言的命法のみが実践的法則と呼ばれるのであり、他の命法はすべて意志の原理とは呼ばれても法則とは呼ばれえない、ということである。なぜなら、ただ何らかの意図の達成のためにのみ必然的になさねばならぬことは、（そういう意図とは独立に）それ自体としては偶然的と見られることができ、したがってわれわれがその意図を放棄すればいつでもその指図（命法）から自由になりうるが、これに反して、無条件な命法は、意志が勝手に反対のことをする自由を全くゆるさないのであって、したがってこの命法のみが、法則というものに当然要求される必然性を具えているのだからである。

第二にこの定言的命法すなわち道徳の法則については、〔それの可能性を明らかにすることの〕[6]困難にもやはり大きな理由がある。定言的命法はア・プリオリな綜合的=実践的命題であり、この種の命題の可能性を明らかにすることは理論的認識において多くの困難を示したのだから、実践的認識においてもそれに劣らず困難を示すであろうことは、たやすく見てとれるのである。

この課題においてわれわれはまず、定言的命法の単なる概念が、それの公式――それは定言的命法でありうる唯一の命題を含む――をもまたわれわれに与えることにならないかどうか、試してみることにする。そのような絶対的命令がいかにして可能であるかという問題のほうは、まずその命令がいかなる命題としていいあらわされるかを知った上でも、なお特別なむずかしい研究を必要とするであろう。われわれはそういう研究を最後の章（次の第三章）まで延期することにする。

仮言的命法一般のことを私が考えるとき、私はそれが何を内容としてもつであろうかを、それの条件が与えられないうちに、あらかじめ知ることはない。しかし私が定言的命法のことを考えるときには、それが何を内容として含むかを直ちに知るのである。なぜなら、定言的命法は、その内容として、法則のほかには、格率[7]がこの法則に合致せねばならぬという必然性をのみ含むのであり、かつ法則は何らかの条件に限られるものではなく、したがって法則はそういう条件を内容として含むことはないから、行為の格率が合致せねばならぬものとしては、法則一般のもつ普遍性しかなく、もともと定言的命法は、そういう普遍性との合致のみを、必然的なものとして示すのである。

それゆえ定言的命法はただひとつしかなく、それは次のごとくである。「汝の格率が普遍的法則となることを汝が同時にその格率によって意志しうる場合にのみ、その格率に従って行為せよ」。

さてこの唯一の命法を原理としてそこから、義務の命法のすべてが導き出されうるのであるならば、一般に義務と呼ばれるものが空虚な概念ではないかどうかをまだ未決定のままにしてあるにもせよ、少なくとも、義務という概念によってわれわれは何を考えるかおよび義務の概念は何を意味するかを示すことはできるであろう。

さまざまな結果の生起を統《す》べている法則の普遍性は、最も一般的な意味で〔形式上〕自然と呼ばれるもの——すなわち普遍的法則によって限定される限りでの物の現存——を形づくるものであるゆえ、義務の普遍的命法は次のようにものべられうるであろう。「汝の行為の格率を汝の意志によって普遍的自然法則とならしめようとするかのように行為せよ」。

さてここでいくつかの義務を、その通常の分類——それは自己に対する義務と他人に対する義務とに、また完全義務と不完全義務に分かたれる——に従って列挙しようと思う。(8)

㈠ 次々に重なる災厄をうけて希望を失わせられ、生きることがいやになった人がなお、みずから命を絶つことは、自己に対する義務にあるいは背くのではないか、と自問するだけの理性をもっているとしよう。そこで彼は、彼の行為の格率がいったい普遍的自然法則となりうるかどうかためしてみる。彼の格率とは、「長く生きれば人生は楽しみを約束するよりむしろ災厄を与えそうだと思われる場合、自分で人生を短くすることを、私は自愛にもとづいてみずからの原理とする」ということである。そこでさらに問うべきは、この自愛の原理が普遍的自然法則となりうるかどうかである。するとただちにみとめられることは、生命の促進へと人を向かわせる任務をもつ感覚自身により、かえって生命そのものを破壊する、ということを、みずからの法則とするような自然は、自己自身に矛盾し、それゆえ自然として存続しないであろう、ということであり、したがって上の格率は普遍的自然法則としては成立しえず、したがってすべての義務の最高の原理に全く違反している、ということである。

㈡ また或る人は困窮して、金を借りずにおれなくなっている。彼は返すことができないであろうことを知っているが、しかし一定の期限に返すと確かに約束しなければ金を貸してもらえないであろうことにも気付いている。彼はそう約束したいのである。しかし彼はなお、そういうやり方で困窮をきりぬけることが、許されないこと、義務に反すること、ではないか、と自問するだけの良心をもっている。それでも彼は結局そうしようと決心したとせよ。彼の行為の格率は、「私が金に困っていると思うときには、金を借り、とても返せないことを知っていても返すと約束しよう」ということである。ところでこの自愛の原理いいかえれば自利の原理は、私の未来の幸福の全体とあるいは一致するかも知れないが、しかしいま問われているのは、それは正しいか、ということである。そこで私は自愛の要求を普遍的法則に変え、次のように問い直す、「私の格率が普遍的法則となるならどういうことになるか」。私はいまや直ちにみとめる、私の格率は普遍的自然法則として用いられて自己との一致を保つことはできず、自己自身に矛盾せざるをえないということを。なぜなら、誰でも、いったん自分が困っていると考えた上は、守るつもりなしに思うままの約束をすることができる、という法則の普遍性は、約束と約束によって達しようとする目的とをそれ自身不可能にしてしまうであろう、すなわち、そういうふうでは誰も何かの約束をされたとは思わず、そういう言葉を空しい口実として嘲けるであろうから。

㈢　また或る人は、みずからの中に或る才能があり、自分がこの才能を何ほどか鍛練すれば、いろいろな方面で有用な人間となりうることをみとめたとする。しかし彼は気楽な境遇にあり、自分のめぐまれた素質の拡大と改善とのために努力するよりは、楽しみにふけるほうがよいと思う。しかしなお彼は問う、生まれつきの才能をほうっておくという彼の格率は、彼の娯楽への執心と一致しているほかに、いわゆる義務とも一致しているか、と。そこで彼は気付く、人間が〔南海の住民のように〕自分の才能を錆びるにまかせ、自分の生活を単に怠惰と娯楽と生殖とに、つまり享楽に、費やすことのみを心にかけているとしても、そのような普遍的法則に従う自然は、やはり確かに存続しうるであろうが、しかしながら、それが普遍的自然法則となることを、すなわちそれがわれわれの中に本能として与えられることを、彼は決して意志することはできない、と。なぜなら彼のあらゆる能力はいろいろな目的に役立ちかつそのために与えられているのであるゆえ、それらの能力が自分の中で開発されることを、彼は理性的存在者として意志せざるをえないからである。

㈣ また或る人は、みずから安楽に生きつつ、他人が大きな辛苦と戦わねばならないのを見ている〔そして彼はそういう人を助けようとすれば助けうる〕が、次のように考える。「他人のことは私に何の関わりがあろう。すべての人が、神の意志でまた自分の努力で、どれほど幸福になろうとも、私は彼らから何ものも取ろうと思わず、彼らをうらやむこともしないであろう。ただ彼らの安楽のため、あるいは彼らの困窮を助けるために私が何かを提供する気はない」と。ところでこういう心がまえが普遍的自然法則となっても、人類は十分よく存続しうるであろう。いな次の場合よりもいっそうよく存続しうるであろう。すなわち誰も彼も同情と好意とについておしゃべりをし、それらを時には実行しようと躍起になるが、しかしまた機会があれば人を欺き人間の権利を売ったりまたほかの仕方で侵害したりする場合よりも。しかし、たとえ上の格率に従っても普遍的自然法則は十分成り立ちうるにしても、そういう原理が自然法則としてあらゆる場合に妥当することを意志することは、やはり不可能である。なぜなら、意志がかりにそういう決心をするとすれば、意志は自己自身に反対することになる。すなわち彼が他人の愛と同情とを必要とする場合がいくらも現われうるであろうが、そういう場合彼は、彼の意志によって生じた上のような自然法則によって、自分の望む援助のあらゆる希望を自分から奪うということになるであろうから。

これらは、上述の唯一の原理から誰の眼にも明らかな仕方で導き出しうる多くの義務――真実な義務あるいは少なくともわれわれがそう認めている義務――のいくつかの例である。われわれの行為の格率が普遍的自然法則となることを意志することができるのでなければならぬ、ということが、行為の道徳的判定一般の規準である。若干の行為は、その格率が自然法則として矛盾なしに考えられることすらできない。いわんや、格率がそういう自然法則となるべきことを意志することができるなどということはない。ほかの若干の行為にあっては、そのような内的不可能性は認められないが、やはり、それら行為の格率が、自然法則の普遍性に高められることを意志することは不可能である。なぜならそういう意志は自己自身に矛盾するであろうから。そこでたやすくわかることだが、前にあげたほうの行為は厳格な狭義の〔ゆるめる余地のない〕義務に反しており、後のほうの行為は、単に広義の〔功績的な（その実行が功績となるところの）〕義務に反しているだけであり、かくしてあらゆる義務は、〔その命ずる行為の目的に関してではなく〕、ただその義務づけ（内的強制）の仕方に関して、上の唯一の原理に依存するということが、これらの実例によって、洩れなく明示されているのである。

われわれがみずから義務に違反する行為をするたびに自己自身に注意すれば次のことがみとめ

られる、すなわちわれわれはみずからの格率が普遍的自然法則となることを実際に意志しているのでなく――そういうことは不可能だから――、むしろみずからの格率の反対が普遍的法則であるとみとめているのであるが、ただわれわれはみずからの傾向に従って、自分にだけは〔あるいはこんどだけは〕例外を認めるという、勝手なことを考えているのである。したがってこの場合すべてを同一の見地すなわち理性の見地から考慮するならば、われわれはわれわれ自身の意志の中に矛盾を見出すことになるであろう、すなわち、ある原理が客観的には普遍的法則として必然的であって、しかも主観的には普遍的に妥当せず、例外をゆるすべきである、という矛盾である。しかしここではわれわれはわれわれの行為を、一方では理性に完全に従っている意志の見地から見、他方同じ行為を傾向の影響下にある意志の見地から見ているのであるから、ここには事実上矛盾はなくて、理性の指図に対する傾向の反抗〔antagonismus 反対対立〕があるのであり、この反対対立によって、原理の普遍性〔universalitas〕は単なる一般的妥当性〔generalitas〕に変ぜられ、実践的理性原理と格率との中途半端な一致が計られている。こういうことは、われわれ自身が判断しても、公平に判断しようとしさえすれば、正しいとはとても認められないが、しかしそれは、われわれが定言的命法の妥当性を事実上認めていて〔それに尊敬を捧げながらも〕、しかも自分の眼には些細なやむを得ないものと映る例外を、みずからにゆるしているだけなのだ、ということを示しているのである。

かくてわれわれは少なくとも次のことだけはすでに明らかにした、すなわちもし義務の概念が意義をもち、われわれの行為に現実に法則を与える概念であるとするなら、義務はただ定言的命法においてのみ表現され、決して仮言的命法において表現されえないということである。同様にしてわれわれは、すべての義務〔義務なるものがともかくも存在するとして〕の原理をふくむべき定言的命法の内容を、はっきりとかつ個々の場合に使用できるような形で示すことができたが、これだけでもすでに大したことなのである。しかしながらわれわれはまだ、そのような命法が現実に行なわれていること、絶対的にかつあらゆる動機なしに自分だけで命令する実践的法則なるものが存在すること、この法則を守ることが義務であること、これらのことをア・プリオリに証明するには至っていないのである。

そこにまで至ろうとめざす場合、この原理の実在性を人間本性の特殊な属性から導き出そうなどと思ってはならない、とみずからいましめることが極めて大切である。なぜなら義務はもともと行為の実践的=無条件的な必然性であるはずであり、したがってあらゆる理性的存在者〔一般に命法は理性的存在者に対してのみ意味をもちうる〕に対して必然的に妥当し、このゆえにのみあらゆる人間意志に対してもまた法則となるのである。これに反し人間性の特殊な生得の素質から、また或る種の感情や性癖から、さらにまた人間の理性に固有であって必ずしもあらゆる理性的存在者の意志に対して妥当するとはいえない特殊な志向――そういうものがありうるとして

──から、導き出されるものは、われわれに格率を与えることはできても法則を与えることはできない。すなわち、われわれが行為に当たって則ることをゆるされたいと思う性癖や傾向をもつところの主観的な原理であっても、客観的な原理ではない。客観的原理は、われわれの性癖や傾向や生得の素質がすべて反対してもやはりわれわれがそれに則って行為するように指図されるところのものであり、それどころか義務のふくむ命令は、主観的原因がそれに従うこと少なくそれに反することが多ければ多いだけ、ますます崇高性と内的尊厳性とを示すのであり、主観的原因からの反対は、法則による内的強制を少しでも弱めたり法則の妥当性を少しでも減じたりすることはないのである。

　さてこの点においてわれわれは哲学が困難な立場に立たされていることを認める。その立場は当然不動の立場であることが要求されるにもかかわらず、天にも地にもその立場を懸けるものや支えるものは存しないのである。この点において哲学は、生得の感覚とか保護者的な自然とかから暗示される法則を伝える伝令者としてではなく、自己自身の法則をみずから守る者として、みずからの純粋性を示さねばならない。生得の感覚などの暗示する法則は、たとえ無きには優るとしても決して原則を与えることはできない。原則は理性の命ずるものであり、その源泉と、同時にその命令としての権威とを、全くア・プリオリにもたねばならない。その権威は、人間の傾向からは何も受け取らず、すべてを法則の主権と法則に対して当然捧ぐべき尊敬とから得よと命じ、もしそうしない場合は人間を自嘲と自己嫌悪とに陥らせるのである。

それゆえすべて経験的なものは、道徳の原理の付加物であって、全く原理としての用をなさぬばかりでなく、道徳の純粋性そのものにとってきわめて有害である。道徳において、無条件的に善なる意志のもつ、本来のかつあらゆる価格をこえた価値は、行為の原理が偶然的な諸理由——これらのみを経験は与えうる——のすべての影響からはなれているという、まさにこの点にある。原理を経験的な動因や法則の中に求めるという怠慢あるいは卑しい性格ともいうべきものに反対してどれほどつよくかつしばしば警告を発しても過ぎるということはない。実際人間理性は疲れると経験という褥の上に好んで休息し、夢に甘い幻想を描きつつ〔そういう幻想はしかし理性をして女神ユノーの代りに雲を抱かせるが〕、道徳の代りに全くちがった素姓の肢体から合成された私生児をおくのであり、これは、似ていると見ようとすれば何にでも似て見えるが、しかし一度徳の真の姿を見た人にとって、徳にだけは似ていないのである。[9]

それゆえ問題は次のものである。すなわち、理性的存在者がみずからの行為を判定するための格率は常に、その格率が普遍的法則として役立ちうることを彼らみずからが意志しうるようなものであるべしという、あらゆる理性的存在者に対する必然的法則は存在するか。もしそういう法則が存在するとするなら、その法則は理性的存在者の意志一般の概念と〔全くア・プリオリに〕すでに結合しているのでなければならない。しかしこの結合をはっきりさせるためには、どんなにいやでも一歩をふみ出し、形而上学へ進まねばならない。ただしそれは形而上学に属ししかも理論哲学とは分かたれた一領域、すなわち人倫の形而上学である。それは、現に起こっていることがらの理由を考えるのでなく、たとえ決して起こらなくとも起こるべきであるところのことがらの法則、すなわち客観的=実践的法則を考えることを任とする実践哲学であるが、ここでは、或るものがわれわれの気に入ったり気に入らなかったりするのはなぜかとか、単なる感覚の快は趣味とどうちがうかとか、趣味は理性の普遍的な満足とちがうか否かとか、何にもとづいて快と不快との感情が生じ、いかにしてそれらから欲望や傾向が生じ、これらからさらに、理性の協力により格率が生ずるかというようなことは、探究する必要がない。これらすべては経験的心理学に属し、経験的心理学は、自然学の第二部をなすであろうから。ただしこの場合自然学とは、経験的法則にもとづく限りでの自然の哲学の意味である。実践哲学では、客観的=実践的な法則が問題であり、意志がただ理性のみによって自己を限定する限りにおいて、意志の意志自身に対する関係が問題なのである。この場合経験的なものに関係をもつすべては、おのずから脱落する。なぜなら、理性が自分だけで行為を決定する〔このことの可能性をわれわれはいま尋ねようとしている〕とすれば、理性はそのことを必然的にア・プリオリになさねばならないからである。

意志は或る法則の表象に従って自己を行為へ決定する能力と考えられる。そしてこのような能力はただ理性的存在者にのみ見出されうるのである。ところで意志の自己決定の客観的根拠となっているものは目的であり、目的は単なる理性によって与えられるとき当然あらゆる理性的存在者に対してひとしく目的として妥当する。これとは反対に、目的をみずからの結果とするところの行為の可能性の根拠のみをふくむものが、手段と呼ばれるのである。欲求の主観的根拠は動機であり、意志作用の客観的根拠は動因である。そこで、動機にもとづく主観的目的と、すべての理性的存在者に妥当する動因にもとづくところの客観的目的との区別が生ずる。実践的原理は、あらゆる主観的目的から離れているとき形式的である。反対に、実践的原理が主観的目的に、したがって或る動機に、もとづいているとき、実質的である。理性的存在者が彼の行為の結果として思いのままに立てる目的〔すなわち実質的目的〕は、すべて単に相対的である。というのは、それぞれの主体において特殊な性質を具えている欲求能力に対してそれらの目的がもつ関係のみが、それらの目的に価値を与えるのだからである。そしてこういう価値は、あらゆる理性的存在者とあらゆる意志作用とに対して普遍的に妥当する必然的な原理を、すなわち実践的法則を、提供することはできない。それゆえそれらすべての相対的な目的は、仮言的命法の根拠であるにすぎない。

しかしながら、それの存在自体が絶対的価値をもち、目的それ自体として一定の法則の根拠となりうるような、何ものかが存在する、と仮定するならば、そのものの中に、しかもそのものの中にのみ、定言的命法すなわち実践的法則というものの根拠が見出されるであろう。

さて私は主張する、人間および一般にすべての理性的存在者は、目的自体として存在し、誰かの意志の任意な使用のための手段としてのみ存在するのでなく、自己自身に対する行為においても、また他のすべての理性的存在者に対する行為においても、常に同時に目的として見られねばならない、と。傾向のすべての対象は、ただ条件つきの価値をもつのみである。というのは、もし傾向とこれにもとづく欲望とが存在しないならば、それら対象となるものは価値をもたないであろうから。そして欲望の源である傾向そのものも、それ自身のゆえに望まれるという、絶対的な価値を、決してもたず、むしろそういう傾向を一切もたないことのほうが、理性的存在者のすべてに通ずる望みであるに相違ない。それゆえわれわれの行為によって獲得さるべきあらゆる対象の価値は、常に条件づけられたものである。またそのほかわれわれの意志とは独立に自然によって存在するものも、もしそれらが理性をもたぬ存在者であるならば、手段としてただ相対的な価値をもつのみであり、それゆえに物件と呼ばれる。これに反し理性的存在者は人格と呼ばれる。なぜなら、それらは、それらの本性そのものによって、目的自体であること、すなわち単に手段としてのみ用いることをゆるさぬものであることを、明示しており、したがってその限りすべての選択意志に制限を課する「したがって尊敬の対象である」からである。それゆえ人格は単に主観的な目的ではない。すなわち、われわれの行為の結果として存在することによってわれわれに対して価値をもつようなものではない。人格は客観的目的である。すなわち、それの存在がそれ自体において目的であるようなものであり、しかもこの目的の代りに、それらのものを単なる手段として用いるような他の目的をおくことはできないのである。なぜなら、もしそうでないなら（人格が他の目的の単なる手段となり、したがって、相対的価値しかもたぬなら）、絶対的価値をもつものはどこにも見出されなくなるであろうから。そしてすべての価値が条件つきのもので、したがって偶然的なものであるならば、理性にとって最高の実践的原理はどこにも見出されえないであろう。

それゆえ、最高の実践的原理が存在し、したがって人間の意志に対しては定言的命法が存在すべきであるならば、その原理は、目的自体たるゆえに必然的に万人にとっての目的であるところのものの表象を、意志の客観的原理たらしめるものであり、したがって普遍的実践法則として役立ちうるものでなくてはならない。こういう原理の根拠は、理性的存在者が目的自体として現存するということである。人間は自身の存在をまさにそのように表象せざるをえず、その限り上の原理は人間の行為の主観的原理である。しかし他のすべての理性的存在者もまた、その存在を、私にも妥当するところの同一の理性根拠によって、まさにそのように表象する。[10] ゆえに上の原理は同時に客観的原理でもある。そしてこれを最高の実践的根拠として、そこから当然意志のすべての法則が導き出されうるはずである。そこで実践的命法は次のようになるであろう、「汝の人格の中にも他のすべての人の人格の中にもある人間性を、汝がいつも同時に目的として用い、決して単に手段としてのみ用いない、というようなふうに行為せよ」。これがはたしてこの通りでよいか調べてみよう。

以前の例をやはりここでも用いることにすると、第一に、自殺のことを考えている者は、自己自身に対する必然的義務の概念に従って、次のように問うであろう。「私の行為は、目的自体としての人間性の理念と両立しうるか」と。彼が厄介な状態をのがれるために、自己自身を破壊するならば、それは、一生涯にわたってがまんできる状態をもちつづけるための単なる手段として、ひとつの人格を用いているのである。しかし人間は物件ではなく、したがって単に手段としてのみ用いられるものではなく、あらゆる行為において常に目的自体として見られねばならない。ゆえに私は、私という人間を勝手に扱って不具にしたり病気にしたり殺したりすることはできないのである。〔すべての誤解を避けるためにこの原則をさらに詳しく規定すること、たとえば自己保存のために手足を切断することや、みずからの生命を保つためにそれを危険にさらすことなど、を詳しく規定することは、ここでは割愛せねばならない。それは本来の道徳論に属することである。〕

第二に、他人に対する必然的な、当然果たすべき義務についていえば、他人に対していつわりの約束をしようとする者は、自分が他人を単に手段として使おうとしており、その際その人みずからが自分と同じ目的をもってはいない、ということに直ちに気付くであろう。というのは、私がそういう約束により私の意図のために用いようとしている人は、私の彼に対する扱い方に同意するなどということはありえないし、したがって彼自身が私の行為の目的をみずから目的とすることもありえないからである。他人の原理とのこのような衝突は、他人の自由と財産との侵害という例をもち出せば、いっそうはっきりみとめられる。なぜならこの場合、人間の権利の侵害者が他人の人格を単に手段として用いようと考えており、その際、理性的存在者としての人格が常に同時に目的として、すなわち同じ行為の目的を当然みずからも抱きうるような存在者として、その価値をみとめられねばならないのに、そのことを考慮していないことは、全く明白だからである。[11]

第三に、自己自身に対する偶然的な〔功績的な〕義務に関しては、行為が、目的自体としてのわれわれの人格における人間性に反しないというだけでは十分でなく、行為は人間性に合致しなければならない。ところで人間性の中には、いっそう大なる完全性への素質が存し、これはわれわれのうちなる人間性に関する自然目的に属する。この素質を開発せずにすてておくことは、目的自体としての人間性の保存とはともかくも両立しうるであろうが、この目的の促進とは両立しえないであろう。

第四に、他人に対する功績的な義務に関していえば、あらゆる人間のもつ自然目的は、彼ら自身の幸福である。ところで、誰も他人の幸福に何ものをも寄与せず、しかしまた他人の幸福から何ものをも故意に奪うことがないならば、人間性はたしかに存続しうるであろう。しかし、これは、目的自体としての人間性への、単に消極的な一致であって、積極的な一致であるためには、各人が他人の目的をも、できる限り、促進しようと努めなければならない。なぜなら、目的自体であるところの主体が抱く目的は、(人間は目的自体だという)上の考えが私において十分な効果を発揮すべきであるなら、できる限り私の目的ともならねばならないのだから。

人間および一般にすべての理性的存在者が目的自体であるという、この原理は、〔すべての人間の行為の自由を制限する最高の条件であるが、〕経験から借りて来られたものではない。第一にこの原理は、すべての理性的存在者一般に適用されるという普遍性をもつが、すべての理性的存在者について何ごとかを規定するにはいかなる経験も十分ではないからである。第二に、この原理において人間性は、人間の抱く目的〔主観的目的〕として、すなわちひとが実際にみずから目的とする対象として示されるのではなく、客観的目的として示される――すなわちわれわれがどういう目的を立てるかにはかかわりなく、法則として、あらゆる主観的目的に対する最高の制限的条件をなすものとして、示されるのであり、したがってこの原理は純粋理性から発現するほかないからである。さて以上のことをいいかえれば、あらゆる実践的立法の根拠は、客観的には、規則と、〔第一の原理に従って〕規則に法則〔結局は自然法則〕たる資格を与えるところの普遍性の形式とにあるが、主観的には、目的にあり、しかも〔第二の原理に従って〕あらゆる目的の主体は、目的自体としてのおのおのの理性的存在者なのである。さてこのことから帰結する、意志の第三の実践原理、すなわち普遍的実践理性と意志との合致の最高条件は、おのおのの理性的存在者の意志を普遍的立法意志として示すところの理念である。

意志みずからの普遍的立法と両立しえないあらゆる格率は、この原理によって斥けられる。それゆえ意志は、ただ法則に服従するだけでなく、服従するとともにまたみずから法則を与えると認められ、しかもみずから法則を与えるからこそはじめて法則〔意志は自己をこの法則の制定者と見なしうる〕に服従するのだ、と認められねばならない。

前に示した二つの命法、すなわち行為が自然秩序に似た普遍的法則に合致すべきことを命ずる命法と、理性的存在者が目的自体として他のすべての目的に優越することを認めよと命ずる命法とは、まさにそれが定言的なものとして提示されたことにより、その命令者としての権威の中へ何らかの関心が動機として混入することをたしかに排除した。しかし、これら二つの命法は定言的なものとただ想定されただけであった。義務の概念を明らかにしようとするとそういうもの〔定言的命法〕を想定せねばならなかったからである。しかし、定言的に命令する実践的命題が現実に存在するということは、独立に証明されることはできなかったのであり、現にそういう証明はこの章においていまだなされえないのである。しかしながら、ただひとつのことだけはもうなされえたといえる。すなわち、義務にもとづく意志作用があらゆる関心から絶縁するということは、定言的命法を仮言的命法から質的に区別する特徴であるが、この特徴を命法そのものの中で、命法の含む何らかの規定によって示す、ということである。実際このことは、いまわれわれの論じている、原理の第三の公式の中に、すなわちあらゆる理性的存在者の意志を普遍的に立法する意志として示す理念の中に、実行されているのである。

なぜならば、われわれがそういう意志を考えるとき、法則のもとに立つ意志ならばまだ何らかの関心を通じて法則に結ばれているということがありうるけれども、それ自身最上位にあって法則を与えるところの意志は、そういうものである限りもはや何らかの関心に依存することはありえないからである。というのは、それもなお何らかの関心に依存する意志であるなら、ふたたび、この自愛の関心に、普遍的法則として妥当せねばならぬという制限を課するところの、もう一つの法則を要することになるであろうから。

それゆえ、すべての人間意志がそれのすべての格率によって普遍的に立法する意志であるという原理[12]は、ほかの点で問題がなければ、その原理が、まさに普遍的立法の理念のゆえに、いかなる関心にももとづいておらず、したがってあらゆる命法のうちただこれのみが無条件的でありうる、という点において、定言的命法によく適合している。あるいは命題を換位して次のようにいうのがいっそうよいかも知れぬ、すなわち、もし定言的命法があるなら「すなわち理性的存在者のあらゆる意志に対する法則があるなら」、そういう命法の命令しうるところは、みずからを普遍的立法者とも見なしうる意志としての、自己の意志の立てる格率にもとづいて、すべてをなすこと、でしかありえない、と。というのは、このようにしてのみ（意志が普遍的立法者であることによってのみ）意志のもつ実践的原理と意志の服従する命法とが、無条件的となるからである。なぜならこの場合意志はいかなる関心にももとづきえないからである。

　道徳の原理を見出すためにこれまでなされた骨折りのすべてを顧みると、それらがなぜすべて失敗に終わらざるをえなかったかは、もはやふしぎではない。ひとびとは、人間がその義務によって法則につながれていることを見たが、人間が自己自身の立法しかも普遍的な立法に服していること、人間が自分自身の、しかも自然の目的からいえば普遍的な、立法意志に従って、行為するよう義務づけられているのみであること、に思い至らなかったのである。実際、ひとびとが人間を法則〔どういう法則であろうと〕に単に服従しているだけのものと考えたとすると、法則は当然何らかの関心を、魅力または強制として伴わざるをえなかったはずである。なぜなら、法則は彼の意志から出て来たものでなく、彼の意志はその法則に従い、ある仕方で行為するように何か他のものによって強制されたのだからである。そしてこの全く必然的な帰結によって、義務の最高根拠を見出そうとするすべての労力は、空しく失われたのであった。なぜならひとびとが達しえたものは、義務ではなくて、或る関心にもとづく行為の必然性であったからである。この関心は自己の関心でも他人の関心でもありえたろうが、いずれにしても命法は常に、条件づけられたものとならざるをえず、道徳的命令としては全く役に立たなかったのである。そこで私は、上の原則を、意志の自律の原理と名付け、他のすべての、他律に属すると私の考える原理に対立させることにする。

すべての理性的存在者は、彼の意志のすべての格率によって自己を普遍的立法者と見なし、この見地から自己自身と自己の行為とを判定せねばならないが、このような理性的存在者の概念は、それに付属するきわめて有用なひとつの概念すなわち目的の国の概念へ導く。

さて「国」とは、相異なる理性的存在者が共通の法則により体系的に結合されたものである、と私は解する。ところで法則は、さまざまな目的をそれらの普遍的妥当性に関して規定するから、理性的存在者の個人差や彼らの私的な目的のすべての内容を無視するならば、体系的に結合された多くの目的〔目的自体としての理性的存在者ならびにこれら存在者のおのおのがみずから立てる彼ら自身の目的〕の全体すなわち目的の国が考えられうるであろう。そのことは上述の諸原理によって可能なのである。

すなわち、理性的存在者はすべて、そのおのおのが自己自身と他のすべての者とを決して単に手段としてのみ扱わず、常に同時に目的それ自体として扱うべし、という法則に従っている。そこでこのことによって、共通の客観的法則による理性的存在者のひとつの体系的結合すなわち国が生ずる。ところでこれらの法則は、これらの存在者の、目的ならびに手段としての、相互関係に向けられているゆえにこの国は目的の国〔もちろん一つの単なる理想である〕と呼ばれることができる。

ところで一理性的存在者が目的の国において、普遍的に立法するものでありながら、彼自身それらの法則に服従してもいる場合、その理性的存在者は目的の国に、成員として所属する。それが立法者でありしかもどの他の存在者の意志にも服従していない場合、それは目的の国に元首として所属する。

理性的存在者は、意志の自由によって可能なひとつの目的の国において、みずからを、成員としてであるにせよ元首としてであるにせよ、常に立法者と見なさねばならない。しかし元首としての地位を、彼は、単に意志の格率のみによっては主張できず、彼が全く独立な存在者であって、何か欠けたものを欲することもなく、意志を十分に実現しうる能力を制限されてもいない場合にのみ、主張できる。

そこで道徳性は、あらゆる行為が、目的の国というものをはじめて可能ならしめる立法に対してもつ関係、において成立する。そしてこの立法は、おのおのの理性的存在者の中に見出され、彼の意志から生まれうるのでなければならず、彼の意志の原理は、ある格率が同時に普遍的法則となることが、その格率と両立しうる場合にのみ、そういう格率に従って行為すること、であり、したがって、意志がその格率によって自己自身を同時に普遍的立法者とも見なしうるような仕方でのみ行為することである。ところで普遍的立法者としての理性的存在者のこの客観的原理に、格率がすでにその本性によって必然的に一致するというのではない場合、かの原理による行為の必然性は、実践的強制すなわち義務である。義務は目的の国の元首には課せられないが、各成員に課せられ、しかもすべての成員に等しい程度に課せられるのである。

この原理にもとづく行為の実践的必然性すなわち義務は、感情や衝動や傾向にもとづくのでなく、ただ理性的存在者相互の関係にのみもとづく。その関係においては、個々の理性的存在者の意志はつねに同時に立法者と見なされねばならない。もしそうでなければ彼らは目的自体とは考えられないであろうから。それゆえ理性は、意志の格率の一々を、普遍的立法的なものとして、他のすべての意志に、したがって自己自身にむけられたすべての行為にも、関係づける。しかもこのことは、何かほかの実践的動因とか未来の利害とかのためにではなく、みずから与える法則にのみ従う理性的存在者の尊厳という理念にもとづいて、なされるのである。

目的の国ではすべてが価格または尊厳をもつ。価格をもつものには、その代りに何か他のものを、等価物としておくことができる。これに反し、あらゆる価格を超え、したがって等価物の存在をゆるさぬものは、尊厳をもつ。

人間の一般的傾向と欲望とに関係するものは、市場価格をもつ。欲望の存在を条件とせず或る趣味にかなっているもの、すなわちわれわれの精神能力の単なる無目的な活動において感ぜられる快感にかなうものは、感情価格をもつ。何ものかを目的自体たらしめうる唯一の条件をなすものは、単に相対的価値すなわち価格をもつのみでなく、内的価値すなわち尊厳をもつ。

ところで道徳性は、理性的存在者を目的自体たらしめる唯一の条件である。なぜなら、ただ道徳性によってのみ、目的の国の立法的成員たることができるのだからである。それゆえ道徳性と、道徳性をもちうる限りでの人間性とは、尊厳をもちうる唯一のものである。仕事における熟練や勤勉は市場価格をもつ。機知や生々した想像力や諧謔は感情価格をもつ。これに対し、約束における誠実、原則から生まれた親切〔本能から生じた親切ではない〕は内的価値をもつ。これらの行為が欠けているとき代りに置きうるものは、自然の中にも人工の中にも見出されない。なぜならこれらの行為の価値は、それらから生ずる結果やそれらのもたらす利益や効用にあるのでなく、心術、すなわちたとえ好い結果にめぐまれなくともそのような行為において自己をあらわしうるところの意志の格率、にある。これら行為は、それを直接な好意と好感とをもって眺めるよう何らかの主観的素質あるいは趣味によって推薦される必要もなく、その行為に向かう直接的性癖や感情をも必要としない。これらの行為は、それを実行する意志を、直接な尊敬の対象として示すのである。そしてそういう行為を意志に課するには、ただ理性のみが必要なのである。もちろん理性は意志に媚びてそういう行為をするようにしむけるのではない。そのようなことはもともと義務とは相容れぬことであろう。そこで意志に向けられた上のような尊重は、そのような性格の価値を、尊厳として示し、これをあらゆる価格から無限に離れたところにおく。尊厳を価格と比較して値ぶみしたりすれば、尊厳のもついわば神聖性を侵すことにならざるをえないであろう。

それでは、道徳的に善なる心術いいかえれば徳に、これほど高い要求をする権利を与えるものは何か。それは、道徳的心術が理性的存在者に与えるところの、普遍的立法への関与にほかならない。そして道徳的心術は、この普遍的立法への関与により、理性的存在者に対し、可能な目的の国の成員となる資格を与える。しかももともと理性的存在者は、彼自身の本性によって目的の国の成員たるように定められていたのである。すなわちそれは目的自体であり、まさにそのゆえに目的の国において立法者であり、あらゆる自然法則に対しては自由であり、みずから与える法則、しかも彼の格率を普遍的立法〔これに彼は同時に自己を従わせる〕に属しうるものたらしめる法則にのみ服従するのである。もともといかなるものも、法則がそのものに対して定めるところの価値しかもたない。そしてこのようにすべての価値を定めるところの立法そのものは、まさにそのゆえに、尊厳を、すなわち無条件な無比な価値をもたねばならず、この価値に対しては、尊敬という語のみが、理性的存在者のそれに捧ぐべき尊重の念の適切な表現である。それゆえ自律が人間およびすべての理性的存在者の尊厳の根拠なのである。

道徳の原理を提示するための既述の三つの仕方は、根本においては、同一の法則をあらわす三つの公式にほかならず、その一つは他の二つをおのずから自らの中に統一するようになっている。

しかしながら三つの公式の間には、客観的=実践的というよりも主観的=実践的というべき差異が、ともかくもあり、これは理性の理念を直観に〔一種の類比によって〕近づけ、したがってまた感情に近づけるために役立つ。

㈠ すなわちあらゆる格率は第一に、形式をもつ。形式は普遍性を示し、この普遍性に関して道徳的命法の公式は次のように表現される、すなわち「格率はそれが普遍的自然法則として妥当すべきであるかのごとくに選ばれねばならない」、と。

㈡ 第二に、あらゆる格率は実質すなわち目的をもつ。この点に関しての公式は、「あらゆる理性的存在者はその本性上目的であるものとして、したがって目的それ自体として、あらゆる格率に対し、すべての単に相対的任意的な目的を制限する条件とならねばならぬ」ということである。

㈢ 第三に、あらゆる格率の全面的な規定がある。それはさきの第三の公式（三〇三ページ以下）すなわち、「あらゆる格率は、みずからの立法にもとづき、相互に調和してひとつの可能な目的の国——ひとつの自然の国[13]——をなすべきである」による規定である。

さてこのような第一の公式から第二、第三の公式への進みは、意志の形式〔意志の普遍性〕に単一性のカテゴリーをあて、実質〔諸対象すなわち諸目的〕に数多性のカテゴリーをあて、諸目的の体系には総体性すなわち全体性のカテゴリーをあてて、それらを順々にたどった形になっている。しかし道徳的判定にあたっては、常に厳格な方法に従い、定言的命法の普遍的公式すなわち「同時にそれ自身普遍的法則たりうるような格率によって行為せよ」という公式をもとにするほうがよいであろう。しかし同時に道徳法則を人々に近づきやすくしようとするなら、同一の行為を、上述の三つの概念によって導き、そうすることによってその行為をできるかぎり直観に近づけることが、きわめて有益である。

いまやわれわれは、はじめに出発した点、すなわち絶対的に善なる意志の概念をもって終えることができる。悪でありえない意志、したがって、その格率が普遍的法則とされたとき決して自己自身に矛盾することがないような意志が、絶対的に善なのである。それゆえ次の原理が、そういう善なる意志の最高法則である、すなわち「それが法則として普遍性をもつことを汝が同時に意志しうるような格率に常に従って行為せよ」。これは意志が決して自己矛盾におちいらないための唯一の条件であり、このような命法は定言的である。ところで可能な行為に対する普遍的法則としての意志がもつ妥当性は、自然一般の形式的規定、すなわち普遍的法則に従っての物の存在の普遍的結合、と相似であるから、上の定言的命法はまた次のようにいいあらわすこともできる、すなわち、「それ自身を同時に普遍的自然法則と見なしうるような格率に従って行為せよ」。絶対的に善なる意志の公式はこのようなものである。

理性的存在者は、自己自身に対して目的を与えるという点で、他の存在者とは異なる特色を示

善なる意志の最高法則「それが法則として普遍性をもつことを汝が同時に意志しうるような格率に常に従って行為せよ」
定言的命法
＝「それ自身を同時に普遍的自然法則と見なしうるような格率に従って行為せよ」

す。そこでこういう目的がおのおのの善き意志の実質となると考えられるであろう。しかし〔あれこれの目的の達成というような〕制限的条件なしに無条件に善である意志、の理念においては、意志がこれから実現しようとする目的は〔おのおのの意志をただ相対的に善ならしめるにすぎないものとして〕すべて捨象されねばならないから、問題とすべき目的は、これから実現すべき目的でなく自存的な目的と考えられねばならず、したがってただ否定的にのみ考えられねばならない。すなわち、決してその目的に逆らって行為してはならず、したがってあらゆる意志作用において決して単に手段と見なされてはならず、常に同時に目的と見なされねばならないものとして。ところでこのような自存的な目的は、あらゆる可能な目的の主体そのものでしかありえない。なぜなら、この主体はまた可能な絶対的に善なる意志の主体でもあり、かつこの絶対的に善なる意志が他の対象に従属することは矛盾なしにはありえないのだからである。そこで「どの理性的存在者〔汝自身と他の人〕への関係においても、その理性的存在者が汝の格率の中で同時に目的自体とみとめられるように、行為せよ」という原理は、「おのおのの理性的存在者に対する普遍的妥当性を同時にそれ自身の中にふくむような格率に従って行為せよ」という原則と、根本においては同じものである。なぜなら、「私は、おのおのの目的への手段の使用において、私の格率に、それが法則としてあらゆる主体に対して普遍的に妥当すべきだという条件による制限を加えなければならない」ということは、「目的の主体すなわち理性的存在者そのものは、決して単に手段としてでなく、あらゆる手段の使用における最高の制限的条件として、すなわち常に同時に目的として、行為のあらゆる格率の根底におかれねばならない」ということと全く同じことを意味するからである。

さて以上から明白に次のことが帰結する。すなわち、あらゆる理性的存在者は、たとえ法則に服従していても、目的自体として、同時にみずからをそれら法則のすべてを立法するものと見なすことができなければならない――なぜなら彼の格率が普遍的立法にそのように適合していることこそ、まさに彼を目的自体たらしめる条件なのだから――ということ。同様にしてまた、単なる自然物のすべてとは異なり理性的存在者が具えているこの尊厳〔特権〕からの当然の帰結として、彼はその格率を常に、立法者としての自己自身ならびに他のすべての理性的存在者〔これらは立法者であるゆえに人格と呼ばれる〕の見地から、採用せねばならないということ。ところでこのようにして理性的存在者の世界〔知性的世界 mundus intelligibilis〕が目的の国として可能となり、しかもその成員であるすべての人格自身の立法によって可能となるのである。したがってすべての理性的存在者は、みずからが、その格率によって常に、普遍的な目的の国の立法者であるかのごとくに、行為せねばならない。その格率の形式的原理は「汝の格率が同時に〔あらゆる理性的存在者に対する〕普遍的法則として役立ちうるように行為せよ」である。それゆえ「目的の国」は「自然の国」と似た形でのみ可能である。ただし「目的の国」は格率すなわちみずから課した規則によって成り立ち、「自然の国」は外的強制のもとにある作用原因の従う法則によって成り立っている。そこでこのような自然の全体は、機械のように見られる（自然は「機械」であって、「国」ではないと見られる）わけであるが、しかし自然がみずからの目的としての理性的存在者に関係をもつものである限り、このことを理由に、やはり「自然の国」と呼ばれているのである。

さてこのような「目的の国」は、定言的命法があらゆる理性的存在者に対して示すところの規則に則った格率により、もしその格率が普遍的に実行されるならば、現実に成立するであろう。しかし理性的存在者は、たとえみずからがこの格率を正確に実行しても、だからといって他のすべての者も、同じ格率を守るであろうときめてかかるわけにゆかないし、同様にまた、自然の国とその合目的的秩序とが、彼自身によって可能な目的の国の、立派な一成員としての彼と、調和するであろう、すなわち幸福に対する彼の期待を自然がみたしてくれるであろう、ときめてかかるわけにゆかないのである。しかしながらたとえそうであるとしても、「単に可能的であるにすぎぬ目的の国の普遍的立法者としてもつべき格率に従って行為せよ」という上の法則は、その効力を少しも失うことがない。この法則は定言的に命令するものだからである。そしてこの点において次の逆説的な主張が成り立つ。すなわち、理性的存在者としての人間の尊厳のみが――それによって達せられるべき何か他の目的や利益もなしに――、したがってまた単なる理念に対する尊敬が、それでも意志に対する容赦ない規定となりうる、という主張であり、またこのように格率がそのような主観的動機のすべてから独立であることのうちにこそ、格率の崇高性があり、目的の国における立法者として理性的主体のおのおのがもつ尊厳がある——なぜなら格率がそのような動機から独立でなければ、理性的主体は、その欲望の自然法則に従うだけのものと見られざるをえないであろう——、という主張である。自然の国も目的の国も一人の元首（神）の支配のもとに統一されていると考えられ、したがって目的の国はもはや単なる理念たるにとどまらず真の実在性を得るとしても、そしてこのことによってかの格率に強い動機が加わることがあっても、だからといって格率の内的価値が増加するということはないであろう。何となれば、たとえそういうことになっても、かの唯一の無限な立法者は、理性的存在者の価値を、やはりその無私な、かの理念によって命ぜられた、行為によってのみ、判定する、と考えざるをえないからである。物の本質はその物のもつ外的な関係によっては変じない。そして、外的関係には無関係に、ただそれだけで人間の絶対的価値をなすところのもの、このものによって人間もまた、誰からでも、たとえ神からでも、判定せられねばならないのである。

それゆえ道徳性とは、意志の自律に対して行為がもつ関係であり、いいかえれば、意志の格率による可能的な普遍的立法に対して行為がもつ関係である。意志の自律と両立しうる行為は許される行為である。意志の自律と一致せぬ行為は許されない行為である。或る意志の格率が自律の法則と必然的に一致するとき、その意志は、神聖な絶対に善なる意志である。絶対的には善といえない意志が、自律の原理に対してもつ依存性〔道徳的強制〕は責務である。これはしたがって神聖な存在者には適用できない。責務にもとづく行為のもつ客観的必然性が義務と呼ばれる。

われわれが義務の概念の下に、法則へのうやうやしい服従を考えているにもかかわらず、その概念によって同時に、自己のすべての義務を実行する人において一種の崇高性と尊厳とを意識する、ということがどうして起こるかは、少し前に述べたことから、いまや容易に理解できる。すなわち、その人が道徳法則に服従している限りでは、その人に崇高性はみとめられないが、その人がまさにその道徳法則に関して同時に立法者であり、そしてみずから立法者であるがゆえにその法則に服従するという限りでは、その人はたしかに崇高性を帯びているのである。また行為に道徳的価値を与えうる動機は、恐れでも好みでもなく、ただ法則に対する尊敬のみであることも、前にすでに述べたことである。そこで、その格率によって可能となるところの普遍的立法の条件の下においてのみ行為するという限りにおいてのわれわれの意志が、いいかえれば、このわれわれに可能な理念的意志が、尊敬の本来の対象なのである。そして人間性の尊厳は、みずからの立法に同時にみずから服従するという条件のもとにおいてであるにせよ、普遍的立法者でありうる、というまさにこの能力において成立するのである。

道徳の最高原理としての意志の自律

意志の自律とは、意志が〔意志作用の対象のあらゆる性質から独立に〕彼自身に対して法則となるという、意志のあり方のことである。ゆえに自律の原理とは、同一の意志作用の中に選択の格率が普遍的法則という形でもまた含まれるというふうにのみ、選択を行なうこと、である。この実践的規則がひとつの命法であること、すなわちあらゆる理性的存在者の意志は、その条件としてこの規則に必然的に縛られているということは、この自律の原理の中に現われる諸概念を単に分析するだけでは証明されえない。なぜならば、それは綜合的命題であるからである。そしてこれを明らかにするためには、われわれは対象の認識をこえて、主体の批判へ、すなわち純粋実践理性の批判へ、進まねばならないことになろう。というのは、必然的に命令するこの綜合的命題は、全くア・プリオリに認識されえなければならないからである。ただしこの仕事はこの章には属しない。しかしながら、上の自律の原理が道徳学の唯一の原理であることは、道徳の概念の単なる分析だけで十分に示しうることである。というのはこの分析によって、道徳の原理は定言的命法でなければならぬこと、そして定言的命法はまさにこの自律を、それ以上でもそれ以下でもなくまさにそれを、命令するものであること、が見出されるからである。

道徳のあらゆる不純な原理の源泉としての意志の他律

意志が、自己を限定すべき法則を求めるに当たって、彼の格率が彼自身の普遍的立法に立派に役立つということ以外の何ごとかの中に、したがって自己の外に出て対象のどれかがもつ性質の中に、それを求めることになると、常に他律が生ずる。もはや意志みずからが自己に法則を与えるのではなく、対象が、意志との関係を介して意志に法則を与えるのである。対象が意志に対してもつこの関係は、それが傾向にもとづく場合でも理性の表象にもとづく場合でも、ただ仮言的命法「私は或る他のことを欲するがゆえに、或ることをなすべきである」を可能にするにすぎない。これに反して道徳的命法したがって定言的命法はいう、「私は他の何かを欲しなくとも、或る仕方で行為すべきである」と。たとえば仮言的命法は「私が体面を維持しようと欲するなら、私は嘘をつくべきではない」というが、定言的命法は「たとえ嘘が私に不名誉を少しも招かなくとも、私は嘘をつくべきではない」という。それゆえ定言的命法は、あらゆる対象から十分に離れて、対象が意志に全く影響を及ぼさぬようにしなければならない。それは、実践理性〔意志〕が、単に外的関心に仕えるだけのものにならず、みずからの命令者としての威厳を最高の立法によって発揮するためである。そこで、例えば、私は他人の幸福を促進することに努めるべきであるが、それは他人の幸福の存在が、私にとって何か好都合である場合に〔直接な傾向によってか間接に理性を通じて達せられる快さによってかいずれにせよ〕そうすべきなのではなく、他人の幸福を排除する格率が、同一の意志作用の中に、普遍的法則としてはふくまれえないがゆえにのみ、そうすべきなのである。

他律の根本概念を前提するとき生じうるあらゆる道徳原理の区分

人間理性はその純粋使用において、それが批判を欠いている限り、どこでも同じであるが、この道徳の問題においても、まずあらゆるまちがった途を試みた後にやっと唯一の真なる途を尋ねあてるものである。

この他律の見地からわれわれの採用しうるすべての原理は、経験的であるか合理的であるかである。経験的諸原理は幸福の原理から生じ、自然的感情または道徳的感情を基礎としている。合理的諸原理は、完全性の原理から生じ、われわれの意志の生む可能的結果としての完全性についての理性概念を基礎とするか、あるいはわれわれの意志の決定原因としての自存的完全性の概念〔すなわち神の意志〕を基礎にするかである。

経験的原理は、道徳法則の基礎を与えるには、常に不十分である。なぜなら、道徳法則があらゆる理性的存在者に一様に妥当するという普遍性や、この普遍性によって理性的存在者に課せられる絶対的な実践的必然性は、もし法則の根拠が人間の本性の特殊な構造とか人間が置かれる偶然的な事情とかから得られるとすれば、成り立たなくなるからである。しかし中でも自己自身の幸福という原理は最もいけない。それはただ、この原理が偽であって、善い暮しが善い行ないに応じて与えられるかのように説く説に経験が反対するからのみではない。また、幸福な人間をつくることと善い人間をつくることとは別であり、人間を賢く自利にさとくすることと有徳にすることとは、別のことであるゆえに、かの原理は道徳の基礎を与えるには役に立たない、というのみではない。道徳の基礎に、むしろ道徳を破壊しその崇高性を無にするような動機をおくがゆえである。そういう動機は、徳への動因と悪徳への動因とを同じ類に入れてただ計算をよりよくするように教え、徳と悪徳との質的区別を全く消してしまうのである。これに反して道徳的感情、すなわちこのいわゆる特殊な感覚⑭は（およそ考えることのできない者は、普遍的法則のみにかかわることがらにおいても、感情できりぬけうると思うものであって、道徳の原理をもとめてこのように感情に訴えることは、全く浅薄な考えであり、かつ本性上無限な程度の相違を示す感情というものは、善と悪とを分かつ不変の規準を与えることができず、また、一人の人が他人に対して自分の感情によって妥当な判断を下すこともできないのであるけれども）、それでもやはり次の点において、（自己の幸福の原理よりも）道徳とその尊厳に近いところにいる。すなわち、道徳感覚は、徳に対する好感と尊重とを、直接に徳のせいとみとめることによって、徳に敬意を表しているのであり、われわれと徳とを結ぶものは徳の美ではなくてただ利害のみであると、徳に対していわば面と向かって告げるようなことはしない、という点においてである。

道徳の合理的な原理すなわち理性根拠の中では、やはり完全性の存在論的概念が（それはまことに空虚で不定で、したがって可能な実在性（「実在性」は「完全性」と同義）の無限な領域の中でわれわれ自身に適した実在性の最大量を見出すには、役に立たないものであり、ここで問題になっている実在性〔道徳的実在性すなわち道徳的完全性〕を他のすべての実在性から種的に区別するにあたっては循環におちいる避けがたい傾向を示し、完全性の概念が説明するはずの道徳をひそかに前提することを避けえないにせよ〕、道徳を神の全く完全な意志から導き出そうとする神学的概念よりはすぐれている。その理由は、われわれが神の完全性を直観できず、それをただわれわれの概念——このわれわれの概念の中に道徳の概念が最も大切なものとして含まれている——から導き出しうる、というだけではない。さらに、もしわれわれが神の完全性をわれわれの概念から導き出すことをしないとすると〔それをすればひどい循環論になるであろうから〕、神の意志についてなおわれわれに残されている概念は、名誉欲と支配欲という属性が、権力と復讐欲とのおそるべき表象と結びついたものから成っていて、それを基礎とする道徳の体系ありとすれば、それは道徳性に正反対のものにならざるをえないであろう。

ところで道徳的感覚の概念と、完全性一般の概念との、どちらかを私が選ばねばならないとすれば〔この二つは、道徳の基礎として道徳を支えるには足りないが、少なくとも道徳を破壊することだけはしない〕、私は後者を選ぶであろう。なぜなら、後者は、問題の決定を少なくとも感覚から離して純粋理性の法廷へもちこむことにより、たとえここでも何事をも決定しえぬとしても、その不定な理念〔それ自体において善なる意志という理念〕を、後のさらに立ち入った規定を期して、損わずに保存するからである。

ともかくも私はこれら諸説をわざわざ詳しく論駁することはもうしなくてもよいと思う。そういう論駁はまことにたやすく、職務上どれかの説に賛成だといわねばならない人々〔聴衆のほうが判断の延期をがまんしてくれないだろうから〕でも、それらの説が皆論駁されうることをおそらくよく心得ているであろうから、ここで改めて論駁を行なうことは無駄な骨折りにすぎないであろう。それよりもいっそう大切なことは、これらの原理がすべて意志の他律のみを道徳の第一原理として立てており、だからこそ必然的にその目的を逸せざるをえないのだ、と知ることである。

意志決定の規則を意志に示すに当たって、意志の対象を基礎におかねばならぬ場合はいつも、その規則は他律であるほかはない。その命法は条件つきのものである。すなわち、われわれがもしこの対象を欲するならば、あるいはわれわれはこの対象を欲するがゆえに、われわれはかくかくの行為をすべきである、という形になる。したがってこの命法は、決して道徳的に、すなわち定言的に、命令することができない。自己の幸福の原理の場合のように傾向を通じてであるにせよ、また完全性の原理においてのようにわれわれの可能な意志作用の対象一般に向けられた理性を通じてであるにせよ、ともかくも対象が意志を決定する場合には、意志は決して直接に行為の表象によって、自己を決定するのでなく、予見された行為の結果が意志に影響して生み出す動機によってのみ、自己を決定するのである。すなわち「私は或る他のものを欲するがゆえに或ることをなすべきである」。そしてこの場合私がその「他のもの」を必然的に欲するように規定するところの、もう一つの法則が、私という主体の中に前提されねばならず、しかもこの法則がまた、上の格率を制限するところの命法を必要とするのである。元来、われわれの力で生み出しうる対象の表象（目的表象）が主体のもちまえの性質に応じて主体の意志に及ぼしうる衝動力は、主体の自然――それが感性〔すなわち傾向と趣味〕の自然であろうと悟性と理性との自然であろうと――に属し、この自然はその本性の特殊な構造に従い、或る対象に働いて快感をもつ。それゆえここでは実は自然が法則を与えているのであり、したがって法則は、自然の与える法則として、経験によって知られ証明されねばならず、したがってそれ自身では偶然的であって、必然的な実践的規則――道徳的規則はそういうものでなければならない――としては用をなさないのみならず、そういう法則は常に意志の他律にすぎないのである。意志がみずから自己に法則を与えるのでなく、外からの衝動力が、それを受けいれるようにできている主体の自然を通じて、意志に法則を与えているのである。

それゆえ絶対的に善なる意志――それの原理は定言的命法でなくてはならぬ――は、あらゆる対象に関して無限定で、意志作用の形式一般をのみ含むのであり、しかもそれは自律としてである。いいかえれば、あらゆる善なる意志の立てる格率がそれ自身を普遍的法則たらしめうる、ということ自体が、あらゆる理性的存在者の意志が何らかの動機や関心を格率の基礎におくことなしにみずから自己に課するところの唯一の法則そのものなのである。

いかにしてそのような実践的なア・プリオリな綜合命題が可能であるか、なにゆえにそれが必然的であるかは、もはや人倫の形而上学の限界内では解決できない問題である。われわれもここでそういう命題の真なることを主張したのではない。いわんやその命題の証明をもう手に入れているなどと申し立てたことはない。われわれはただ、すでに事実上世に行なわれている道徳の概念を詳しく考えることにより、それには、意志の自律ということが不可避に所属すること、あるいはむしろ根底にあること、を示しただけである。それゆえ、道徳を真実なものとみとめ、真理性を欠く架空な理念とは考えない人は、上述の道徳の原理をもまた承認せねばならないのである。そこでこの第二章は、前の第一章と同じく、分析的な研究であった。ところで、もし定言的命法ならびに意志の自律が真であり、ア・プリオリな原理として絶対的に必然であるならば、その当然の帰結として、道徳は妄想ではないことになるが、このことを主張するには純粋実践理性の何らかの綜合的使用が必要であり、こういう綜合的理性使用は、まずこの理性能力自体の批判をおこなった後でなくては、あえてすべきではないのである。そこでそういう批判の要点を、最後の章で、われわれの当面の目標に対して十分な程度に述べるであろう。

〔1〕ひとは、望むならば、〔純粋数学が応用数学から区別され、純粋論理学が応用論理学から区別され

るように〕人倫の純粋哲学〔形而上学〕を応用哲学〔すなわち人間的本性へ応用された哲学〕から区別することができる。人倫の純粋哲学ということの名称によって、人々は次のことをすぐ気付かせられる。すなわち道徳的原理が人間本性の特質にもとづけられるのでなくて独立にア・プリオリに成立するものでなければならず、そういう原理からこそ、当然すべての理性的存在者に対して、したがってまた人間に対しても、実践的規則が導き出されうるのだということを。

〔2〕立派な人で今は故人となられたズルツェル氏から私は一つの手紙を貰っているが、その中でズルツェル氏は、徳についてのいろいろな教えが、理性にとってはよく納得できるものを多く示すにもかかわらずなぜ実効に乏しいのか、と私に問うている。私の答えは、それを完全なものにしようと準備している間に遅れて間に合わなくなった。しかしその答えは、徳の教師たち自身が彼らの概念をはっきりさせておらず、彼らは事態をよくしようとして道徳的善への動因をあらゆる場所に探しまわり、こうして薬をよく効くものにしようとしてかえってだめにしている、ということなのである。誰もがよく認めていることだが、誠実の徳を示すひとつの行為が、この世あるいはあの世での何らかの利益を当てにすることから全く離れ、困窮あるいは好餌による最大の誘惑のもとにおいても確固たる心で実行されたことを示すならば、その行為は、それに似ていてしかもわずかばかりほかの動機に影響されているすべての行為を、はるかに引きはなして顔色なからしめ、人の心を高めて、みずからもまたそういう行為をなしうるとの望みをかきたてるであろう。子供でも少し大きくなっておれば同じ印象を受けるものである。だから子供に義務の何たるかを示すには必ずこのような仕方で示さねばならない。

〔3〕欲求能力が感覚に依存することは、傾向と呼ばれ、したがって傾向は常に欲望を示す。偶然的に限定されうる意志が、理性の原理に依存することは、関心（Interesse）と呼ばれる。それゆえ関心は、

本性上常に理性に合致するとはいえないところの、依存的な意志においてのみ存在しうる。神の意志については関心というものは考えられない。しかし人間の意志も、何かに関心をいだくからといって必ずしも関心にもとづいて行為するのではない。前者（「関心をいだく」こと）は行為への実践的関心を意味するが、後者（「関心にもとづいて行為する」こと）は行為の対象への感性的（pathologisch）関心を意味する。前者は、意志が理性の原理それ自体に依存することのみを示すが、後者は、意志が傾向の実現のために理性の原理に依存することを示し、この場合理性はただ、傾向の欲望がどうすれば満たされるかについての実践的規則を示すだけである。前者では、私の関心は行為に向かい、後者では行為の対象〔それが私にとって快いものである限りにおいて〕に向かう。そして、第一章ですでに見たように、義務にもとづく行為にあっては、対象への関心を顧慮してはならず、ただ行為そのものと、理性の中にあるそれの原理〔法則〕とをのみ、顧慮すべきなのである。

〔4〕利口という語は二つの意味に解せられる。第一の意味は「世間的利口」という名をもつことができ、第二の意味は「私的利口」という名をもつことができる。第一の世間的利口とは、或る人が他人に働きかけて他人を自分のさまざまな意図のために用いる巧みさである。第二の私的利口とは、これら多くの意図を統一して自己自身の永続的な利益に帰せしめる明敏さである。そしてもともとこの第二のものに、第一のものの価値も結局は帰着する。それで、第一の意味において利口であるが、第二の意味ではそうでない人についてはむしろ、「有能でずるいが、全体としていえば利口ではない」というほうが当たっているであろう。

〔5〕pragmatisch（実際的）という語の本来の意味はこのように「福祉のための」という意味に解することによって最も正確に規定できると私には思われる。というのは、〔pragmatische Sanktionen（国

事勅令）ということばがあり、もともと諸国家の法（自然法）から必然的法則として生ずるのでなく一般の福祉への配慮から生ずるところの勅令 Sanktionen が、pragmatisch と呼ばれているからである。また（pragmatische Geschichte（実際的歴史）ということばがあり）ひとつの歴史が、人を利口にするものであるとき、すなわち現代の人々に対し、どうすれば彼らがみずからの利益を過去の人々よりもうまく、あるいは少なくとも過去の人々と同様に、配慮することができるか、を教えるものであるとき、その歴史は pragmatisch（実際的）に書かれているのだからである。

〔6〕私は何らかの傾向にもとづく条件を前提することなしに、行為を、ア・プリオリに、したがって必然的に〔ただし単に客観的に、すなわち一切の主観的動機を完全に支配できるような理性の理念のもとで〕、意志と結合する。したがってこれはひとつの実践的命題であって、それはひとつの行為への意志作用を、他のすでに前提された意志作用から分析的に導出するのではなく〔われわれは（そういう導出を可能にするような）それほど完全な意志をもっていない〕、ひとつの行為への意志を、理性的存在者の意志の概念——この概念は上の行為への意志作用のうちには含まれていない——と直接に結合するのである。

〔7〕格率は行為の主観的原理であって、客観的原理すなわち実践的法則とは区別されねばならない。格率は理性が主体の諸条件に従って〔しばしば主体の無知や傾向に従って〕定めるところの実践的規則を含み、したがって主体がそれに則って行為する原則なのである。しかし法則は客観的原理であり、すべての理性的存在者に妥当し、理性的存在がそれに則って行為すべき原則であり、いいかえればひとつの命法なのである。

〔8〕ここでぜひ十分注意してほしいことだが、私は義務の分類を、後に出版する『人倫の形而上学』の

ために全体的に保留するのであって、ここに採用した分類はただ〔私の挙げる実例を順序づけるために〕思いつくままにのべるだけなのである。なおここで完全義務というのは、傾向に都合のよいような例外を少しも認めない義務のことである。そして私は単に外的な完全義務のみならず、内的な完全義務をも認める。これは学校で採用されている用語法には反している。しかし私はここでその弁解をするつもりはない。なぜなら人々が私にそれをゆるすかどうかは、ここでの私の意図にとってはどうでもよいことだからである。(3)

〔9〕徳をその本来の姿において見ることは、感覚的なもののあらゆる混合と、報酬や自己愛のあらゆる虚飾とをとり去って、道徳の真の姿を示すことにほかならない。そのとき道徳が、傾向にとって魅力的に見える他のすべてのものを、全く顔色なからしめることは、誰でも自分の理性――抽象の力を全然失ってしまってはいない理性――を少しでも働かせれば容易に認めることができる。

〔10〕この命題を私はここで要請としてのべる。それの根拠は最終章において見出されるであろう。

〔11〕この場合、世間周知の「自分がされたくないことを他人にするな」quod tibi non vis fieri alteri ne feceris. ということを、規準すなわち原理として用いうる、と考えてはならない。というのはそれは、ただ上述の原理（自他の人格を単に手段として用いるなという原理）からのみ、いろいろな制限の下においてではあるが、導き出されるものなのである。またそれは、普遍的法則たりえない。なぜならそれは、自己自身に対する義務の根拠を含まず、他人に対する愛の義務の根拠を含まず〔というのは、他人に親切をつくすことを免れてよいなら他人から親切をうけなくてもよいと多くの人は喜んで認めるであろうから〕、最後に相互的な必然的義務の根拠をも含んでいない。というのは、上のこと（自分がされたくないことを他人にするな）を盾にとって犯罪者は彼を罰する裁判官にくってかか

るであろうし、その他同様な帰結を生むであろうから。

〔12〕この原理を説明するために実例を引くことは、ここではもうしなくてもよいと思う。というのは、さきに定言的命法とその公式との説明に役立った実例はすべてここで同じ目的に役立つであろうから。

〔13〕目的論は自然を目的の国として考え、道徳学は可能な目的の国を自然の国として考える。目的論では、目的の国は、現に存在するものを説明するための理論的理念である。道徳学では、目的の国は、実践的理念であって、現に存在するのでなくわれわれの行為によって現実となりうるものを、まさにこの理念に従ってつくり出すためのものである。

〔14〕私は道徳的感情の原理を、幸福の原理に属するものと認める。なぜなら、すべての経験的関心は、利益の顧慮なく直接にか、または利益の顧慮を伴ってかいずれにもせよ、何らかの対象がわれわれに与えるところの快によって、幸福への寄与を約束するものだからである。またわれわれは他人の幸福に対する同感という原理を、ハチソンとともに、ハチソンの想定した道徳的感覚に所属させねばならない。

（1）新約聖書「ルカ福音書」一八・一九。

（2）カントは分析的命題と綜合的命題とを次のように区別した。例えば「すべての物体は延長をもつ」という命題の場合、「物体」という主語概念の定義の中に「延長性」が含まれていて、主語概念の分析により述語概念をうることができるから、この命題は「分析的命題」である。これは矛盾律のみで理解できる。ところが「或る物体は重さをもつ」という命題の場合、主語概念「物体」の定義内容は「重さ」を含まないと認められるので、述語概念は主語概念に新たに付け加えられたものであり、綜合的命題である。これが真であることは矛盾律だけでは理解できない。そしてこの場合には「経験」

によってはじめて真と認められる。それでこの命題は経験的（ア・ポステリオリな）綜合命題である。――しかしカントは綜合命題の或るものはア・プリオリに真であると認める。数学の命題や、自然学の原理となる命題、例えば因果律などは、ア・プリオリな綜合命題である（『プロレゴーメナ』§2参照）。

さてカントは分析的命題と綜合的命題との区別を、類比的に、実践的命法にも適用して、「仮言的命法」は分析的命題であり、定言的命法は綜合的命題でしかもア・プリオリな命題であると言おうとする。――まず仮言的命法は目的と手段の関係を含み、この関係は多くの場合原因と結果の関係を逆にしたものであり、因果関係は綜合的であるから、仮言的命法はその内容（目的・手段関係）として綜合的関係を含む。けれどもこの関係を前提した上で、もっぱら意志の限定の仕方を見ると、仮言的命法では、目的を意志することから、その目的を実現する行為を意志することが導き出されており、この関係は分析的であると認められる。すなわち矛盾律によってその目的への意志は必然にその行為への意志を含むと認められる。その意味で仮言的命法は分析的命題になぞらえうる。――しかるに定言的命法では、行為への意志が、何らかの別の目的（結果）への意志から導かれるのでなく、無条件に義務として課せられる。自然界の因果関係を前提するだけでは定言的命法は仮言的命法のように分析的命題と見なしえない。さらに別の原理（道徳的理性的秩序）を考えることによってはじめて理解しうる。故にそれは綜合的命題と見なすべきであり、かつ道徳的秩序は経験的偶然的でなく理性的必然的であるから、それはア・プリオリな綜合的命題と見なすべきであるとカントは考える。

（3）「完全義務」と「不完全義務」について。完全義務はカントの注にあるように、自分の都合を考慮できないきびしい義務であり、例えば「いつわりの約束をするな」（「正直であれ」）という法則の示す義務である。「不完全義務」とは「他人に親切にせよ」というような法則の示すもので、完全義務ほど強い強制力をもたず、したがってまたそれを実行すれば功績と認められるものである。そこで完全義務はまた「狭義の義務」「必然的義務」「当然果たすべき義務」などとも呼ばれ、不完全義務は「広義の義務」「偶然的義務」「功績的義務」などとも呼ばれる。本文にも後に（二九〇、二九九〜三〇一ページ）これらの名称が出て来る。なお完全義務を外的法律的義務に限り、不完全義務を内的道徳的義務に当てる考えがカントの時代の通説であってカントが大学で教科書に用いたバウムガルテンの倫理書もその考えをのべているが、上のカントの注にあるように、カント自身は完全義務を法律的義務に限らず、自己に対する内的道徳的義務にも完全義務はあると考えた。例えば「自殺するな」（「自らの生命を尊べ」）という法則は完全義務を示すとカントは考えた。

第三章　人倫の形而上学から純粋実践理性批判への移り行き

自由の概念は意志の自律の説明のための鍵である

意志とは、理性的である限りでの生物のもつ原因性の一種である。そして自由とは、この原因性が、それを限定する外的原因から独立にはたらきうるとき、その原因性のもつ特質をいう。あたかも自然必然性が、外的原因の力に限定されてはたらくすべての非理性的存在者の原因性のもつ特質であるように。

自由についての上述の説明は消極的であって、したがって自由の本質を洞察するには役立たない。しかし上の説明から、自由の積極的な概念が出て来るのであり、これは積極的であるだけに、いっそう内容の豊富な、有用なものである。原因性の概念は法則——われわれが原因と名付ける或るものによって何か他のものすなわち結果が定立される仕方を規定する法則——の概念をともならゆえ、[1] 自由も、自然法則に従う意志の特質ではないにしても、だからといって全く無法則なのではなく、むしろ、不変な法則に、ただし特殊な種類の法則に従う原因性なのである。もしそうでなければ自由な意志は全く不合理なものになってしまうであろう。さて自然必然性は作用原因の他律であった。というのは、何か他のものが作用原因を発動させるという法則に従ってのみ、あらゆる結果が生ずるのであったから。してみると、意志の自由というものは、自律すなわち自己自身に対する法則であるという意志の特質以外の何ものでありえようか。ところで「意志はそのすべての行為において自己自身に対する法則である」という命題は、格率が自己自身を普遍的法則とも見なしうる場合にのみそういう格率に従って行為する、という原理を示すものにほかならない。これはまさに定言的命法の公式であり、道徳の原理である。それゆえ自由な意志と、道徳法則のもとにある意志とは、同じものである。

それゆえ意志の自由が前提されるならば、そこから、自由の概念の単なる分析によって、道徳とその原理とが帰結するのである。しかしながら、道徳の原理そのものは、やはり次のような綜合的命題なのである。すなわち「絶対的に善なる意志とは、その格率を普遍的法則と見なしてもこの普遍的法則がやはりものと格率にふくまれうるところの、意志である」。この命題の綜合的であるというのは、絶対的に善なる意志の概念の分析によっては、上述のような格率の特質は見出されえないからである。ところでこのような綜合的命題は、両方の認識(善意志の認識と格率の特質の認識)が、ある第三者――そのうちに両者がどちらも見出されるような――との結合を通じて、相互に結合される、ということによってのみ可能である。そして自由の積極的概念がこの第三者を提供する。この場合の第三者は、自然的原因の場合のように感覚的世界の自然ではあり得ないのである。〔自然原因の場合はそういう自然の概念の中で、原因である或るものとそれの結果である或る他のものとが一つに結ばれる。〕しかし自由がわれわれに示し、われわれがア・プリオリな理念をもつこの第三者が何であるかは、ここですぐに示すわけにはゆかない。また純粋実践理性からの自由の概念の演繹も、定言的命法の可能性を明らかにすることも、すぐにはできない。それにはまだいくらかの準備を必要とする。

自由はあらゆる理性的存在者の意志の特質として前提されねばならない

いかなる根拠からにせよ、われわれがわれわれの意志に自由を認める、というだけでは十分ではなく、われわれは同時に、同じ自由をあらゆる理性的存在者にもまた帰しうる十分な根拠をもっておらねばならない。その理由はといえば、道徳は理性的存在者としてのわれわれに対してのみ法則となるのであるから、したがって道徳はあらゆる理性的存在者に対しても妥当せねばならないが、同時に道徳は、自由という特質からのみ導き出されねばならないのであるゆえ、自由もまたあらゆる理性的存在者の意志の特質として示されねばならないのである。自由を、人間的自然についてのいわゆる経験の或るものにもとづいて示すだけでは〔こういうことは実に絶対に不可能であり、自由は全くア・プリオリにのみ示しうるのであるが〕不十分であって、われわれは自由が、理性的でかつ意志を具えている存在者一般の活動に属することを証明せねばならないのである。ところで私はいう、自由の理念の下においてしか行為しえない存在者はすべて、まさにそのゆえに、実践的見地において現実に自由なのである、いいかえれば、そういう存在者に対しては、自由と不可分に結合しているすべての法則が妥当し、それはあたかも彼の意志が、それ自体においても、したがって理論哲学においてそう認められる意味においても、自由であると主張されているかのごとくである、と。[1] ところで私は主張する、われわれは、意志をもつあらゆる理性的存在者に対し、必然的に、彼が自由の理念をもちこの理念のもとでのみ行為することをも認めねばならない、と。そのわけをいえば、まずわれわれはそういう存在者が、実践的であるところの理性、すなわち対象に対して原因性をもつところの理性を、もっていると考える。ところで、理性が自己自身の意識をもちながら、その判断に関して他から導きをうけるということはわれわれには考えられない。というのはもしそうなら主体はその判断力の限定を、みずからの理性にではなく何らかの外力に帰することになるはずだからである。そこで理性は、自己自身を、外的影響から独立な、みずからの原理の作者であると見なさねばならず、したがって理性は、実践的理性ないしは理性的存在者の意志として、みずからを自由と見なさねばならない。いいかえれば、そういう理性的存在者の意志は、ただ自由の理念のもとにおいてのみみずからの意志であることができるのである。したがってそういう自由な意志は実践的見地においてあらゆる理性的存在者に属すると認められねばならないのである。

道徳の理念にともなう関心について

われわれは道徳の明確な概念を結局自由の理念に帰着させた。しかし自由を、われわれ自身の中に、したがって人間的自然の中に、現実にあるものとして示すことは全くできなかった。われわれが認めた唯一のことは、もしわれわれが或る存在者を、理性的であってかつ行為に向かうみずからの原因性の意識を具えているもの、すなわち意志を具えているもの、であると考えようとするなら、当然そのような存在者は自由であると前提しなければならないということであった。そしていまや全く同じ根拠によって、理性と意志とを具えたあらゆる存在者が、自己の自由の理念のもとにおいて行為へと決意するというこの特質をもつと認めねばならないことを、われわれは見出すのである。

ところでこれら理念を前提することから、行為の法則の意識もまた生ずる。その法則とは、行為の主観的原則すなわち格率が、同時に客観的にも、すなわち普遍的原則としても、妥当するように、したがってわれわれ自身の普遍的立法に役立ちうるように、選ばれねばならない、という法則である。しかしいったい何ゆえ私は、私自身をこの原理に服せしめねばならないのか、しかも私を理性的存在者一般としてこの原理に服せしめ、したがってまた他のすべての理性を具えた存在者をも、この原理に服せしめなければならないのはなぜか。このとき何らかの関心が私をその方へ押しやるのではないことを私はすぐに承認する。というのは、そこからは定言的命法は生まれえないからである。しかし私はやはりこのことについてどうしても関心を抱かずにはいられず、いかにそのことが起こるかを見ようとせずにはいられない。というのは、この「べし」という命法はもともと「欲する」という意志なのであり、仮に理性的存在者において理性が何ものにも妨げられることなく実践的であるなら、理性的存在者のすべてにおいて「べし」と「欲する」とは一致すると言えるであろう。しかしわれわれ人間のように、理性とは異質な動機としての感性の影響下にあり、全く独立な理性ならば当然なすであろうことを必ずしも実現しえない存在者に対しては、行為へのかの必然性は、単に「……すべし」であって（「……せんと欲す」ではなく）、かくて主観的必然性と客観的必然性とは別のものになるのである。

それゆえわれわれは、自由の理念の中にもともと道徳法則を、すなわち意志の自律の原理そのものを、単に前提しただけであって、道徳法則の実在性と客観的必然性とを独立に証明することができなかったかのように見える。なるほどわれわれは、少なくとも、道徳の真の原理を通常よりも正確に限定したことによって、やはりきわめて注目すべき成果を得はした。しかしその原理の妥当性と、この原理に服せねばならぬ実践的必然性とに関しては、われわれは少しも前進していないのではないか。なぜならば、いったい何ゆえ、われわれの格率が法則としての普遍的妥当性をもつことが、われわれの行為に対する制限的条件でなければならないか、われわれがこういう種類の行為に属するとみとめる価値、しかもどこにもそれより高い関心の対象はありえないほどに大きいと称せられる価値を、われわれは何にもとづけるのか、また人間がただこのような行為のみによって自身の人格としての価値を感知すると信じ、この価値に比すれば、快適なまたは不快な状態の価値は無に等しいと考えるのは、どうしてなのか、というような問いを発する人に対して、十分満足のゆくような答えを与えることができないからである。

或る人格的性質が、それ自身では快不快の状態への関心を全くともなわなくとも、理性が快不快の状態の配分をおこなう場合に、われわれにその状態に与《あず》かる資格を与えさえするならば、われわれはそういう人格的性質に、やはり関心を抱くことがあるということ、いいかえれば、単に幸福であるに値することが、それだけで、実際に幸福に与かろうとする動因をともなわずに、われわれの関心の対象となりうるということは、たしかに事実である。しかしながら、このような判断は実は、すでに道徳法則の重要性が前提されている場合に「かつわれわれが自由の理念によってあらゆる経験的関心を離れる場合に」、その前提から生ずる結果にすぎない。しかもわれわれが経験的関心を離れるべきであること、すなわち行為においてわれわれ自身を自由と見なし、しかもわれわれ自身を或る法則に従うものと考えるべきであること、そうしてはじめて、たとえわれわれの状態に価値を与えるものが失われても、それをすべて償いうるような価値を、ただわれわれの人格の中に見出しうること、さらにこのことがいかにして可能であるかということ、したがって何によって道徳法則は拘束力をもつのかということを、われわれは、上のような仕方ではまだ洞察することができないのである。

　われわれは率直にみとめざるをえないが、ここには一種の循環論が示されており、それを抜け出すことは不可能なように見える。すなわちわれわれは、みずからを目的の秩序において道徳法則のもとにあると考えるために、作用原因の秩序においてみずからを自由であると想定したが、後には、まず自身に意志の自由を帰したがゆえに自身が道徳法則に服するのだ、と考えているのである。実際、自由と意志の自己立法とはいずれも自律であり、したがって自由と自己立法とは交換概念なのであり、それゆえにそれらの一方を用いて他方を説明し根拠づけることはできない。たかだか同一の対象についての、論理的に相違して見える表象を、唯一つの概念に帰着させることができるだけである〔あたかも同じ値をもつ多くのちがった分数を一つの既約分数に帰着させる場合のように〕。

　しかし困難を切り抜ける方法がまだ一つ残っている。すなわち次のようにたずねることである、われわれ自身を、ア・プリオリにはたらく原因として、自由という点から考える場合には、われわれが眼前に見る結果としての行為のほうからわれわれ自身を表象する場合とはちがった立場を、われわれはとってはいないか、と。

次のことをみとめるには必ずしも立ち入った思索を必要とせず、最も普通な常識でも、それなりに、それが「感じ」と呼ぶところの、判断力による不明瞭な区別によって、そのことをみとめうる、と考えてさしつかえはないであろう。すなわち、われわれが意志することなしにもつところの表象〔たとえば感覚の表象〕はすべて、対象がわれわれに影響を与えることに応じてのみ、対象をわれわれに認識させるのであり、その際、対象がそれ自身においていかにあるかは、われわれには知られぬままであること、したがってこういう種類の表象によっては、そのような表象に悟性がいかに緊張した注意を加え判明性を与えようとしても、われわれは単に現象の認識にいたりうるだけで物それ自体の認識にはいたりえないということ、である。この区別がいったんなされると〔ともかくそれは、われわれに他から与えられ、われわれが受動的にうけとるところの表象と、われわれが全く自己自身から生み出し、かつその際自身の活動を明示する表象との、相違に気付くことによって、なされる〕、おのずから現われる帰結として、われわれはもろもろの現象の背後に、現象ならざる何か他のものすなわち物自体があることを許容し想定せざるをえないのであり、しかもその際物自体は決してわれわれに知られえず、ただそれがわれわれに影響を与える仕方に応じてのみ知られるにすぎず、われわれは物自体に近づきそれがそれ自体においていかにあるかを知ることは決してできないということを、われわれはみずから甘んじてみとめるのである。さてこのことによって必然的に、感性界と知性界との区別[2]が大まかながら与えられることになる。これらのうち、感性界は、さまざまな世界観察者における感性の相違に応じて大変さまざまでありうるが、その基礎にある知性界のほうは、常に同一である。そして自己自身についてさえ、自己についての内的感覚によって得る知識をもってしては、人間は自己自身がいかにあるかを認識すると主張することを許されないのである。人間は実際、自己自身を創造したりするのでなく、その概念をア・プリオリにでなく経験によって得るのであるから、当然のこととして自己についても、内的感覚によって、したがってただその本性の現象を通じ、その意識が影響される仕方を通じてのみ、知識を獲得しうるわけであるが、しかし同時に必然的に、彼自身の主体の、現象のみから合成されたこのようなあり方をこえて、その根底にある何か他のものを、すなわちそれ自体においてある姿での彼の自我を、想定せねばならず、したがって自己を、単に知覚と感受能力とに関する限り感性界に属するものとみとめ、自己における純粋な活動に関しては〔対象が感覚に及ぼす変化を介せずに直接に意識に達するものに関しては〕自己を知性的世界に属するものとみとめねばならない。しかしこの知性的世界についてそれ以上のことを知るのではない。

このような結論を、考えぶかい人は、みずから出会うあらゆるものについて下すにちがいない。

そして同じ結論は、もっとも普通な常識においても多分見出されるであろう。常識は、周知のように、常に感覚の対象の背後に、何か見えないものを、それ自身で活動するものを、期待するつよい傾向をもつが、この見えないものをすぐにまた感性化しようとすること、すなわち直観の対象としようとすることによって、そのものを損い、したがってつまるところ何の知恵をも得ずに終わるのである。

さて人間は自己の中に、自己を他のあらゆるものから区別し、それどころか対象によって影響される限りでの自己自身からさえも区別するところの、ひとつの能力を見出す。それは理性である。理性は純粋な自己活動であって、悟性をさえ次の点で凌駕している。すなわち、悟性もまた自己活動であり、感覚のように、われわれが物から影響される〔したがって受動的である〕場合にのみ生ずる表象だけを含むのではないけれども、悟性がその活動によって生み出しうる概念は、ただ感性的表象を規則のもとにおき、かくて諸表象を一つの意識の中に結合するためにのみ役立つ概念だけに限られ、このように感性を使用することなしには悟性は何ごとをも考ええない。しかるにこれに反して理性は、理念の名のもとで純粋な自発的活動を示し、これにより感性の彼に提供しうるすべてを超え出て、感性界と知性界とを相互に区別し、もって悟性自身にその制限を指示することを、みずからの最も大切な仕事とするのである。

このゆえに理性的存在者は自己自身を知性として見〔したがってその下位の諸能力のほうから

見ず」、感性界でなく知性界に属するものと見なければならない。そこで理性的存在者は、そこから自己自身を見、かつ自己の能力の使用の法則、したがってそのあらゆる行為の法則を認識しうる、二つの立場をもつ。第一は、それが感性界に属し、自然法則のもとにある〔他律〕限りにおいてであり、第二は、知性的世界に属し、自然からは独立で経験的でなく理性のみにもとづくところの法則のもとにあるもの、としてである。

理性的存在者、したがって知性的世界に属する存在者としての人間は、彼みずからの意志の原因性を、自由の理念のもとにおいてしか考ええない。なぜなら、感性界の決定原因からの独立性〔これを理性は常に自己自身の属性とみとめざるをえない〕は自由であるから。ところで自由の理念と不可分に結合して自律の概念があり、これと結合して道徳の普遍的原理があり、これは、自然法則があらゆる現象の根底にあるように、理念において理性的存在者のあらゆる行為の根底にある。

自由から自律へ、自律から道徳法則への推理の中に、隠れた循環がふくまれていたのではないかという、さきにわれわれの起こした疑いは、いまや晴らされた。その疑いを詳しくいえば、われわれはただ道徳法則のために自由の理念を根拠におき、後に道徳法則を自由から推論しようとしたのであって、したがって、道徳法則に対して何の根拠をも与え得たのでなく、道徳法則を、原理の不当要求[3]の形で想定しただけであり、そういう不当に要求された原理を、われわれに好意をもつ人々なら喜んで許容してくれるだろうが、われわれがそれを証明可能な命題として立てることは決してできないであろう、とわれわれは疑ったのであった。しかしこの疑いが晴らされたというわけは、いまや次のことが明らかにみとめられるからである。すなわち、われわれがみずからを自由であると考えるとき、われわれは知性界へ、自己をその一員として属せしめ、意志の自律とそれの帰結である道徳性とを認識するのであるが、われわれがみずからを義務を負うものとして考える場合には、われわれ自身を、感性界に属するもの、かつまた知性界にも属するものと見なしている、ということである。

定言的命法はいかにして可能であるか

理性的存在者は知性として自己を知性界の一員に数え、この知性界に属する作用原因としてのみ彼はみずからの原因性を意志と名付ける。他方彼はまた自己を感性界の一片としても意識している。そしてこの感性界に、かの原因性（知性界の意志）の単なる現象としての彼の行為が見出されるが、しかしこれらの行為の可能性は、われわれに知られないかの原因性からは理解されえず、これら行為は、そういう原因性によってでなく他の現象すなわち欲望や傾向によって決定されたものとして、したがって感性界に属するものとして、理解されねばならない。私が単に知性界の一員であるのみならば、私の行為はすべて、純粋意志の自律の原理に完全に合致するであろう。また私が感性界の一片にすぎないならば、私の行為は全く欲望と傾向との自然法則に従うもの、したがって自然の他律に従うもの、と解されねばならないであろう〔前の場合私の行為は道徳の最高原理にもとづき、後の場合には幸福の原理にもとづくであろう〕。ところで知性界は感性界の根拠をふくみ、したがってまた感性界の法則の根拠をふくむゆえに、私の意志〔それは全く知性界に属する〕に対して知性界は直接に法則を与えるとともに、また上のようなものとして（感性界における意志の現象とその法則との根拠をふくむものとして）考えられねばならない。そこで私は私自身を、一方では感性界に属する存在者とみとめながらも、知性としてはやはり知性界の法則に、すなわち自由の理念の中にこの法則をふくむところの理性に、したがって意志の自律に、服従するものとみとめねばならず、したがって知性界の法則を私に対する命法と見、この原理に従う行為を義務と見なければならないであろう。

そこで定言的命法が可能となるのは次のようにしてである。すなわち、自由の理念は私を知性的世界の一員となすが、このことにより、もし私が知性界にのみ属する者であるならば、すべての私の行為は意志の自律に常に従っているであろうが、しかし私は同時にみずからを感性界の一員としても直観するゆえに、すべての私の行為は意志の自律に従うべきものとなるのである。そしてこの定言的な「べし」（命令）は、ひとつのア・プリオリな綜合命題を示す。すなわちそれにおいては、感覚的欲望の影響下にある私の意志に、それと同一な、知性界に属する純粋な、それだけで実践的な意志、という理念が付け加わり、この純粋な意志が、感覚的意志に対して理性の課する最高の条件を含むのである。この事情は、（理論的認識において）感性界の直観に、悟性の概念――それはそれ自身では法則的形式一般を示すのみである――が付け加わり、かくして、全自然認識の基礎をなすア・プリオリな綜合命題を可能にするのと、大体同じである。

通常の人間理性の実践的使用は上の演繹の正しいことを確認する。いかなる人間でも、最もひどい悪人でも、ともかくも理性を用いる習慣を身につけておりさえすれば、高潔な意図や善い格率の実行における堅固さや思いやりや万人に対する親切の実例を〔そしてさらに利益や安楽の大きな犠牲が加わっているような実例を〕示されると、自分もそういう心術をもちたいと望まない者はないのである。彼はただみずからの傾向や衝動のゆえにこの望みを自己において実現することができないのである。しかし彼は同時に、彼自身にとってもわずらわしいそういう傾向から免れたいとも望む。このことによって彼は、感性の衝動から自由な意志を具えていて、感性の領域における欲望の秩序とは全く異なる事物の秩序の中へ、思考によって自己を移し入れていることを示している。なぜなら彼は、上の望みによって、何ら欲望の満足を期待しえず、したがって彼の現実的ないし可能的な何らかの傾向を満足させるような状態を期待しえず〔というのはそういう状態は、彼に上の望みを起こさせた理念そのものに、その特色を失わせることになるから〕、ただ彼の人格の内的価値の増大を期待しうるのみだからである。そして彼がみずからをそのような、より善い人格であると思うのは、彼が知性界の一員としての見地にみずからを移すときであり、自由の理念すなわち感性界の決定原因からの独立という理念が、そのことを彼に無意識に強いるのである。そして知性界の一員としての見地において彼は、みずからひとつの善き意志を意識する。この善き意志は、感性界の一員としての彼のもつ悪しき意志にとっては、彼自身も自認するように、法則となるものであって、彼はそれに背きながらもその権威をみとめている。それゆえ道徳的命令「……すべし」は、知性的世界の一員としての自己のもつ必然的な意志「……せんと欲す」であり、これを彼が「……すべし」という命令と考えるのは、ただ彼が同時に自己を感性界の一員としても見るかぎりにおいてなのである。

あらゆる実践哲学の最後の限界について

人間はすべて、自分が自由な意志をもつと考えている。ある行為が現実にはなされなかったけれども、なさるべきであった、というような判断は、すべてそこから由来する。しかしながらこの自由は経験的概念ではなく、またそれでありえない。なぜなら、自由の前提のもとでは必然的なものと考えられる要求に、経験の示す事実が相反する場合でも、自由の概念は依然として意義をもつからである。ところで他方、現実に起こるすべてのことがらが、自然法則によって不可避的に決定されているということも、同様に必然的であって、この自然必然性もまた経験概念ではない。自然必然性の概念はまさしく必然性の概念を、したがってア・プリオリな認識の概念を、ともなうからである。しかしながら、自然という概念は、経験的事実に反することはない。のみならずおよそ経験が、すなわち感覚の諸対象を普遍的法則により関係づける認識が、可能であるべきならば、自然概念はむしろ経験によって必然的に前提されねばならぬものなのである。そこで、自由は理性の理念にすぎず、その客観的実在性はそれ自体では不確実であるが、これに対して自然は悟性概念であって、その実在性を、経験の与える実例において示すものであり、かつ必然的に示さねばならないものなのである。

さて意志に関して、それに帰せられている自由が自然必然性と矛盾するように見えるゆえに、理性の弁証論がここから生じ、しかも理性はこの岐路に立って、理論的見地からは自然必然性の道のほうが自由の道よりもはるかに平坦で便利であることを認めるけれども、しかし実践的見地においては自由の小径こそ、われわれがみずからの行為において理性を使用することのできる唯一の道なのである。だから自由を議論によって否定することは、きわめて普通な人間理性にとって不可能であると同様にきわめて学問的な哲学にとっても不可能なのである。それゆえ人間理性は、同一の人間行為の自由と自然必然性との間には真の矛盾は存在しない、と前提せざるをえない。なぜなら、理性は自然の概念と自由の概念とのいずれをも棄てえないからである。

しかしながら、たとえ自由がいかにして可能であるかをわれわれは決して理解できなくとも、少なくともこの見かけ上の矛盾だけは、納得のゆく仕方で、除去しておかねばならない。なぜなら、もしも自由の観念が自己自身に矛盾したり、自然——それは自由と同じく無視をゆるさないものである——に矛盾したりするならば、結局自然必然性のために自由は全く放棄されねばならないであろうから。

しかしながら自己を自由と考える主体が、自己を自由だというとき、同じ行為に関して彼が自己を自然法則に従っていると想定する場合と同じ意味においてあるいは全く同じ関係において、自己自身を考えているのならば、上の矛盾をまぬがれることは不可能である。それゆえ、理論哲学の必ずとりあげねばならぬ課題は、少なくとも次のことを示すことである。すなわち、矛盾に関する哲学の誤りは上の点に存すること、われわれは、人間を自由だと言うとき、人間を自然の一片として自然法則に従うものと考える場合とはちがった意味と関係とにおいて、人間を考えているということ、さらに自由と必然との二つの特質はまことによく両立しうるのみならず、同一の主体において必然的に結合していると考えられねばならないこと——もしそうでなければ、なぜわれわれがひとつの理念（自由の理念）で理性をなやまさねばならないのか、すなわちその理念が、もう一方の十分実証された理念（自然の理念）と矛盾なしに結合しうるにもかかわらず、理性をその理論的使用において大いに困らせるような仕事にわれわれをまきこむのはなぜなのか、理由を示すことができないであろうから——である。ところで上のことを示す義務はただ理論哲学のみが負うのであり、これによって理論哲学は実践哲学に対して道を開くのである。それゆえ上の見かけ上の矛盾を除くかそのままにしておくかは、哲学者の任意にまかせられているのではない。なぜなら、もしそのままにしておけば、この点に関する理論は「所有主のない財産」**bonum vacans** となり、宿命論者がそれを結構自分のものにでき、あらゆる道徳論を、それがいままで正当の権利なしに占有して自分のものだと主張していた土地から、追い出しうるであろうから。

しかしここで実践哲学の限界がはじまるとはまだいうことはできない。というのは、上のような争いを片付けることは実践哲学の任務では決してなく、実践哲学はただ理論理性に対して、それが理論的問題においてみずから陥っている不一致を始末してほしいと、要求しているだけである。そしてこれは、実践理性が、みずからの住みつこうとしている土地を奪おうとする外からの攻撃に対して、平穏と安全とを得るためである。

ところで通常の人間理性すら有する意志の自由への権利要求は、単に主観的に限定するにすぎぬ諸原因——これらが相寄って、単に感覚に属するもの、したがって感性という一般的名称のもとに属するもの、を形づくっている——から理性が独立であるという意識と、そのことを真とするところの、一般に承認された前提とに、もとづいている。このように自己を知性と見なすものである人間は、自己を知性と考え、かつ意志すなわちひとつの原因性を具えたものと考える場合に、自己を感性界の一現象として〔彼は実際またそれである〕知覚しみずからの原因性を自然法則による外的決定に従わせる場合とは、異なる事物の秩序の中へ、かつ全く別の種類の限定根拠の関係の中へ、自己を移しているのである。しかし彼がすぐに気付くことは、この二つの場合は同時に成り立ちうること、さらに同時に成り立たねばならぬことである。なぜなら、現象としての物〔感性界に属する〕が或る法則に従っており、しかも同じ物それ自体すなわち存在者それ自体がその法則から独立であるということは、少しも矛盾をふくまないからである。そして人間が自己自身をこれら二様の仕方で表象し考えねばならぬということは、第一の現象としての自己については、感覚を通じて外からの影響をうける対象としての自己自身の意識にもとづき、第二の自体としての自己については、知性としての自己自身の意識、すなわち理性使用において感覚的印象からは独立であるもの〔したがって知性界に属するもの〕としての自己自身の意識にもとづいている。

このゆえに人間は、単に欲望や傾向に属するものの影響を全くうけつけない意志をもっていると主張し、あらゆる欲望や感覚的刺激を無視してのみ実現しうるような行為を、みずからなしうる、いななさねばならぬ、と考えるのである。そういう行為を生み出す原因性は、知性としての彼の中にあり、かつ知性的世界の諸原理に従う作用と行為との法則の中にある。そしてそのような知性的世界について彼の知るところは、ただ次のことのみである。すなわち、その世界ではただ理性のみが、しかも感性から独立な純粋な理性のみが、法則を与えるということ、かつまた、彼はその世界においてただ知性としてのみ本来の自己である〔これに反して彼は人間としては自己自身の単なる現象である〕ゆえに、かの法則は彼を直接に定言的に規定する、ということである。そこで、傾向や衝動が〔したがって感性界の全自然が〕いざないゆく目標は、知性としての彼の意志作用の法則に対して何の害をも及ぼしえないのであり、さらにまた、彼は傾向や衝動に対して責任を負うことはなく、それらを彼の本来の自己すなわち彼の意志のせいにすることはないのであり、ただ彼が傾向や衝動に彼の格率への影響をゆるして意志の理性的法則を損った場合には、それら傾向や衝動に対して彼が与えようとした譲歩に対して責任を負うのである。

実践的理性は、みずから知性界に入って考えるということによっては、おのれの限界を越えるのではない。しかし彼がみずから知性界に入って直観しようとしたり感覚しようとしたりすれば、おのれの限界を越えることになるのである。みずから知性界に入って考えるということは、意志を限定する何らの法則をも理性に与えない感性界に対する、単に否定的な考えであり、ただ次の一点においてのみ肯定的である。すなわち、否定的な規定としてのかの自由が、同時に理性の〔肯定的な〕能力さらには原因性——これをわれわれは意志と呼ぶ——と結合されるという点においてである。そしてこの理性の能力と原因性は、ひとつの理性原因の本質的なあり方にかなった、すなわち格率が法則としての普遍妥当性をもつという条件にかなった、行為原理に従って、行為するところの能力と原因性なのである。ところで実践理性が知性界から意志の対象を、すなわち動因を、得て来ようとするなら、理性はおのれの限界を越え、みずからのよく知らぬことを知っていると不当に主張することになるであろう。それゆえ知性界の概念は、理性が自己を実践的と考えるために現象の外部に採らざるをえなくなったところの、ひとつの見地にすぎない。そして理性が自己を実践的と考えることは、もし感性の力が人間に対して決定的なものであるなら、不可能であろうが、しかし人間に対して知性――理性によって活動するところの、すなわち自由に働くところの理性的原因――としての彼自身の意識が否認されえない限り、そのことは必然的なのである。当然この考えは、感性界のもつ機械的自然の秩序と立法とは異なる秩序と立法との理念をもたらし、知性的世界〔すなわち物自体としての理性的存在者の全体〕の概念を必然的ならしめるが、しかし知性的世界をただその形式的条件のほうからのみ考えること、すなわち意志の格率が法則としてもつ普遍性、したがって意志の自律――これのみが意志の自由と両立しうる――を前提して考えること、より以上に出ようという不当な要求は少しもふくんでいない。これに反して、対象に応じて定められる法則はすべて他律を示し、そして他律はただ自然法則においてのみ見出され、かつ感性界についてのみ真でありうるのである。

しかしながら、次の場合には理性はそのすべての限界を超え出ることになるであろう。すなわち、いかにして純粋理性は実践的となりうるかを説明することを理性があえてする場合である。

そしてこれは、いかにして自由が可能であるかを説明する課題と全く同じものなのである。いったいわれわれが説明しうるものは、ある可能な経験の中に与えられうる対象についての法則に帰着させうるもの以外にはない。ところが自由は単なる理念であって、その客観的実在性は決して自然法則に従って示されえず、したがってまた何らかの可能な経験の中に示されえない。そして自由の理念そのものに対して何らかの類比によってひとつの実例を与えることは決してできないであろうから、それは決して全体的に把握されえず、また部分的に洞察されることもできない。自由は、意志いいかえれば単なる欲求能力とは異なるひとつの能力〔すなわち知性として、したがって理性の法則に従い自然本能から独立に、行為の決心をする能力〕をみずからたしかにもつと信じている存在者について、理性が立てる必然的前提としてのみ、承認されるのである。ところで自然法則による限定が存在しなくなれば、あらゆる証明もまた存在しなくなり、残るのは弁護のみである。すなわち、事物の本質をより深くきわめたと自称しそれを盾にとって大胆にも自由を不可能と断言する者たちの反論を、払いのけることのみである。われわれが彼らに示しうる唯一のことは、自由の中に彼らが発見したと称する矛盾がただ次の点にのみ存するということである。すなわち、彼らは自然法則を人間の行為に対して適用しようとし、必然的に人間を現象として見ざるをえなかったが、その後知性としての人間を物それ自体として考えるべきだと人々に要求されるにいたっても、なお依然として人間を現象としてのみ見た。そこで当然の帰結として、人間の原因性〔人間の意志〕を感性界のあらゆる自然法則から分離すること〔人間の意志を自由と主張すること〕は、同一の主体において考えられるとき、矛盾をひきおこすのである。けれども現象の背後には物それ自体が〔隠されてであるが〕根底にあり、この物自体の作用法則は、その現象を支配する法則と同じものであるとは期待できないことを、彼らがよく考えて、当然ながら、進んで承認するならば、その矛盾は解消するのである。

意志の自由を説明することが主観的に不可能であることは、人間が道徳法則に対して抱きうる関心[2]を発見し説明することの不可能であることと、同じことがらである。しかしそれにもかかわらず人間は現実に道徳法則に関心を抱くのであり、われわれにおいてその関心の基礎をなすものを、われわれは道徳的感情と呼んでいる。これを或る人々は、われわれの道徳的判断の基準であると主張したがそれは誤りである。というのは、道徳的感情はむしろ道徳法則が意志に及ぼす主観的な結果と見なされねばならないのであって、意志に対して客観的根拠を与えるものは感情でなくてただ理性のみだからである。

感性の影響下にある理性的存在者に理性が単独で命令するところのことがらを、その存在者がみずから意志するためには、義務の実現に対する快の感情または満足の感情をふきこむ能力を理性がもつことが必要である。したがって自己の原理に従って感性を限定するところの理性の原因性が必要である。しかしながら、感性的なものを自己のうちに全くふくまない単なる思想が、快・不快の感覚をいかにして生み出すかを、洞察すること、つまりア・プリオリに理解しうる形で示すことは、全く不可能である。なぜならばそれは特殊な原因性であり、それについては、他の原因性についてと同様、われわれは何ごともア・プリオリに決定することができず、そのためにはただ経験に訊《き》くよりほかはない。ところで経験が示す原因結果の関係は経験の二つの対象の間にのみ成り立つものであるのに、いまの場合純粋理性が単なる理念〔これはいかなる経験の対象をも与えない〕によって、経験の中にある結果の原因となる、と主張されるのであるから、結局のところ、いかにしてまた何ゆえに格率が法則としてもつ普遍性が、したがって道徳性が、われわれの関心をひくのであるか、を説明することは、われわれ人間には全く不可能なのである。ただ次のことだけは確かである。道徳法則はわれわれの関心をひくがゆえに、われわれに対して妥当性をもつのではなく〔というのは、もしそうならばそれは他律であり、実践理性が感性に、すなわち理性の基礎にある感情に、依存することであり、これでは実践理性は道徳的立法者でありえないであろう〕、逆に、道徳法則がわれわれ人間に妥当するがゆえにそれはわれわれの関心をひくのであること。かつ道徳法則が人間に妥当するわけは、それが、知性としてのわれわれのもつ意志から、したがってわれわれの本来的自己から、発現したものなのだからである。そして単なる現象に属することがらは、理性によって、必然的に、物それ自体のあり方に従属させられるのである。

それゆえ、定言的命法はいかにして可能であるか、という問いは、われわれがそれの可能性の唯一の前提すなわち自由の理念を示すことができるという限りにおいてのみ、かつわれわれがこの前提の必然性を理解しうるという限りにおいてのみ、答えられることができる。そしてこれだけで、理性の実践的使用のためには、すなわちこの命法の妥当性、したがって道徳法則の妥当性をわれわれが確信するためには、十分である。しかしさらにこの前提そのものがいかにして可能であるのかは、人間の理性をもってしては決して理解しえないのである。ところで知性的存在者のもつ意志の自由の前提のもとでは、その必然的帰結として、意志の自律――そのもとでのみ意志が決定されうる形式的条件としての――が成立する。そしてこのように意志の自由を前提することは〔感性界の諸現象の結合における自然必然性の原理と矛盾することなしに〕十分に可能である〔これは理論哲学が示しうる〕のみならず、自由を実践的に、すなわち理念において、あらゆる有意的行為の基礎にその条件として置くことは、理性の原因性すなわち意志〔これは欲望とは異なる〕をみずからもつことを意識している理性的存在者にとっては、もうこれ以上の条件をつけることなしに、必然的なのである。しかしながら、いかにして純粋理性が、どこか他のところから得られるほかの動機なしに、自分だけで実践的でありうるか、いいかえれば、いかにして、理性のすべての格率が法則としての普遍妥当性をもつべしとの原理〔純粋でしかも実践的な理性がありうるならばそれの形式は当然このようなものであろう〕が、それだけで、われわれがあらかじめ何らかの関心をいだいているかも知れぬ、意志の実質〔対象〕とは一切かかわりなしに、ひとつの動機を生み、純粋に道徳的な関心と呼んでよい関心を生じうるのか、さらにいいかえれば、いかにして純粋理性が実践的でありうるか、このことを説明することは、あらゆる人間理性にとって全く不可能であり、それの説明をもとめるあらゆる労苦は無益なのである。

それは、意志の原因性としての自由そのものがいかにして可能であるかの根拠を私が求めようとする場合と、全く同じである。すなわちそのとき私は哲学的説明根拠を離れ、しかもほかに何の説明根拠をももたないのである。なるほど私は、なお自分に残された知性的世界、すなわち知性的存在者の世界、の中を彷徨することはできよう。しかし、たとえ私がその世界についてひとつの理念をもち、これはしかるべき根拠を有するにしても、その世界についての知識を私は少しももたず、私の生得の理性能力のあらゆる努力をもってしてそういう知識に決して達しえないのである。知性的世界とは、感性界に属するすべてのものを、私の意志の決定根拠から除いた後になお残っているところの或るもの、を意味するにすぎない。そしてこのように感性界に属するすべてのものを除くのは、感性の領域から出る動因から成る行為原理を制限するためであって、このとき私は感性の領域の限界を示し、その領域が一切を包含するのでなく、その外にもなおそれ以上のものがあることを示すのであるが、このものについては私はもうこれ以上に知らないのである。ところでこの知性界の理想を考える純粋理性から、あらゆる実質を、すなわち対象の認識を除いた後に、私に残されるものは、単なる形式である。いいかえれば、格率の普遍妥当性を要求する実践的法則と、この法則に従って理性を、純粋な知性界に関してひとつの作用原因すなわち意志を限定する原因と考えること、とである。ここでは動機というものは全くなくならねばならぬ。ただし知性的世界のこの理念そのものが動機である、すなわち理性がもともと関心を抱くところのものである、というならばそういってもよい。けれどもそのこと（理念が動機であること）の理解こそまさにわれわれの解きえない課題なのである。

　上の点に道徳の研究全体の最高の限界がある。そしてこの限界をはっきりさせることは、それだけでも、次の理由によって、大変重要なことなのである。すなわちそれは一方では、理性が、感性界の中で、最高の動因や理解可能なしかし経験的な関心を尋ねまわって、結局道徳を台なしにするようなことがないようにするためであり、他方ではしかし、理性が、知性的世界という名をもつところの、理性にとっては空虚な、超越的諸概念の空間の中でむなしくはばたくだけで、少しも前進できず、妄想の間に正気を失うようなことにならないようにするためである。しかし念のためにいうが、純粋な知性界の理念、すなわちわれわれ自身が〔一方では感性界の成員でありながらも〕理性的存在者として所属するところの、あらゆる知性の全体という理念は、あらゆる知識がその世界の入り口のところで終わるにしても、理性的信仰のために、どこまでも有用なかつ許された理念であることに変りはないのであって、われわれは目的それ自体〔理性的存在者」の普遍的な国というこの壮大な理想——われわれが自由の格率に従ってあたかもそれが自然の法則であるかのごとくに几帳面にふるまうときにのみわれわれはこの目的自体の国の一員となることができる——によって、道徳法則に対する生々した関心をわれわれの内によびおこすことができるであろう。

結論

自然に対しての理性の理論的使用は、世界の何らかの最高原因のもつ絶対的必然性に達する。自由に関しての理性の実践的使用もまた、絶対的必然性に、ただし理性的存在者そのものの行為の法則の絶対的必然性に達する。ところでわれわれのあらゆる理性使用の本質的原理は、理性の認識を、その認識の必然性の意識にまで、至らしめることである〔というのは、必然性を欠くなら理性の認識ではなくなるであろうから〕。しかしながら、同じ理性の、同様に本質的な制限として、現にあるものまたは生起するものまたは生起すべきものの必然性を理性が理解しうるのは、ただそのものが現にありまたは生起しまたは生起すべきであるための条件を根底においた場合に限る、ということがある。しかし、このように条件を絶えず問いもとめることにより、理性の満足は常にかなたにおしやられるのみなのである。それゆえ理性は休みなく、無条件的に必然なものを求めつつ、その無条件的に必然なものを、理解しうるものにするすべをもたず、ただそれを想定するにとどめざるを得ないのである。そこで、理性があらかじめ課せられているこういう条件と両立しうるような概念を見出すことができさえすればそれでもう理性にとっては幸いとしなければならない。それゆえ、道徳の最高原理のわれわれの演繹が、無条件的な実践的法則〔定言的命法はそういうものでなくてはならぬ〕の絶対的必然性を理解せしめえないということは、われわれの演繹に対する咎めだてではなく、人間理性一般に対して向けられねばならぬ非難なのである。われわれの演繹が、実践的法則の絶対的必然性を、ひとつの条件によって、すなわちその根底におかれた何らかの関心によって、説明しようとしないことは、われわれの演繹の落度とされることはできない。演繹がそれをすれば、法則は道徳的法則すなわち自由の最高法則ではなくなるであろうから。かくてわれわれは、道徳的命法の実践的な無条件な必然性を理解しないが、しかしその理解しえぬことを理解するのであり、これが人間理性の原理の限界にまでつきすすむ哲学に対してわれわれの正当に要求しうるすべてなのである。

〔1〕理性的存在者によってその行為に際し単に理念として基礎におかれるものとしての自由のみで、われわれの目的には十分だと認める、というこのやり方を私が採るわけは、こうすることによって、自由を理論的見地においても証明するという義務を負わないですませるためなのである。というのは、たとえ理論的見地からの自由の証明がまだなされないままであっても、みずからの自由の理念のもとにおいてしか行為しえない存在者に対しては、現実に自由であるところの存在者を拘束する法則と同

じ法則が、妥当するのだからである。われわれは理論の荷わねばならぬ重荷をここではまぬがれることができるわけである。

〔2〕関心とは、理性を実践的ならしめるもの、すなわち理性をして意志を決定する原因たらしめるものである。それゆえ理性をもつ存在者のみが、「何かに関心をいだく」といわれる。理性を欠いた生物はただ感覚的衝動を感ずるのみである。理性が行為に対して直接な関心をいだくのは、行為の格率の普遍妥当性が意志の十分な決定根拠である場合においてのみであり、そういう関心のみが純粋な関心である。理性が欲求の他の対象を介してのみ、あるいは主体の特殊な感情を前提してのみ、意志を決定しうるとき、理性は行為に対してただ間接な関心を抱いているのみである。そして理性は経験をまたずに自分だけでは、意志の対象も、意志の基礎に横たわる感情も、見出しえないのであるから、この間接な関心は経験的関心であり、純粋な理性的関心ではありえない。なお理性の論理的関心〔みずからの知見をひろめようとする関心〕は、いかなる場合にも直接な関心ではなく、理性使用のさまざまな意図を前提している。

（1）「原因性の概念は法則の概念をともなう」というこの主張は、「法則」Gesetz というドイツ語が「定立する」setzen から由来することをふまえている。原因性 Kausalität とは原因が結果を生む働き、すなわち、原因が結果を「定立する」setzen 働きであり、この setzen の仕方が Gesetz（法則）である。そこで「原因性」は当然「法則的」であることが期待されるわけである。――ところで自然原因はそれ自身他の原因の結果であり、したがって自然原因の原因性は他のものに促されて他動的に発動するが、自由原因（意志）の働きは、それ自身はもはや他の原因をもたず自発的に発動する。そしてさらにこの自由原因の場合には、それが結果を定立する仕方そのもの、すなわち法則そのものも、自由原因自身が定立する（自己が自己に法則を与える）とカントは考え、真に自由な意志は自律的意志であるというのである。

（2） 知性界（Verstandeswelt）、知性的世界（intellektuelle Welt; intelligibele Welt）の語を以下においてカントは同義に用いている。ここで「知性」と訳したドイツ語 Verstand は、『純粋理性批判』では通常「悟性」と訳され、「理性」（Vernunft）と区別されて現象認識にのみかかわるべき能力と解せられる（本書でも三四二〜三四三ページに同様な「悟性概念」と「理性概念」との区別が示されている）。しかしカント以前の、中世までさかのぼる伝統的用法では Verstand（intellectus）のほうがむしろ理性（Vernunft, ratio）よりも高い能力であって、現象認識の能力であるよりもむしろ形而上学的実在の認識能力なのであり、かつそれ自身感覚的現象界を超えた形而上学的実在（不死の精神）であった。そしてカントでも Sinnenwelt（感覚界）に対する Verstandeswelt（知性界）というときの Verstand は、伝統的形而上学的意味を保存しているのである（本書ではこの意味の場合には Verstand を「知性」と訳して区別しようとした）。

（3） これから証明すべき命題を証明根拠すなわち原理として不当に要求すること。先決問題要求の虚偽とも訳す。ラテン語の petitio principii に当たる。

年　譜

一七二四年　享保九年

四月二十二日、イマヌエル・カント、ケーニヒスベルク市（現在はカリーニングラード市）に生まれる。父はヨハン・ゲオルク・カント（一六八二～一七四六）、母はアンナ・レギーナ・ロイター（一六七〇～一七三七）。父は革具職の親方として市のフォルシュタット（門前町）馬具師通りに住む。父母は一七一五年結婚、六人の子供を育てた。カント（イマヌエル）は長男で、一人の姉、三人の妹、そして十二歳下の弟があった。――姉のことはよく分らないが、三人の妹はそれぞれ手工業者に嫁し、しかしあまり幸福でなく、二人はカントより早く死に、末の妹カタリナ・バルバラは長く養老院におり、一八〇四年カントの死をみとった。末弟ヨハン・ハインリッヒ（一七三五～一八〇〇）は父母の死後伯父に養われ、ケーニヒスベルク大学で神学を修めた後クールラントにゆき長い間家庭教師をしたが、後にミタウのギムナジウムの校長となり、結婚し、さらに、ミタウ近隣の村の牧師となった。

一七三〇年　享保十五年　　六歳

聖ゲオルク養老院付属の小学校で読み書きを習いはじめる。

一七三二年　享保十七年　　八歳

春にフレデリック学院（コレーギウム・フレデリキアヌム）に入学、家から通学する。院長（ケーニヒスベルク大学神学教授）フランツ・アルベルト・シュルツが少年カントの才をみとめて学院にひきとったのである。

一七三七年　元文二年　　　　　　　　　　　　　　　　　　　十三歳
母アンナ・レギーナ死す。

一七四〇年　元文五年　　　　　　　　　　　　　　　　　　　十六歳
九月、ケーニヒスベルク大学入学。哲学部に学ぶ。論理学形而上学助教授マルティン・クヌッツェン（一七一四〜五一）の指導を受ける。

一七四六年　延享三年　　　　　　　　　　　　　　　　　　　二十二歳
父ヨハン・ゲオルク死す。論文「活力の真の測定に関する考察」を草して大学を卒業する（論文の出版は一七四九年）。

一七四七年　延享四年　　　　　　　　　　　　　　　　　　　二十三歳
リタウエンのユートシェン村カルヴィン派牧師ダニエル・アンデルシュの家に家庭教師となる。

一七五一年　宝暦元年　　　　　　　　　　　　　　　　　　　二十七歳
グロース・アルンスドルフの貴族ベルンハルト・フリードリッヒ・フォン・ヒュルゼンの家に家庭教師となる。この年マルティン・クヌッツェン死す。カントこの頃から宇宙発生論について考えはじめる。

一七五五年　宝暦五年　　　　　　　　　　　　　　　　　　　三十一歳
六月、ケーニヒスベルク大学にてマギステルの学位を得、九月、私講師となる。私講師就職論文は「形而上学的認識の第一原理の新たな解明」（ラテン語）。『天界の一般自然史と理論――全宇宙の体制と力学的起源についての、ニュートンの原理による試論』を出版したが、出版者の破産のため、この時は世に知られずに終わった。

一七五六年　宝暦六年　三十二歳

「物理的単子論」（ラテン語）を草し、師クヌッツェンの死後空席となっていた助教授の地位を得ようとしたが、政府は戦争（「七年戦争」）のため財政をきりつめ、この助教授の地位を満たさなかった。

一七五八年　宝暦八年　三十四歳

この年一月より一七六二年七月まで四年半の間、ロシア軍ケーニヒスベルク市を占領。しかし町の生活は不自由とならず、ロシア軍人や貴族の流入によりかえって活気を呈した。この年、もう一つの教授の地位が空き、旧師シュルツもカントをそれに就けようと尽力したが、先任の助教授が就任した。

一七五九年　宝暦九年　三十五歳

ヨハン・ゲオルク・ハーマン（一七三〇〜八八）と親しくなる。これは一種の奇人であって、ロンドンで放蕩の末回心を経験して独特な信仰哲学にいたり、ケーニヒスベルクに帰って税官吏をつとめた。思想的には啓蒙主義に反対し、したがってカントとは反対の立場にあり、ヨハン・ゴットフリート・ヘルダー（一七四四〜一八〇三）を弟子とするが、人間的にはカントと親しみ、カントも親しい気持をもちつづけた。

一七六二年　宝暦十二年　三十八歳

この頃、ルソーの著『エミール』などから強い感銘をうける。この年、ヘルダー、ケーニヒスベルク大学生となりカントの講義をきく（一七六四年まで在学）。

一七六三年　宝暦十三年　三十九歳

『負量の概念を哲学に導入する試み』出版。

『神の存在証明のための唯一可能な証明根拠』出版。

ベルリン・アカデミー懸賞論文『自然神学と道徳学との原理の判明性の吟味』を書き、第二位に当選（第一位はモーゼス・メンデルスゾーンが得た）。論文は翌一七六四年アカデミーによって出版された。

一七六四年　明和元年　四十歳

『美と崇高の感情に関する考察』出版。

七月、詩学修辞学の教授の地位空席となり、カントはこれに就任することをすすめられたが辞退した。

一七六五年　明和二年　四十一歳

十一月、ベルリンのヨハン・ハインリッヒ・ランベルト（一七二八〜七七）から手紙を貰い、文通をつづける。

一七六六年　明和三年　四十二歳

『形而上学の夢によって解明された視霊者の夢』を出版。この書をベルリンのメンデルスゾーンに贈り、文通をはじめる。

この年初め、ケーニヒスベルク城内図書館の副司書となる。この年から、市のレーベニヒト区の旧庁舎で出版者ヤコブ・カンター（一七三八年生まれ）の所有に帰した建物に、カントも住むことになる（前には、市の中島クナイプホフ区——大学の建物もこの区にあった——の河岸に沿ったマギスター通りに住んでいた）。なお二年後一七六八年に町の画家ベッカーがカントの肖像を描き、これはメンデルスゾーンやヒッペル——カントの友人で文人であるとともに市の高官であった——などの肖像とともに、カンターの店——カントの宿の階下——に列べてあった。

この頃から市在住のイギリス商人ジョセフ・グリーンと親交を結び、グリーンの死（一七九一年）までつづく。少し後にはグリーンの事業の協力者ロバート・マザービーとも親しくなる。

一七六八年　明和五年　四十四歳

「空間における方位の区別の原理について」を雑誌に発表。

一七六九年　明和六年　四十五歳

秋にエルランゲン大学から招請をうけ、いったん内諾したが、結局断わった。

一七七〇年　明和七年　四十六歳

一月、イエナ大学より招請をうけたが、断わった。三月、ケーニヒスベルク大学論理学形而上学教授となる。就職論文は「感性的世界と知性的世界との形式と原理」(ラテン語)。

一七七二年　安永元年　四十八歳

城内図書館副司書の職を辞する。ハインリッヒ・クリスチアン・フォン・カイザーリンク伯および夫人カロリーネ・アマリーがケーニヒスベルクに住みはじめ、社交界の中心となり、学者文人に親しまれた。カントも伯および夫人と親しくなる。伯の蔵書五千巻をカントは利用できた。夫人は画家でもあり、カントの肖像を描き、またカントが絵画や彫刻の名作や名作の模写に接しえたのは夫人のアトリエにおいてであった。

一七七六年　安永五年　五十二歳

文学部長となる。ルソーの教育理念を実現しようとするデッサウの「博愛学院」(一七七四年末バゼドウが創設しカンぺらに引きつがれた)にカントは友人マザービーの子息を入学させ、この年から翌七七年にかけてこの学院の援助のため尽力し、二篇の推薦文を書いて有志の財政的援助を募った。しかし「学院」は結局七七年廃校となり、カントを悲しませた。

一七七七年　安永六年　五十三歳

八月、モーゼス・メンデルスゾーンがケーニヒスベルクに立ち寄り、カントの講義をきいた。

一七七八年　安永七年　五十四歳

文部大臣フォン・ツェドリッツがカントにハレ大学への転任をすすめた。カントは辞退した。

一七八一年　天明元年　五十七歳

七月、『純粋理性批判』出版。

一七八二年　天明二年　五十八歳

一月、『ゲッチンゲン学報』に『純粋理性批判』の書評（匿名）が出る。これはクリスチアン・ガルヴェの書いたものを編集者フェーダーが縮めかつ加筆してできたものであった。それはカントの観念論がバークリのそれに似たものであるとの評をふくみ、この評にカントはきわめて不満であった。

一七八三年　天明三年　五十九歳

『学問として現われうるであろうすべての将来の形而上学へのプロレゴーメナ（序説）』を出版。付録で『ゲッチンゲン学報』上の書評を駁した。これに対しガルヴェが手紙で名乗り出ていいわけをし、カントはそれを諒とする手紙を書いた。

一七八四年　天明四年　六十歳

城の近くに自分の家を買って住む。

「世界公民的見地における一般歴史の構想」発表。

一七八五年　天明五年　六十一歳

『人倫の形而上学の基礎づけ』を出版。

前年出版のヘルダーの著書『人類の歴史の哲学の考案』の書評を書く（『イエナ学芸新聞』一月および十一月）。これはカントとヘルダーとの考えの相異を明らかにするとともに、この時ワイマール公国に宗務長官となっていたヘルダーを大いに怒らせた。

一七八六年　天明六年　　六十二歳
『自然科学の形而上学的原理』出版。
論文「人類史の臆測的起源」「『思考の方向を定める』とは何か」（いずれも『ベルリン月報』に発表）。「思考の方向を定める」ことについての論文は、レッシングの晩年のスピノザ主義についてメンデルスゾーンとヤコービとの間で争われた、いわゆる「汎神論論争」に対して、カントが自分の立場をのべたものである。
この年三月、カントはケーニヒスベルク大学学長の職に就いた（学長の任期は半年、大学評議員がまわりもちをしていた）。彼の任期中、八月二十八日、フリードリッヒ二世（大王）死し、その甥フリードリッヒ・ヴィルヘルム二世が後を継いだが、この王のケーニヒスベルクにおける即位式（九月）に際し、カントは総長として忠誠の誓いをのべた。
一七八七年　天明七年　　六十三歳
『純粋理性批判』改訂第二版を出す。
一七八八年　天明八年　　六十四歳
九月、学長に再任される。
『実践理性批判』出版。
一七八九年　寛政元年　　六十五歳
フランス革命始まる。
一七九〇年　寛政二年　　六十六歳
『判断力批判』出版。
一七九一年　寛政三年　　六十七歳

「神義論におけるあらゆる哲学的試みの失敗について」（『ベルリン月報』）。フィヒテの訪問を受け、その著『あらゆる啓示の批判の試み』の出版の世話をした（これは翌一七九二年三月、匿名で出版され、カントの著と誤る人も出たので、カントは同年七月著者がフィヒテであることを発表した）。

一七九二年　寛政四年　六十八歳

四月、「人間の本性における根本悪について」（『ベルリン月報』）。

一七九三年　寛政五年　六十九歳

『理論では正しいことも実際には当たらぬ』という俗言について」（『ベルリン月報』）。前年発表の「根本悪」についての論文に、引きつづいて書いた三論文を加え『単なる理性の限界内における宗教』として出版。

一七九四年　寛政六年　七十歳

六月、「万物の終り」を『ベルリン月報』に発表。この時からカントが職を免ぜられるかもしれぬという噂がプロシャ内外に伝わり、ブラウンシュヴァイヒ国の教育行政を司っていたカンペ（さきに「博愛学院」の長としてカントの好意をうけた人）は、「人類の教師」がケーニヒスベルクの教職を追われるようなことがあれば直ちにわが家に迎えたい、とカントに書き、またヘルムシュテット大学にカントを招請する手配をした。（この時この大学の神学者も哲学者――エルンスト・シュルツェ――もカントを招請することに賛成したが、啓蒙主義に同感していた君主カール・ヴィルヘルム・フェルディナント公は、プロシャに遠慮して賛成しなかった。）カントはカンペの好意に大いに感謝し、しかし職をやめてもそう困らないだろうと答えた。十月、国王から問責状をうけ、それに弁明するとともに、今後宗教と神学とについて講義も執筆もせぬと誓った。

一七九五年　寛政七年　七十一歳

四月、プロシャとフランスとの間に「バーゼルの和約」成立。十月、『永遠の平和のために――哲学的試論――』を出版。

一七九七年　寛政九年　七十三歳

『人倫の形而上学、第一部、法論の形而上学的原理』および『人倫の形而上学、第二部、徳論の形而上学的原理』を出版。『実際的見地からの人間学』を出版。

十月、国王フリードリッヒ・ヴィルヘルム二世死し、フリードリッヒ・ヴィルヘルム三世即位。

一七九八年　寛政十年　七十四歳

『諸学部の争い』を出版。序文にて前国王の問責状、およびカント自身の答書を公表し、いまや新政府のもとで学問が不当な妨害を受けなくなったことを喜ぶ、と書く。

一八〇〇年　寛政十二年　七十六歳

カントの老衰著しくなる。むかし助手であったヴァジアンスキー（一七五五～一八三一）がカントの世話をし、翌一八〇一年カントからその家計の一切を委ねられる。またほかの弟子たちはカントの講義の出版をはじめる（カントみずから出版した講義は前出九七年の『人間学』のみ）。すなわちこの年『論理学』（イェッシェ編）が出版される。

一八〇二年　享和二年　七十八歳

『自然地理学』（リンク編）出版。

四十年間カントに仕えた召使いマルティン・ランペが、不行跡つづきのためこの年ついに解雇され、別の召使いが雇われた。カントは「ランペの名は今後忘れてしまわねばならぬ」とメモに書いた。

一八〇四年　文化元年　　八十歳

二月初め、何も食べられなくなり、十一日から十二日にかけて妹と友人たちが見守った。ぶどう酒を水にうすめて砂糖をまぜたものを数度摂り、最後に「これはよい」と低声にいった。これが最後の言葉で、十二日のひる前に息を引きとった。二月二十八日、大学墓地に葬られた。

遺稿『形而上学における進歩』（リンク編）出版。これは一七九一年ベルリン・アカデミーの懸賞論文「形而上学がドイツにおいてライプニッツとヴォルフの時代以来なした真の進歩は何々か」に応募するために書かれた未完の原稿である。

中公
クラシックス
W42

プロレゴーメナ
人倫《じんりん》の形而上学《けいじじようがく》の
基礎《きそ》づけ
カント

2005年3月10日初版
2013年1月20日4版

訳　者　土岐邦夫
　　　　観山雪陽
　　　　野田又夫

発行者　小林敬和

印刷　凸版印刷
製本　凸版印刷

発行所　中央公論新社
〒104-8320
東京都中央区京橋 2-8-7
電話　販売 03-3563-1431
　　　編集 03-3563-3664
URL http://www.chuko.co.jp/

訳者紹介

土岐邦夫（とき・くにお）
1929年（昭和4年）長崎市生まれ。
京都大学文学部哲学科卒。岡山大学教授をへて名誉教授。訳書にカント『永遠の平和のために』ほか。1999年（平成11年）逝去。

観山雪陽（みやま・せつよう）
1929年（昭和4年）京都市生まれ。
京都大学文学部哲学科卒。滋賀大学、富山大学教授を歴任。富山大学名誉教授。訳書に『カント全集』第18巻ほか。

野田又夫（のだ・またお）
1910年（明治43年）大阪府生まれ。
京都帝国大学文学部哲学科卒。京都大学・甲南女子大学名誉教授。著書に『野田又夫著作集』（全5巻）ほか。
2004年（平成16年）逝去。

Published by CHUOKORON-SHINSHA, INC.
Printed in Japan ISBN978-4-12-160076-9 C1210

■「終焉」からの始まり
――『中公クラシックス』刊行にあたって

二十一世紀は、いくつかのめざましい「終焉」とともに始まった。工業化が国家の最大の標語であった時代が終わり、イデオロギーの対立が人びとの考えかたを枠づけていた世紀が去った。歴史の「進歩」を謳歌し、「近代」を人類史のなかで特権的な地位に置いてきた思想風潮が、過去のものとなった。

人びとの思考は百年の呪縛から解放されたが、そのあとに得たものは必ずしも自由ではなかった。固定観念の崩壊のあとには価値観の動揺が広がり、ものごとの意味を考えようとする気力に衰えがめだつ。おりから社会は爆発的な情報の氾濫に洗われ、人びとは視野を拡散させ、その日暮らしの狂騒に追われている。株価から醜聞の報道まで、刺戟的だが移ろいやすい「情報」に埋没している。応接に疲れた現代人はそれらを脈絡づけ、体系化をめざす「知識」の作業を怠りがちになろうとしている。

だが皮肉なことに、ものごとの意味づけと新しい価値観の構築が、今ほど強く人類に迫られている時代も稀だといえる。自由と平等の関係、愛と家族の姿、教育や職業の理想、科学技術のひき起こす倫理の問題など、文明の森羅万象が歴史的な考えなおしを要求している。今をどう生きるかを知るために、あらためて問題を脈絡づけ、思考の透視図を手づくりにすることが焦眉の急なのである。

ふり返ればすべての古典は混迷の時代に、それぞれの時代の価値観の考えなおしとして創造された。それは現代人に思索の模範を授けるだけでなく、かつて同様の混迷に苦しみ、それに耐えた強靭な心の先例として勇気を与えるだろう。そして幸い進歩思想の傲慢さを捨てた現代人は、すべての古典に寛く開かれた感受性を用意しているはずなのである。

（二〇〇一年四月）